新事業開発成功シナリオ

自社独自の
価値を創造し、
成功確率を高めるための
実践論

日本能率協会コンサルティング
チーフ・コンサルタント
高橋儀光

同文舘出版

Contents

≫ 序章

新価値創造のマネジメント

1 将来の大きな夢と、足元の現実とを どのようにして繋ぐのか ‥‥‥‥‥‥‥‥‥‥ 10

日本能率協会コンサルティング(JMAC)と著者略歴　11／新事業開発のマネジメントにおけるフレームワーク体系化　12／本書の効率的な読み進め方について　14

2 新事業開発における落とし穴 ‥‥‥‥‥‥‥‥‥‥ 16

第1章 既存の延長線上にはない新しい顧客価値を発想する「シャイニングスター構想法」　16／第2章 お客様の「あったらいいな」と自社の技術の強みをマッチングさせる「技術棚卸し」　17／第3章 開発テーマをビジネスの価値に繋げる「事業展開シナリオ」　19／第4章 開発プラットフォーム構築の考え方　22／第5章 実践事例に学ぶ、新事業開発の谷を越えるための苦難　23

≫ 第1章

既存の延長線上にはない新しい顧客価値を 発想する「シャイニングスター構想法」

1 企画品質とは？「当たり前品質」追求では 付加価値には繋がらない ‥‥‥‥‥‥‥‥‥‥ 26

「当たり前品質」の追求は、いずれ研究開発の悪循環に陥る　26／「魅力品質」を発見するためには、将来の価値観変化(＝トレンド)によって生じる未充足に着眼する　29

2 「魅力品質」の企画発想をするには、既存の製品・技術を「あえて忘れる」ことが第一歩 …………………… 32

大多数が認知していることは「トレンド」ではなく「現状」 32／プロであるほど、トレンドが見えなくなるというジレンマ 34／トレンド分析のためには、目の前にある製品・技術を「あえて忘れる」 37

3 将来の世の中の価値観の潮目変化 ——トレンド分析の方法論 …………………………… 42

事業ドメインを定義してから、ドメイン周辺の情報収集を行う 42／トレンドの兆し調査と一次仮説の立案 46／メガトレンド／トレンドの基本構造と、ブームとの違い 51／トレンド仮説の検証方法 54

4 現状の市場分析ではなく、未来のトレンド分析からお客様の「あったらいいな」を発想する「シャイニングスター構想法」 …………… 58

トレンドが加速した先の将来にある、お客様の「これはこういうものだ」という諦めに着目する 58／なぜ「これはこういうものだ」と諦めてしまうのか、要因を分析する 62／お客様の諦めを覆す、根本的解決策・「あったらいいな」を考える 65

まとめ 機能性素材メーカーA社事例

機能性素材・モノありきの発想から脱却し、システム開発・コトありきの開発テーマ発想へ ……………………… 70

≫ 第2章

お客様の「あったらいいな」と
自社の技術の強みを
マッチングさせる「技術棚卸し」

1 自社が耕してきた技術の土壌の上に種を蒔かなければ、利益として刈り取りができない ……………… 74

一見するとレガシーな技術こそが、お客様の「うれしさ」を実現する　74／自社技術を、機能・特性ではなくお客様の「うれしさ」で再定義する　78

2 お客様の「あったらいいな」と自社技術の強みとをマッチングさせる「技術ポートフォリオマップ」……… 86

「うれしさ」で整理された技術群から新事業開発に適した技術を把握する技術評価手法　86／技術ポートフォリオマップの策定ステップ　93／3つの技術評価によるスコア化について　94／実際の実務検討での進め方の工夫について　99／研究開発戦略策定における技術ポートフォリオマップの活用方法　101

3 「あったらいいな」かつ「ありえる」現実的な開発テーマに落とすための「バックキャスティング法」とは ……… 105

技術的に飛躍し過ぎた新事業では、お客様がついてこられない　105／極端な理想形から、まずはお客様の「半歩だけ先をいく」開発テーマにするための、3つのバックキャスティング方法　110／よく耕した技術の土壌の上にビジネスの種を蒔いているか、自社の手掛けるべきビジネスとしてのリアリティをチェックする　120

4 社内/社外の異分野からの技術的な新発想で「ひとひねり」し、オンリーワンの技術・新製品とする……… 125

技術新方式の導入による「ひとひねり」が、自社ならではの事業価値を磐石にする 126／技術新方式の創出には、科学原理に立ち返り、異なる技術分野の発想を導入する 128／技術的な新発想の検討ステップ 133／技術的発想の導入には、科学原理に立ち返る必要がある 138／「ひとひねり」の検討イメージ 142

5 お客様の「あったらいいな」を共創する 顧客価値検証法……………………………………… 144

机上検討ではなく、有識者に教えを請い足で情報を稼ぐことの重要性 144／お客様との双方向でのやり取りが「腑に落ちる」テーマとするための最大のポイント 147

まとめ 電気機器メーカーB社事例

自社にとってはレガシーな技術の発想を異分野に導入し、お客様の諦めを覆す新技術方式を開発 ……… 153

≫ 第3章

開発テーマをビジネスの価値につなげる 「事業展開シナリオ」

1 筋のいい開発テーマが、 なぜ事業に繋がらないのか？……………………………… 158

技術開発に成功しても、自社の勝ち筋・戦略的な事業展開のシナリオをつくれなければ、ビジネスとしての成功は望めない 158／事業戦略の重要性をマインドセットするための「温故創新」の事業振り返り分析 164／戦略とはそもそも何か？ 170／戦略的な事業展開のストーリー構築のポイント 172

2 開発テーマをビジネスプランにするための起点 「ビジネス俯瞰図」の策定 ………………………… 176

ビジネスの全体像を俯瞰したマップが戦略検討の必須ツールとなる　176／ビジネス俯瞰図の策定は、縦軸・横軸の設定がポイント　182

3 「ビジネス俯瞰図」から 事業展開のシナリオを練り上げる ………………… 186

魅力的な新事業提案とは、足元の手堅い短期的な収益確保と中長期的な発展性・夢のあるビジネスとを両立させること　186／パラダイムシフトの前には、必ずミニ・パラダイムシフトが存在する　189／狙いたいビジネスターゲット（ゴール地点）と起点とするビジネスターゲット（スタート地点）を設定し、複数のルートを検討する　196／成功確率をあげるために、複数パターンのシナリオを検討する　200／シナリオのメリット/デメリット評価と、メインシナリオの決定　204／市場展開スピードを優先した事業展開シナリオと、開発効率を優先した事業展開シナリオ　208／経営のジャッジポイントを設定する　212／メインシナリオに経営リソースを集中しつつ、予期せぬ事態が生じた際には、柔軟にバイパス案へと事業展開を変更する　214

4 キャッシュが自社に還流する ビジネスモデルを構築する ………………………… 217

ビジネスモデルとは　217／事業展開のボトルネック　219／ビジネスモデルの検討ステップとポイント　222／ビジネスモデルのケーススタディ　226／価値提供のボトルネック要因の解消検討　230／「差別化要素」と「模倣困難性」の確保　232／ギブ&テイクの共存関係の確認　235

まとめ 部品メーカーC社、生産設備メーカーD社

事業展開シナリオを策定することで、リスクを最小化しつつ、従来からのビジネスモデルを越える新事業開発を実行承認 ………………………………………… 238

≫ 第4章

開発プラットフォーム構築の考え方

1 不透明な事業環境下では、事業戦略を臨機応変に変更することが成功の鍵となる …………………246

開発前提条件を「あえて確定させない」ことが事業環境変化に対応するポイント 247／臨機応変の事業戦略変更と、ものづくりの品質確保とはトレードオフ 249

2 迅速な事業戦略変更の意思決定に、ものづくりの現場が対応するための開発プラットフォーム構築 …252

製品単体の設計効率・コスト削減を追求する「個別最適」ではなく、事業戦略全体における製品群の「全体最適」を追求する固定/変動計画 252／製品進化の主導権を自社が握るコア領域設定と内作/外作の考え方 258／事業戦略変更とものづくり品質確保とのトレードオフ関係を切り離すためのインターフェース開発が、開発プラットフォームそのものになる 262

(補足)新事業開発における数値計画策定の考え方 ………267

新事業開発で求められるのは管理会計 267／数値計画策定のポイントと進め方 269／利益を最大化する要因を押さえること 270／固定費回収型と変動費型では値段設定の考え方が異なる 273／プロフィットシェアという考え方 276

≫ 第5章

実践事例に学ぶ、
新事業開発の谷を越えるための苦難

1 なかなか表には情報が出てこない、
新事業開発の成功までの苦難について ……………280

2 資本力・ブランドがまだないなかで、
大きな事業を立ち上げるためには ………………281

地場の木質チップメーカーから、関西圏随一のハイブリット型バイオマス発電事業者へ―株式会社BPS大東　281／医療関連分野におけるソリューション志向の新事業開発―株式会社タナック　286

3 過去のものづくり成功体験からくる
社内の現状維持の壁を乗り越えるためには ………291

共感を呼ぶことで社内外に仲間をつくり、限られたリソースで新事業開発に成功―株式会社ダイヘン　291／自社にとって未知の業界でシステムソリューション事業の垂直立ち上げに成功―日軽パネルシステム株式会社　300

4 新事業開発を一過性のものとせず、
「常にやっているのが、自社の当たり前」にするには …306

「舌を鍛える」まったく新しい医療分野を創出―株式会社ジェイ・エム・エス　306／十数年間に渡る継続的な活動により、多くの新事業・新商品を立ち上げる―日本軽金属株式会社　311

カバーデザイン　二ノ宮匡（nixinc）

本文デザイン・DTP　明昌堂

序章

新価値創造のマネジメント

section 1

将来の大きな夢と
足元の現実とを
どのようにして繋ぐのか

「研究開発部門が夢を見るのが難しい時代になった。新事業開発においては、将来の大きな夢と足元の現実とをどのようにして繋いでいけばいいのか、それが難しい」

著者がコンサルティングをしている、ある大手素材メーカー中央研究所の所長から言われたひと言だ。

将来の収益の柱を新たに打ち立てるべく、新事業開発の壮大な夢を描いたものの、いつキャッシュインできるのかわからない。そもそも開発に成功するかどうかもわからないなかで、いつしか日常業務、目先の仕事が優先されるようになり、描いた構想は絵に描いた餅となってしまう。

今日の企業活動において、新事業開発が重要な経営課題であることは言うまでもない。そして、数々の先達の研究による経営やマーケティングの優れたフレームワークにより、理想的な新事業構想を描くことができるようになってきた。だが、足元の現実の制約も多く、なかなか進んでいかないというのが本音ではないだろうか。

本書では、こうした悩みに対し、著者がこれまで十数年以上にわたり、数多くの企業・業界において、新事業開発の実務のご支援をさせていただいた経験をもとに、多くの実践による、ときには失敗経験のなかから生まれてきた、新事業開発の成功確率を高めるための様々な方法論を体系的に一冊にまとめることを試みた。理想と現実とを繋いで事業成果を出すためにはどのような進め方をすればよいのか、本書が理想と現実とのギャップに悩んでおられる方の一助になれればと考えている。

10

≫日本能率協会コンサルティング（JMAC）と著者略歴

　株式会社日本能率協会コンサルティング（以降、JMAC）は、戦後の日本の産業界の復興を支えるべく、1942年に設立された社団法人日本能率協会（JMA）が母体となり、科学的管理技術（マネジメント）による能率向上、すなわち、企業活動における生産性革新を目指し、日本の産業界とともに歩んできた団体である。1980年、基幹部門であるコンサルティング部門をグローバル化のために株式会社化したものが日本能率協会コンサルティング（以降、JMAC）である。

　特徴としては、製造部門や人事・総務、経営・企画部門向けだけではなく、コンサルティング領域として研究開発部門の支援も行っている点だ。企業の中央研究所や開発部門を訪問し、新事業・新商品の企画開発の支援、それらに必要となる新技術の創出・開発戦略の立案、開発プロセスの効率化、研究組織の活性化・人材育成支援などを70年以上の長きにわたり、持続的に行っている。

　私、高橋儀光は、もともとは大手電話会社にネットワークシステムの技術者として入社し、その当時は黎明期であったインターネットの新サービス事業開発プロジェクトで要素技術開発の業務に携わった。その後は開発部門から本社管理部門に異動となり、事業計画の取りまとめやキャッシュフロー管理といった数値計画策定・管理会計の業務に携わった後に、「やはり研究開発に携わる仕事がしたい」という一念で、研究部門へのコンサルティング支援で長年の実績と経験があるJMACへと転職をした。以降、今日に至るまで十数年間にわたり、研究開発部門やマーケティング部門における新事業開発の企画構想から、開発実行・事業立ち上げ、キャッシュインに至るまでの一連のコンサルティングのご支援をさせていただいている。

　電話会社での実務経験から、情報通信サービス、IT系、エレクトロニクス系の業界・技術的知識のバックグラウンドに加え、JMAC入社以降は、自動車、船舶、建築材料、金属素材、化学素材、医薬、医療機器、

食品、工場の製造装置、部品メーカー等、様々な業界のメーカーへのご支援を通し、知見を蓄積させていただいた。製造業のみならず、基幹業務の情報システム、SIer、エネルギー、商社、物流、土木エンジニアリング、加工受託事業といったサービス業の企業支援も行ってきている。業態も、BtoBビジネスだけではなく、BtoBtoC／BtoCビジネスのコンサルティング支援を手掛けており、本書ではこれらの様々な業界・業態の企業での新事業開発の実務支援を通して得られた経験をもとに構築してきた方法論、フレームワークを体系的にまとめたものである。

≫ 新事業開発のマネジメントにおけるフレームワーク体系化

当然、これらの方法論を著者1人ですべて考案したわけではない。

第1章「既存の延長線上にはない新しい顧客価値を発想する『シャイニングスター構想法』」は、2003年にJMACの鈴木亨氏（当時、RD&E革新マネジメントセンター長、現在JMAC代表取締役社長）が発足させた「未来構想研究会」に端を発している。2003～2005年に様々な企業の方にも参加いただき、新しい価値創造のマネジメントの方法論について議論を行った。2006年からは鈴木亨氏、鬼束智昭氏、塚松一也氏、そして私、高橋儀光らJMACコンサルタントと、外部企業からはマーケティングの専門家である杉山氏、先端技術の研究開発者である三ツ村氏の6名が中心となり、2008年まで定期的に手弁当で集まって研究会を実施し、新価値創造のマネジメントを実践適用するためのフレームワークを整理していった。その後、多くの企業での実践を通して、より様々な業種・業態で適用できるように改善をしてきたが、原型はこの研究会活動の成果である。

第2章「お客様の『あったらいいな』と自社の技術の強みをマッチングさせる『技術棚卸し』」は、JMACコンサルタントの細矢泰弘氏、近藤晋氏が中心となり、顧客価値を起点として自社の保有技術の強みを可視化する手法を確立したものであり、技術ポートフォリオマップの考え方は、JMACコンサルタント・木村壽男氏がその原型を考案した。これらは技術戦略立案のためのコンサルティング手法として考案されたもの

であるが、本書は新事業開発にこれを応用している。

　第4章「開発プラットフォーム構築の考え方」は、JMACの研究開発部門のコンサルティング領域での原点とも言えるもので、1970年代にVRP（バラエティ・リダクション・プログラム：Variety Reduction Program）として確立され、以降は製造業においてコストダウンのためのマネジメント手法として広く普及した。本書ではこの考え方を、今日の製品開発において大きなウェイトを占めるソフトウェア開発の効率化や、事業戦略を軌道修正する際の設計・生産のものづくりの柔軟な対応、国際分業の考え方に応用適用している。

　このように、本書で解説している各フレームワークは、それぞれが多くの企業での実践を通して、磨かれてきたものである。だが、これらのフレームワークは、時代ごとの日本の産業界の要請に応じて、コストダウンや技術戦略立案などの目的で開発されてきたものであるため、「新事業開発」という統一した切り口で体系的にまとめたものがこれまでなかった。そこで、本書ではこれらを体系的にまとめることで、新事業開発に取り組んでいる、もしくはこれから取組みを始められる方を対象に、一通りの進め方がわかる手引き書となることを目指した。章ごとにJMACコンサルタントが複数人で執筆するという案もあったが、普遍的なフレームワークを用いていても、コンサルタントのそれぞれ主張したい点が少しずつ異なるため、1人の人間が全体を通して執筆したほうが、皆様によりわかりやすく伝わるのではないかということで、今回は私が執筆をさせていただいた。紙面が足らず、お1人ずつ名前をあげることはできないが、JMACコンサルタントの諸先輩方、そして不断の努力でこれらのフレームワークを実践されて成果を創出されてきたクライアント企業・お客様の功績あってこその本書である。

　また、コンサルティングの技術は、机上でいくら理論を研究しても、実践適用して実務上の困難を経験しなければ血の通った実学には決してならないため、その意味でコンサルタントはお客様に育てていただくという側面がある。第3章「開発テーマをビジネスの価値に繋げる『事業

展開シナリオ』」はコンサルタントとなり、十数年来の長きにわたり、多くの実践の機会をいただき、私を育ててくださったエレクトロニクスメーカーの森氏、素材メーカーの内藤氏の存在があってこそのフレームワークである。この場を借りて感謝を申し上げたい。

また、このような出版の機会をいただいた同文舘出版、そして担当編集の竹並治子女史には、本書の企画・構成や、内容についても多くの助言をいただき、遅筆な私をうまく誘導していただいた。あらためて感謝を申し上げる。

≫ 本書の効率的な読み進め方について

新事業開発とひと言で言っても、実に様々な業種・業態の企業の方がいて、それぞれにバックグラウンドが異なる。本書では、メーカーだけではなくサービス業の方や、BtoBではなくBtoCビジネスに携わられている方等、様々なバックグラウンドの方が見ても参考になるように、業界・業態は異なったとしても普遍的な新事業開発のプロセスについて、全体像を整理するように心掛けた。

そのため、内容はマーケティングから技術開発、事業戦略立案まで、広範にわたるものとなっており、ボリュームも非常に大きくなっている。新事業開発の全体像のなかのどこを解説しているのか、迷子にならないように、新事業開発プロセスの全体像を巻頭につけている。この見開きをマップとして、今どこにいるのかを随時確認しながら読み進めていただければと思う。

また第1章から第5章まで順に読み進めていただくのが理想だが、自社の新事業開発の取り組みがどの段階まで進んでいるかによっては、頭から通して読むよりも、他の章から読み進めたほうがよいケースもある。新事業開発の取り組み段階に応じて、以下のパターン別の読み進め方を参考にしていただきたい。

①これまで新事業開発に取り組んだ経験がなく、はじめて業務で携わる

こととなり、体系的な知識を習得したい場合

　企画構想のテーマアップまでのプロセスとして、第1章から第3章まで、順番にご一読いただきたい。

②新事業開発の取組みをすでになされており、開発テーマ自体は創出できているが、構想を実行に移すことがなかなかできていない場合

　ビジネスプランとしての精度向上のプロセスとして、第3章から第5章まで、順番にご一読いただきたい。

③新事業開発の企画構想〜実行までの経験はあるが、大きな事業成果創出・キャッシュインまで至らず、成功確率を高めるためのポイントを知りたい場合

　第5章の新事業開発を実践し、成果創出までやり切られた企業の事例集を先に読み、自社の置かれた状況に最も近い企業の取り組みから、その事例に関連する章をご一読いただきたい。

④サービス業の企業で、自社に研究開発部門をもっていないが、新事業におけるビジネスプランの策定方法や、ビジネスモデル構築の参考にしたい場合

　第3章を最初に一読し、研究開発機能を必要とする業界・業態向けの内容の第2章と第4章をいったん飛ばし、第1章と第5章を読み進めていただきたい。

section

2

新事業開発における落とし穴

　本書では、これまで多くの企業で実践してきた経験を踏まえて、「新事業開発で陥りがちな落とし穴」を回避するためのポイントを随所に盛り込んで解説をしている。内容が多岐にわたるため、各フレームワークの理解が優先され、実践の際に気を付けるべきポイントが埋もれてしまうかもしれない。そこで、各章の「読みどころ」をここでまとめておこう。

≫ 第1章　既存の延長線上にはない新しい顧客価値を発想する「シャイニングスター構想法」

　第1章では、新事業開発におけるビジネステーマの企画・構想時に陥りがちな、新事業といいながらも、従来からの商品（本書では、製品とサービスの両方を含むものを以降、商品と呼称する）への新機能追加の発想に終始して、「面白くない」テーマになってしまうという落とし穴を回避するための方法論を述べている。なぜ既存の延長線上の発想から脱却できず、こうした落とし穴にはまるのか。それは、今現在の自社の保有する技術で開発「できそう」なものを決め、新商品ありきで市場ターゲットを決めてしまうため、既存の延長線上の発想から脱却することができないのだ。こうした落とし穴にはまらないようにするためには、「今現在の自社の保有する技術・商品はいったん、あえて忘れる。今現在の社会システムの枠組みやデファクトの業界ルール・商習慣もあえて忘れる」ことがポイントになる。まして、「今現在の市場・お客様の多数派の価値観」が将来大きく転換することを商機として捉えることがポイントになる。つまり、現在から未来を見るのではなく、未来から現在

16

を見ることが大切なのだ。

　自社の保有する技術・商品を忘れて新事業開発テーマを企画するといわれても、それでは一体、何を取っ掛かりとしてテーマを考えればいいのか、と疑問に思われるだろう。そこで重要になるのが、自社の事業範囲（＝事業ドメイン）の再定義である。どこを勝負の土俵として定義するか、この定義如何によって、一見すると製品・商品自体は競合と同じようなものを提供しているかのように見えても、既存の延長線上ではない新しい価値による違う土俵で戦うことができる。事業ドメインの定義は、新事業開発のスタートであり、ゴールそのものでもある。

　また、現在からではなく、未来から現在を見たときに潜在ニーズを発見することができるが、ニーズ＝新商品企画と安直に結び付けてしまうと、ニーズはあってもお客様は「お金を出してまで欲しい」とは思わないテーマとなってしまう。今日では情報もモノもかつてないほど容易に世界中から入手できるにもかかわらず、なぜお客様はニーズを満たすための行動を諦めてしまうのか。諦めによってニーズが潜在化してしまっている要因を分析し、諦めの真因を覆す提案ができなければ、いくらニーズに合致していても、「今までのやり方で、それなりに満足している。お金を出してまで、今のやり方を変えたいとは思わない」提案となってしまうだろう。お客様の「諦め要因」を真因まで突き詰めて考えることができるかがポイントになる。

≫ 第2章　お客様の「あったらいいな」と自社の技術の強みをマッチングさせる「技術棚卸し」

　第2章では、既存の延長線上ではない「面白い」ビジネステーマは企画できたものの、そこに自社ならではの強みや独創性がないため、競合他社にキャッチアップされてしまうという落とし穴を回避するための方法論を述べている。なぜ、自社の強みを反映できないのか。それは、自社の強みというのは「わかっているようでいて、わかっていない」ためである。こうした新事業開発の企画をコンサルティング支援する際に、「あなたの会社の強みは何ですか」と聞くと、ほぼすべての会社が「考えてみたが、これといった強みは我が社にはないのです」という答えが

返ってくる。会社規模や業界でのポジションは関係なく、たとえその業界ではトップで、業績も好調な大企業であっても、だ。

　冷静に考えれば、何らの強みのない会社が今日まで存続し続けることは不可能であり、ましてや業界のトップになれるわけがない。だが、自社ではその強みを普段から当たり前に使いこなしているため、それがどれだけすごいことであるのか、当事者はむしろ気が付きにくいという思考の制約が存在する。

　こうした落とし穴に陥らないようにするためには、個別の技術や資産に着目するのではなく、「自社の何がお客様に価値として認めてもらってきたのか」それを起点として自社の本当の強みとはなんであったのかを考えていくことがポイントになる。また、顧客価値を起点として可視化した様々な自社の強みのなかから、新事業開発に適したものがどれにあたるのか、見極めることがポイントになる。

　新事業開発に適したものというと、突出した機能・性能を実現する差別化技術こそが、それに該当すると思いがちだ。だが、この考え方には大きな落とし穴が存在する。今日の新事業開発では、何よりもスピードが求められる。たとえ、他社が真似できない突出した機能・性能であっても、それを実現するためには膨大なコストや開発期間がかかるとしたら、これは新事業開発に適した強みと言えるだろうか。例えば、機能・性能を高めることだけに特化し、高性能だが高額な部品・素材を用いて、装置サイズや重量、耐久性は意識せずに開発した技術を保有していたとする。こうした差別化技術があったとしても、コストや装置サイズが大きすぎてお客様の使用環境や要件には合わず、この技術を実際の事業に適用するのは難しいだろう。

　中央研究所の悩みとして、「せっかくの差別化技術を開発し、特許も毎年たくさん出して、学会では技術論文が高い評価を得ているのに、当社の営業部門は研究所の技術を使わずに、外部から調達した技術で新製品開発をしている」という嘆きの声を聞く。こうした考えになってしまう要因は、差別化だけではなく、その技術を、事業にスピード適用するための社内基盤が整っているかどうかという視点が抜けているためだ。

18

新事業開発に適した技術とは、差別化技術よりもむしろ、一見すると地味で裏方の目立たない技術、決して特許にはならない、ものづくりの現場に蓄積されている調整ノウハウや、地道な解析技術にあることがある。そこに光をあてずして、自社の強みを把握することはできない。

　本書では、さらに今日の事業に求められる「独創性」についても述べている。自社の強みを適用したうえで、さらにそこに「ひとひねり」を加えて、独創性を加えるためにはどうしたらいいのだろうか。異業種・異分野、社外から新技術を取り込む、オープン・イノベーションという言葉がよく聞かれるようになったが、そこで陥りがちな落とし穴が、その道のプロフェッショナルであるがゆえに「この技術はこういうものだ」という固定観念に縛られて、新しい技術的な発想のヒントを自ら否定して捨ててしまうという点だ。この落とし穴にはまらないようにするには、異業種・異分野の技術の「機能・性能を取り入れることを考えるのではなく、科学的な原理に立ち戻り、発想を取り入れることを考える」ことがポイントになる。機能・性能を取り入れようとすると、新商品の進化をその技術を保有する外部企業に主導権を握られてしまい、本来ならば自社の付加価値をあげるためのオープン・イノベーションが、自社に何の付加価値も残さないという本末転倒な事態に陥るリスクがある。科学の土壌のうえで、固定観念を捨てて、新しい発想を柔軟に取り込むのだ。

≫ 第3章　開発テーマをビジネスの価値に繋げる「事業展開シナリオ」

　第3章では、既存の延長ではなく「面白い」なおかつ、自社の強みや独創性が備わった新事業開発テーマが企画立案できたとしても、ビジネスとして勝てるかどうかは別次元の問題であり、「新商品開発に成功して発売には漕ぎ着けたものの、まったく売れない」という落とし穴を回避するための方法論を述べている。なぜ、発売したが売れないという落とし穴にはまるのか。それは、「よいもの（製品・サービス）をたくさんつくれば、売れて儲かる」という、右肩あがりの古きよき時代の価値観を、事業計画の暗黙の大前提としているためだ。つまり、「開発に成功しさえすれば、あとは自然に売れていくだろう」ということで事業戦

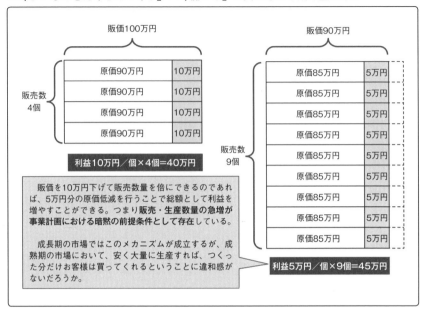

図■「よいものをたくさんつくる」＝「儲かる」の式はもはや成り立たない

略が不在のまま、開発完了と同時に発売をしてしまうのである。

　ここは本書の大きな主張の1つになるため、詳しく説明する。経営コンサルティングという仕事柄、これまで様々な業種の事業計画書を見てきたが、どのものづくりの会社の事業計画書にも決して書かれていないが、どこの会社の事業計画を見ても、暗黙の大前提となっているものがひとつある。それは「よいものをたくさんつくる＝儲かる」という式である。例えば、製造原価が90万円で販売単価が100万円のとき販売数が4個の製品があったとしよう。これを9個に拡販していくためには、厳しい市場競争に勝つために、販売単価を90万円まで下げたい。だが、90万円では粗利がまったく出ないため、数量が今後増加する前提で、機能性能は追加しつつ、製造原価を85万円まで下げる開発に成功し、競合よりもコストパフォーマンスに優れた製品、つまり「よいもの」をつくることに成功したとしよう。すると、売上高もかつての100万円×4個＝400万円、粗利も10万円×4個で40万円であったものが、売上高90万円×9個＝900万円、粗利も5万円×9個＝45万円となり、「よいも

のをたくさんつくる」ほど、増収増益となる。これがかつてのものづくりで儲けるメカニズムであった。

　決して事業計画書のどこにもこの「よいものをたくさんつくる＝儲かる」という式は書かれていないが、設備増強やIT投資から、先行開発費回収まで、ありとあらゆる事業計画の計数値が、この暗黙の前提条件をもとに組み立てられている。競合よりも「よいもの」、機能性能で勝り、なおかつ価格も安い製品の開発に成功すれば、販売数量が伸びる。この理屈には何の破綻もないように見える。にもかかわらず、ビジネスの実務感覚としてはどこか違和感がないだろうか。ビジネスの現場で今起こっていることは、いくら「よいものたくさんつくっても、実績の販売数量が思うように伸びない」という現象である。

　こうした事態に陥らないようにするためには、「よいもの」をつくるだけではなく、ビジネスとしてどうすれば厳しい事業環境下で、限られた自社の経営資源のなかで勝てるのか、「自社の勝ち筋」を発売前の段階であらかじめ組み立てておくことがポイントになる。新事業開発は本当にそのような市場が立ち上がるのか、計画通りの収益があがるかどうかもわからない。そのため、たとえどのような大資本の企業であっても新事業開発に投入できる経営リソースは少なくなる。新事業の製品開発に成功し、対外発表をすると、注目を集めて多くのお客様から引き合いがくる。だが、新事業開発のプロジェクトメンバーはせいぜい3〜4名で、しかも既存事業の業務との兼務であることも多い。開発費や販促費も少なく、限られたリソースを総花的に様々な市場・お客様に投入してしまうと、どれもが手薄になり、中途半端になってしまう。そして、拡大し過ぎた戦線でわずか数名のメンバーが孤軍奮闘しても状況を挽回できるはずもなく、数年もするとプロジェクトメンバーも現業の業務優先となり、「いつしかなかったことにされてしまう」。これが、最も典型的な新事業開発の失敗パターンである。限られたリソースを分散させて全方位で負けてしまうのではなく、「あえて捨てる」市場・お客様を決め、浮いたリソースをどの市場・お客様に集中的に投入するべきかを決めることがポイントになる。

≫第4章　開発プラットフォーム構築の考え方

　第4章では、新事業開発の実行フェーズに入った際に、いくら入念に事業計画を立てたとしても、スタート時にはとても予測することはできなかった「自社にとって不利な急激な事業環境変化が生じてしまい、新事業開発を途中で断念せざるをえない」という落とし穴を回避するための方法論を述べている。なぜ、新事業開発の道半ばで断念せざるをえないのか。それは、開発途上での急な方針転換に現場が付いてくることができないためだ。従来の開発プロセスマネジメントの常套では、まず開発計画を立てるためには、その前提条件として製品仕様や生産数量の見込みを確定させる。前提条件を確定させることで、製造原価や開発納期、生産準備・材料手配の見積りが可能になり、開発工程や生産計画を立てることができる。だが、新事業開発においては、既存事業における開発プロセスとは異なり、事業環境は日々目まぐるしく変化し、予期せぬ競合企業や新技術の登場や、法改正等、自社では到底コントロールできない要因により、昨日までの事業戦略が一晩で通用しない状況になっているということがよく起こる。こうした事業環境変化に対応し、本来であれば素早く自社の事業戦略を変更しなければならないのだが、ものづくりの現場側にとってみると、これはたまったものではない。設計をかなり先に進めてしまっており、部材も先行手配してしまっているのに、今さらそれらを使わないとなると、現場からの強い反発を招く。結果として環境変化への素早い方針転換のアクションを躊躇して軌道修正できるタイミングを逸してしまい、気が付いたときには、「もはや開発継続を断念せざるをえない」状況となっているのだ。

　このような状況を回避するには、既存事業における開発マネジメントの常套からは外れるが、「開発の最終形の前提条件をあえて確定させない」ことで開発スピードを最優先し、たとえ最終形には遠くても、「これでも使いたい」というお客様への価値提供を行うことがポイントになる。そして、開発途中での急激な事業環境変化のリスクを考慮して、都度個別に柔軟に対応すべき部分（変動部）と、自社の付加価値提供のコ

アとして、ノウハウを社内に蓄積すべき部分（固定部）とを切り分けるのだ。都度個別対応が求められる部分は積極的にオープンにして外部企業に出すことで、決して自社の固定費（設備投資や人件費など）にしないことが、変化に素早く対応するために重要となる。

その際に、外に切り出した変動部が製品進化の主導権を握ってしまうことがないように、自社のコアである固定部に影響を与えないようにするインターフェース（I/F）をあらかじめ開発しておく必要がある。このI/Fこそが開発プラットフォームと呼ぶべきものである。変動部と固定部を切り分けるためのI/F開発は、ハードウェアでは様々なモジュールが接続できるコネクタ等、イメージがしやすい。だが、今日の開発において大きなウェイトを占めるのは、むしろソフトウェアであり、そのI/Fというのはイメージが難しい。そこで、本書ではソフトウェアのプラットフォーム構築を例に説明をすることとした。

≫ 第5章　実践事例に学ぶ、新事業開発の谷を越えるための苦難

第5章では、新事業開発のフレームワークはよく勉強しているが、それを実践に移せずに結果が出せないという落とし穴に落ちないように、様々な悩みや制約を抱えながらも新事業開発を実践した企業の開発リーダーから、行動に移す勇気をいただくことを考えた。

いくら理論武装をして新事業開発で「やるべきことがわかった」としても、実際に「やるべきことを実行できる・やりきれる」とは限らない。多くの場合、「やるべきことはわかっている」にもかかわらず、いつまで経ってもそれを「実行しない」、もしくは「少しだけ手を付けたものの、中途半端でやめてしまう」ため、結局はこれまでに述べてきた数々の新事業開発の落とし穴に落ちてしまう。ではなぜ、やるべきとわかっていても実行をしないのだろうか。企業活動・会社組織は様々な考え方の「人」で成り立っている。こうした組織のなかで「実行する」とは、つまり「人を動かす」ということだ。特に新事業開発は、様々な企業活動のなかでも最もリスクの高い活動の1つであり、新事業開発に挑戦することに対してポジティブな感情をもつ人ばかりではない。むしろ、現

事業・目先の業務だけでもこれだけ忙しいのに、なぜこのタイミングでリスクの高いことをやろうとするのか、余計な波風は立てないでくれと本音では思っている、ネガティブな感情をもつ人のほうが社内の多数派であるというのが現実だ。新事業開発の取り組み当初は、確実にこうした四面楚歌の状況から始まる。その苦難を考えれば、「実行する」ことを躊躇するのは人間の自然な心理だといえる。

　実践事例では、売上高が数千億円規模の大企業から、中堅企業、規模の小さい企業まで、様々なシチュエーションで新事業開発を実践し、事業成果の創出までやりきったリーダーへのインタビューを掲載している。会社の規模や業種はそれぞれ異なるが、成果創出までやりきったリーダーすべてに共通しているのは、こうした不利な状況下でも、社内政治からも目を逸らさずに向き合い、陰ながら、自分達に手を貸してくれる「共感してくれる仲間を増やす」ためのコミュニケーションを意識的に続けている点だ。我々は、スティーブ・ジョブズのような天才でもなければ、カリスマでもない。日本的性格の能率運動・科学的経営手法を追及し続けてきたJMACには、「集団天才」という経営理念がある。たとえ1人の天才が自分達の会社にはいなくとも、「共感してくれる仲間を増やす」ことで、それぞれのもつ能率をチームで最大限に発揮すれば、革新的な成果を創出できるという考え方だ。だが、「共感してくれる仲間を増やす」ためのコミュニケーションを取るといっても、共通言語がなければ会話は成立しない。その共通言語が、本書で解説する新事業開発の各種フレームワークなのだ。新事業開発のフレームワークを知り、「何でまわりはわかってくれないのか」と嘆くのではなく、このフレームワークを共通言語として、「共感してくれる仲間を増やす」ための道具として自分からコミュニケーションを仕掛けていくことが、新事業開発の成功確率を高める最大のポイントになる。

第1章

既存の延長線上にはない
新しい顧客価値を発想する
「シャイニングスター構想法」

section 1

企画品質とは？
「当たり前品質」追求では
付加価値には繋がらない

　序章では、いくら開発投資や合理化・IT投資をしても「よいものをた
くさんつくる＝儲かる」の式がもはや成り立たないため、当初の計画通
りに利益が出ない状況になっていることに言及した。では、この悪循環
を脱し、価格に転嫁される付加価値を創出するためにはどのような考え
方に転換する必要があるのだろうか。その基本的な考え方について、ま
ずは述べていく。

≫「当たり前品質」の追求は、いずれ研究開発の悪循環に陥る

　新事業開発テーマのコンセプトを考えるにあたり、そもそもコンセプ
ト企画の品質とは何かを考えてみよう。品質工学の大家で東京理科大学
名誉教授の狩野紀昭氏は、企画品質を顧客の「心理的満足感」と「物理
的充足感」の2つの側面から捉えることで、企画コンセプトの品質を高
めていくための優先順位付けやバランスを取ることを提唱した。これは
「狩野モデル」（注1）と呼ばれ、海外でも広く知られている。

　まず「当たり前」品質であるが、自社の企画が「当たり前」品質の要
素が物理的に未充足の状態であれば顧客満足度は大きく下がるため、必
ずやらなければならない。最低限必要な要件への対応であり、その名の
通り「やって当たり前」の品質である。

　わかりやすくコンパクト・デジタルカメラの新企画を考えよう。コン
パクトという市場セグメントをターゲットにしている以上、小型軽量化
のコンセプトは「当たり前」に必要だ。だが、これは右の図に示す通り、
ある程度までやると、顧客満足度の向上は飽和点に達し、それ以上は満

26

図1-1 ■ 企画品質とは

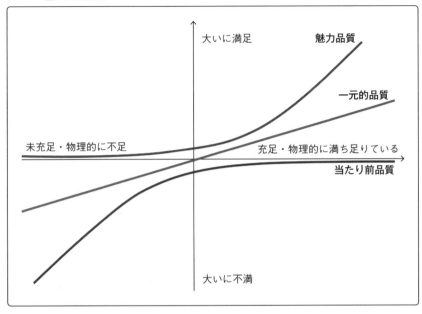

足感があがらない点に注意する必要がある。

　コンパクトといっても、ユーザーの心理的満足を考えれば、女性であれば小物入れのポーチ、男性であればシャツの胸ポケットに入るサイズと軽さであれば十分であり、それ以上の極薄化・軽量化に開発コストをかけて追求しても、顧客満足はいっこうにあがらない。このように、「当たり前品質」は、必ずやらなければならない品質であるが、同時にやりすぎて過剰品質にならないように注意すべき品質である。

　これに対し、やればやるほど顧客満足があがるのが「魅力品質」と「一元的品質」である。「一元的品質」とは、コンパクト・デジタルカメラで言えば、高画素やバッテリーの持ち時間といったデジタルカメラを定義する基本的な構成技術の進化によるものである。ニーズは顕在、後はひたすら技術開発で、競合よりも先行した技術開発で優れた品質を実現することができれば、その瞬間は競争優位に立てる。

　ただし、ここは当然のように競合他社も日々開発努力を行っているものであり、イタチゴッコの開発競争に陥りやすい。高画素化や長寿命バ

図1-2 ■ 魅力品質は潜在化しており、見つけることが難しい

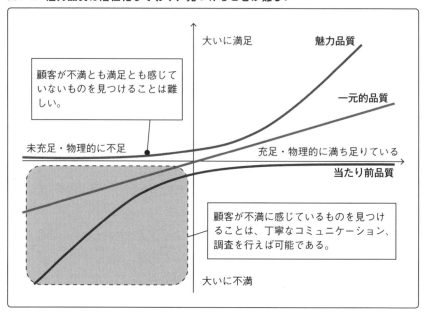

　ッテリーといっても、ある程度まで開発が進むと、なかなか自社だけが劇的に向上させるということも難しくなり、横並びになっていく。

　では、もうひとつの「魅力品質」はどうだろうか。これは、やればやるほど指数関数的に顧客満足度が上がっていく。価格競争から脱却し、ソリューションの付加価値を高めるためには、「当たり前品質」や「一元的品質」の追求だけではなく、やはりこの「魅力品質」を追求することが重要になる。

　だが、「当たり前品質」「一元的品質」と異なるのが、最初から満足でも不満でもない点である。「当たり前品質」と「一元的品質」は不満と感じるところがあるため、お客様の声を集める、もしくは先行する競合他社のソリューションをベンチマーキングすることで、「何をすればよいか」が見えてくる。厄介なことに、「魅力品質」はお客様自身が現状は不満を感じていないため、潜在化してしまっており、「何をすればよいか」とストレートにお客様に聞いても決して答えは返ってこない。だ

からといって、「一元的品質」と「当たり前品質」だけで、新事業のソリューションの企画を検討しても、その先にあるのはいくら開発をして、「よいものをたくさんつくっても、儲からない」という悪循環の構造である。

この潜在ニーズをいかにして見つけるかが、新事業の企画コンセプト、つまり「何をやるのか」のテーマ探索を行ううえで最も重要になる。新事業開発の最初のステップである「テーマ探索」でいかに潜在ニーズを見つけるか、その方法論についてこれから述べていこう。

≫「魅力品質」を発見するためには、将来の価値観変化（＝トレンド）によって生じる未充足に着眼する

お客様が不満を感じていないのは、あくまでも今現在の価値観のなかで考えているからである。

デジタルカメラの例でいくと、アナログカメラからデジタルカメラへの置き換え・普及が加速していった2000年代の初めは、写真といえば、プロのカメラマンでもなければ、「個人や家族内で楽しむもの」という価値観であった。その時点のお客様の価値観では、現在のデジタルカメラでは必須となっているデータをインターネット上で簡単にシェアする機能がなくとも、特に不満とも感じないだろう。

ところが現在、この価値観は180度転換した。世界中に発信し、実際には会ったこともない誰かを楽しませるために写真を撮るという価値観が主流になっている。家族も一度も見たことのない写真がインターネットのブログやSNS上に氾濫しているのだ。

一般家庭への普及が始まった1990年代の中頃から、「モノ」の機能性能追求である高画素化やバッテリー長寿命化の研究開発といった「当たり前品質」や「一元的品質」の追求だけではなく、「魅力品質」として、情報をシェアするためのソリューション開発とビジネスモデル構築を競合他社に先んじてやっていれば、今頃は他社とは違う一歩抜きん出た事業価値を創出できていたのではないだろうか。

このように、今現在では潜在化している「魅力品質」を発見するためには、お客様の将来の価値観の転換を洞察して、そこからビジネスチャ

ンスを見出すことがポイントになる。

デジタルカメラの例は、過去を振り返った結果の話であるため、これから起こる将来の話で、もうひとつ例をあげて説明しよう。

例えば、医療の画像診断分野で新事業開発のテーマ探索を検討しているとしよう。画像診断のなかにMRIというものがある。強力な磁場を用いて臓器や血管を撮影するやり方であるが、装置は大掛かりで、取り扱いの際には、看護師や専門知識をもつ技師が必要になる。診断もMRI画像の診断経験を積んだ医師が見る必要がある。1人の患者に対して、高度な技術とノウハウをもつ医療従事者が何人ものチームで対応する必要があるのだ。

今現在の価値観の中では、MRIによる画像診断とは「こういうもの」という認識であり、不満も満足もない。したがって、医師や技師に現状のMRIシステムへの不満や今後の改善点をヒアリング調査して出てくるのは、「より高画質で、より安い装置が欲しい」といった声であろう。

ここで、今現在の「MRIといえばこういうもの」という考え方が変わる可能性はないだろうか。経済協力開発機構（OECD）が出しているG7の先進国の医療実態を比較した統計データ（注2）によると、2015年時点で人口1000人あたりの医師の数は、ドイツ3.8人、フランス3.3人、アメリカ2.5人であり、日本は2.2人と先進国中最も低い水準となっている。

病床100床あたりの看護職員数の比較では、ドイツ137.5人、フランス136.7人、アメリカ366.6人に対して、なんと日本は74.3人というのが実態である。先進国の平均の半分以下の人員で、現場はやり繰りをしているのだ。今後、高齢化が進展することは間違いなく、患者1人にかけることができる医療従事者の数はますます減るだろう。

そうなると将来、画像診断に対する価値観が大きく転換し、精密な画像診断は、「専門知識と経験を積んだ多くの医療従事者がチームでやるもの」から、「知識・経験が浅い少人数でやるもの」になるという仮説を立てることができるのではないだろうか。この仮説を是とするならば、MRI装置の「モノ」としてのコストパフォーマンス追求といった「一元

図1-3 ■ 世の中の潮目の変化を捉える

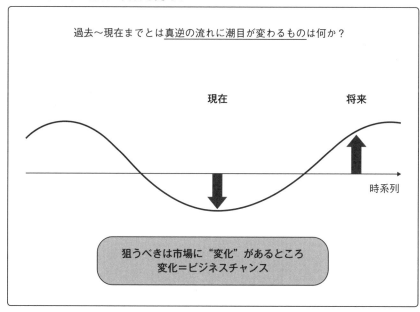

的品質」や「当たり前品質」だけではなく、「魅力品質」として知識・経験がまだ浅い医療従事者でも安心・安全に診断を行うシステムやビジネスモデルが考えられる。

　例えば、AIを活用した画像処理によって、これまで熟練の医師でしか見分けがつかなかった微妙な画像の違いを自動的に表示してくれるとしたらどうだろうか。ビジネスモデルの工夫で、日々のバイタルデータをモニタリングすることで、撮影ではなく観測により、そもそも大掛かりな画像診断装置で精密検査を受ける必要がない状況をつくることができないのか、等々。

　このように、お客様の価値観の転換を起点とすることで、潜在ニーズの仮説を立てることができる。このお客様の価値観の転換のことを、潮目が変わることとかけて潮流（トレンド）と呼ぶ。

注1：狩野紀昭他,「魅力的品質と当り前品質」,「品質」, 24, 39-48, 1984
注2：「OECD Health Statistics 2016」

section **2**

「魅力品質」の企画発想をするには、既存の製品・技術を「あえて忘れる」ことが第一歩

「魅力品質」はトレンドを起点として発見することができる。だが、我々は今現在の主流となっている価値観のなかで暮らしている。今目の前に見えている景色の先にある価値観の転換を洞察することは、難しい。この難しさを乗り越えるためのポイントについて述べる。

》大多数が認知していることは「トレンド」ではなく「現状」

新事業のテーマ探索活動のコンサルティング支援で、まずはトレンド分析から始めることを提案すると、「当社では、中期経営計画のためにすでにマーケティング本部でトレンド分析を行っています。これを使えば、あらためて分析することはないのではないですか？」と言われるケースがある。

そこで、すでにあるというトレンド分析結果を見せてもらうと、その多くは将来に起こる価値観の転換ではなく、今現在すでに起きているものがあげられていることが実に多い。

「これらは現在進行中のことですから、当然 競合他社も認識しており、おそらく中期計画でも同じような開発テーマを目指しているのではないでしょうか？」と返すと、「言われてみれば、これはこの業界であればやって当たり前の開発テーマにしか行き着きませんね」と納得していただける。

このように世の中の大多数が認識済みの価値観は、トレンドはなく、現在進行中のムーブメントなのだ。現在進行形の話と、将来の価値観の転換の話とは峻別する必要がある。JMACではこのトレンド分析を起点

図1-4 ■ トレンド仮説は現時点ではマイノリティ

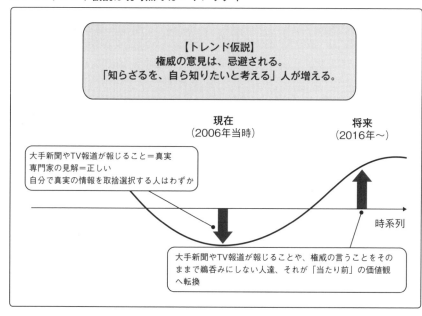

とした新しい事業価値創造の方法論の研究を、2006年から行ってきた。

「未来構想研究会」と名づけたその研究活動のなかで、今から10年以上前に将来のトレンドとして10個の仮説を立案した。そのうちの1つに、「権威の意見は、忌避される。知らざると自ら知りたいと考える人が増える」というものがあった。2007年以降にJMACの主催する公開セミナー等でこのトレンド仮説を紹介していったが、当時の反応としては「このトレンド仮説は何を言っているのですか？ 意味がよくわからないです」とセミナー受講生から質問されることが非常に多かった。

このトレンドを洞察した背景としては、インターネットをはじめとする情報流通の社会基盤が急激に普及するなかで、ごく普通の一般生活者が加工されていない生の情報に手軽に、かつ安価にアクセスすることができるようになりつつある。これにより、権威のある大手マスメディアやその道の専門家の意見と、生の情報との比較が可能になるのは必然である。ニュース番組では短い時間に多くの出来事を伝えるために、例えば国会答弁でもダイジェストの、重要な発言のみを切り取って伝える。

だが、国会中継の生データはインターネット上にアーカイブとして保存されており、そこにアクセスすることは容易である。国会答弁の全文の文脈から見ると、切り取られた一部の発言から受ける印象とはだいぶ違うことに気が付く。これまで大手新聞やTV報道、専門家の意見を鵜呑みにしてきたが、これからはそれらを鵜呑みにするのではなく、複数の報道内容を比較する。または、生データに自らアクセスして真偽を検証するといった価値観に変換するのではないかと洞察をしたのだ。

10年経った今では、特定のメディアの報道や専門家の意見をそのまま鵜呑みで正しいと信じる人はむしろ少数派である。大多数は同じ報道内容であっても、生データや複数メディアの見解から多面的に情報の真偽を検証するのが「当たり前」になっている。これはもはやトレンドではなく、現在進行形の話である。だが、10年前の当時にJMACがこの価値観が主流になります、と言っても多くの人はどうもピンとこなかった。

トレンドは将来起こる価値観の転換であり、今現在はごく少数の人達だけの行動である。今現在は認識できていないものを論理的に考えるよりも、人間は誰しも今目の前に起きているものの範囲で考えるほうがはるかに楽なのだ。そのため、トレンドを先取りする人は、いつの時代も現在の主流の価値観のなかで常識的なものの見方をする大多数の人達からすると、異端視されがちだ。トレンドを洞察している人達のトレンドに先手を打った行動は、その洞察を共有していない人達からすると、どうにも非常識な行動に映るのである。

≫ プロであるほど、トレンドが見えなくなるというジレンマ

今現時点で認識できる範囲で物事を考える方が楽であるという人間の心理から考えても、トレンドを洞察することは極めて難しい作業だ。現在の製品・技術をよく知っているその道のプロほど、トレンドを洞察することがかえって難しくなる。1943年当時のIBM社の会長であったトーマス・ワトソンは「私が思うに、コンピュータの市場は世界的にみて多分5台くらいだろう」と述べた。今ではどのような新興国の人でもスマートフォンを持っている。世界で5台どころか、1人がデバイスを1

〜5台持つのが当たり前である。また、Microsoft社の創業者であるビル・ゲイツは、1981年当時は「どんな人でも640キロバイト（のメモリ容量）があれば十分なはすだ」と述べた。今ではどんなに廉価なコンピュータであってもギガバイト未満のメモリ容量のものを探す方が難しい。コンピュータ業界以外でも、映画配給会社の最大手であるワーナー・ブラザーズ社の創業者であるH.M.ワーナーも1927年当時に「いったい全体どこのどいつが役者がしゃべるのを聞きたがるって言うんだ」と述べている。今では活動弁士が解説する無声映画の上映はなくなってしまった。これらの例に限らず、歴史を振り返ると、あらゆる分野でそこにおける超一流の第一人者が、その当時は将来起こる価値観の転換を洞察できていなかったことを証明する発言をしている。

　なぜ、その道のプロであるほど、トレンドの洞察が困難になるのだろうか。それは、現行の製品・技術に精通していればいるほど、現在の延長線上にある世界の限界がよく見えてしまうことが考えられる。つまり自分の精通した知識・目の前で観測できる事実関係から、精密な理論を立てて未来を推計するため、どうしても近視眼的な未来になる。その道のプロであるほどに、ベースとなる事実関係を誰よりも多く知っているという自負があるがゆえに、どうしても今現在の延長による帰納法的な思考ロジックで未来を考えてしまうのだ。だが、将来の価値観の転換の契機となる出来事は、自分がよく知る世界の外側からやってくることが多い。

　先のデジタルカメラの例で、もう一度考えてみよう。写真は、「個人や家族内で楽しむもの」という価値観から、「世界中の誰かとオープンに共有して楽しむもの」という価値観へと大きく転換した。JMACでは将来のトレンドを洞察するための方法論を確立すべく、2006年に開始した未来構想研究会の活動の一環で、人類のカメラ開発の歴史をすべて振り返り、そこから次の未来に起こることを推察する作業に挑戦した。

　カメラの技術の推移とそれが世に出た当時の環境を約1年かけて入念に調べあげ、時系列で並べ、その関連性を分析した1枚のマップを作成

したのだ。縦1m、横2mにも及ぶ膨大な情報量のマップになったのだが、そのお陰でカメラの歴史や技術の変遷に関しては詳しくなった。このようにして膨大な時間と労力をかけて、カメラに精通した人になったわけであるが、いざそこから2007年の時点から10年以上先の2020年の将来のカメラのトレンドの洞察を試みたところ、カメラに特化して詳しくなったがゆえに、カメラ業界の中で起こりえる最も合理的な未来しか思考することができなくなったのだ。2007年当時の未来構想研究会における2020年頃の価値観は、現在の「瞬間を切り取る」ものから、「思い出を切り取る」ものへと変わると推察した。これがどういうものかと言うと、例えば、結婚式の写真であれば、結婚式当日があいにくの曇り空で実際の映像は暗いものであったかもしれない。だが、これからの新婚生活に心躍らせる本人達の思い出のなかでは、目の前の景色は明るく輝いていたとしよう。デジタル信号処理、画像処理技術が急激に進化をしているため、実際の景色をありのままに切り取るのではなく、思い出のなかの景色を再現する機能がカメラにはより要求されるようになると分析したのだ。この10年前に出した結論は、カメラ単体の「モノ」としての機能性能の開発方針としては今でもあながち間違ってはいないだろう。実際に、情感あふれる印象的な写真を撮ることができる高級デジタル一眼レフカメラは、再び売れている。それだけでは「当たり前品質」と「一元的品質」のみであり、肝心の「魅力品質」の企画要素が足りていない。高級デジタル一眼レフカメラの市場も、今では機能性能、価格競争が激化している。

　期待していたアウトプットは、その道のプロならば等しく気が付くであろう現在の延長線上にある妥当な未来ではなく、180度転換した未来であった。だが、残念ながら、過去から現在までのカメラの技術に詳しくなり、そこからいくら帰納法的に発想をしても、得られる結論はそれが限界であった。そもそも、写真を「オープンに共有して楽しむ」という価値観は、むしろカメラ業界の外側、インターネット上で世界中の不特定多数の人に、自分の個人情報やプライベートな生活を公開することが当たり前の価値観の人達からきている。

図1-5 ■ 過去の歴史の延長線上からは、トレンドは見えてこない

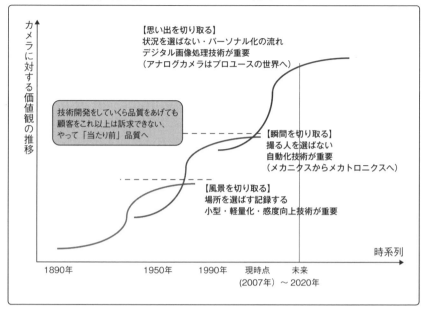

　このようにして、プロであればあるほど、現在の主流となっている価値観が将来には180度転換する可能性を洞察することが難しくなるというジレンマが生じる。

≫トレンド分析のためには、目の前にある製品・技術を「あえて忘れる」

　では、トレンド分析を行うためには、どうすればいいのだろうか。未来構想研究会のカメラ100年間振り返り分析での貴重な失敗経験から学んだことは、かえって思考の制約となってしまう、現在の技術・製品を「あえて忘れる」必要があるということだ。現在の延長線上の発想では、将来の大きな価値観の転換の可能性になかなか気付くことができない。そこで、現在目の前に見えている光景をあえていったん忘れて、未来から現在を眺めるのだ。

　例えば、道路交通インフラ分野で新事業開発のテーマを探索しているとする。その中で次世代の自動車用信号機システムを考えるとすると、今の信号機製品・技術はいったん忘れて、未来のある時点では、現在は

無数に設置されている信号機がなくても、人も自転車も、自動車も交通事故を起こすことなく安心・安全、なおかつ効率的に通行できるような理想的なシステムが構築されているとしたら、どうだろうかということを考えるのである。

　現在、これだけ広く普及している社会インフラである道路信号機がなくなる日がくるとは、常識的に考えればあり得ないと否定したくなる。だが、現状の信号機を用いた交通システムの延長線上で考えていては、より安心・安全にするために、信号機の昼間の時間帯の視認性を高める等といった「モノ」の機能性能の向上検討に終始してしまうことだろう。その検討では、世界中のありとあらゆる情報を整理することを理念としているAIの研究開発で先端をいくGoogle社等のIT企業が、既存の道路信号機システムのプレイヤー達の脅威となるようなトレンド仮説が議論にあがることもないだろう。近視眼的な検討からは、どれだけ技術・業界に精通している有識者が議論を重ねたとしても、決して将来の大きな価値観の転換は見えてこない。

　目の前にある製品・技術を「あえて忘れる」ことは、トレンド分析では重要だと言われても、実際に実行しようとすると相当に難しいことに気が付く。著者も、もともとは工学部出身の技術者であったが、実験で積み上げてきた事実関係から帰納法的に推測をする思考パターンが体に染みついてしまっているため、普段とまったく異なる思考パターンをやれと言われても頭がなかなか追いつかないのだ。実際に企業の中央研究所等で、トレンド仮説構築の議論をすると、活動メンバーからなかなか意見が出てこない。

　そこで、トレンド分析をするにあたり、いきなりトレンドの洞察に入るのではなく、準備としてまず思考トレーニングをすることをお勧めしたい。以下にその思考トレーニングの方法をいくつか紹介する。

　ひとつ目は「自社の商品が淘汰されるシーンをイメージする」ことである。完全になくならないまでも、市場シェアが1桁下がったときの未来をイメージする。2つ目は「商品が変わった時をイメージする」こと

図1-6 ■ 現在をいったん忘れて、未来から現在を眺める

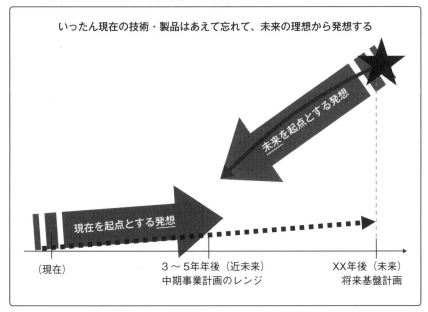

図1-7 ■ トレンドの洞察のための思考訓練

未来の洞察のための思考　その1
　　商品が淘汰されるシーンをイメージする

◆今の自社の商品がなくなる時があるとしたら

◆ライバルに自社が淘汰されるとしたら

◆自社もライバルも一緒に駆逐されるとしたら

未来の洞察のための思考　その2
　　商品が変わった時をイメージする

◆次の方式革新が実現したら
◆性能が1桁～数桁向上したら
◆値段が1桁下がったとしたら
◆企業連合（コンソーシアム）化が進んだら
◆基本機能・性能でない競争があるとしたら
　（デザイン競争等）

未来の洞察のための思考訓練　その3
　　市場の変化をイメージする

◆普及率が100％になったら
◆顧客セグメントが変わるとしたら
◆外国人の購買者が増えたとしたら
◆値段が一桁高くても買う人がいるとしたら
◆商品がコモディティ化し、
　無料提供されるようになるとしたら
◆もし犯罪が起きるとしたら

未来の洞察のための思考訓練　その4
　　予想できる未来動向からイメージする

◆今より10歳若い人達がお客様になったら
◆少子化の影響は、どういう影響を及ぼすだろうか
◆法規制（環境等）が格段に厳しくなったら
◆デジタル化、ネットワーク化が数段進んだら
◆カスタムメード化、オーダーメード化したら

で、その商品の極端な飛躍が起きた未来をイメージする。3つ目は「市場の変化をイメージする」ことで、市場環境が極端に変化した未来をイメージする。4つ目は「予測できる未来動向からイメージする」ことで、今のムーブメントが極端に進行した未来をイメージする。

　これらの思考トレーニングにより、今現在認識できていないものについて、否定してから分析に入ってしまう頭の働きを、あらゆる可能性を否定することなく冷静に分析する頭の働きに切り替えるのだ。

　このトレーニングのなかで特にお勧めしたいのが、「商品が淘汰されるシーンをイメージする」ことである。企業内研修やコンサルティングの場面で、参加メンバーに対して「自分が今まで最も深く関わった現在の商品がもしも将来なくなるとしたら、それはどのような理由でなくなるのだろうか？　今から5分間程度時間を取るので、手元のメモ用紙に箇条書きで、考えられるだけその理由をあげてみてください」という演習をやる。様々な企業、業種の方を対象にこのミニ演習をやってきているが、たった5分で何個くらいの「自社商品がなくなる理由」があげられると思うだろうか。毎回、業種を問わず7個以上の理由があがったという人が一番多くなる。時には10個以上の理由をあげた人が一番多かったときもある。そのなかには、今現在はその業界は好景気の最中であり、会社の業績も右肩上がりを続けている会社もあるにもかかわらず、自社商品がなくなる理由が1つも思いつかなかったという人には、これまでのところ1人も出会っていない。

　このように、未来の可能性を否定せずに分析的な考え方ができる人は、たとえ今現在の目の前の光景はそれを確証する事実関係がまだ存在していないとしても、将来的に世界の常識が覆る可能性が、広い視野で考えてみれば実はたくさんありそうだということに気が付く。

　繰り返しになるが、大切なことは、「それは常識的にありえない」という否定から入り、結果として近視眼的な検討に終始しないように、今現在は認識できないものについても、可能性だけは否定しないところから入るように自分自身の思考パターンのスイッチを切り替えることであ

る。この思考スイッチが入れば、たとえ生まれつきの洞察力をもつ天才でなくとも、トレンド仮説の検討議論に参加できるようになるだろう。

「こうしたトレンド分析の議論のメンバーには、頭の固いベテランクラスは入れずに、考え方がまだ固定化されていない、頭の柔らかそうな若手〜中堅クラスのみのメンバーで検討したほうがいいのだろうか？」という質問をよくいただく。

実務としての推進上の参考としてお伝えすると、経験則から言えば、若手のみの検討チームではよいアウトプットは出てこないことが多い。むしろベテランクラスのメンバーを中心としたチームが、目の前にある製品・技術をあえて忘れ、そこを越えた先にある思考を働かせた場合のほうが質の高い議論となり、よいアウトプットに繋がるケースが多い。

トレンド分析は奇抜なアイデア発想を競い合う場ではない。目の前にある製品・技術を詳しく知らないがゆえに、怖いもの知らずの意見が言えることはメリットではなく、知ったうえでそれを「あえて忘れる」ことで、これまで見落としてきた、もしくは無意識に目を向けないようにしてきた、インパクトの大きい価値観の転換が起こる可能性の存在に気が付くのである。

当然、若手〜中堅クラスでも、よく勉強をしており、ベテランクラスに負けないくらいの製品・技術への本質的な理解をしているメンバーであれば、十分な議論を展開することができる。安直に年齢で区切って検討メンバーを選定することだけは避けるべきだろう。

既存製品・技術に精通したメンバーは現業の案件対応で引く手あまたであり、忙しくて新事業開発の検討メンバーになかなかアサインできない場合は、オブザーバーという形で、キックオフや検討の節目となる要所だけでも検討会に参加してアドバイスをもらう工夫をすることが大切だ。

将来の世の中の価値観の潮目変化—トレンド分析の方法論

section 3

トレンド分析を行ううえでのポイントについて述べてきた。だが、世の中の動向をすべて検討対象としてトレンド分析を行っていくと、際限がなくなってしまう。BtoBビジネスの企業がBtoCの一般消費者におけるトレンドを分析しても、自社のビジネスからは遠すぎる。ここからは、限られた検討時間のなかで、効率的に検討していくためのステップについて述べる。

≫ 事業ドメインを定義してから、ドメイン周辺の情報収集を行う

トレンド分析を効率的に進めるにあたり、最初にやるべきことは新事業開発の範囲を定義することである。価値観の転換といっても、世の中のトレンドすべてを分析して把握することは物理的にほぼ不可能である。価値観は、主語であるお客様の数だけあるからだ。例えば、携帯電話に対する価値を考えた際に、高齢者にとっては複雑なアプリケーションが入っていないシンプルを極めた端末が価値であるが、若年層にとっては通話しかできない端末は価値にはならない。

また、あまりにも自社が想定しているビジネスから遠いところにあるトレンドを分析しても、使い道がなくなる。先の安心・安全な交通システムの例で説明すると、仮に自社では道路インフラ整備全般をやっているわけではなく、そのシステムの構成要素である道路信号機の、さらにその中の部品提供のビジネスをやっているとしよう。「そもそも交通事故の起こらない社会が未来には実現されているとしたら？」と、交通安全システム全体を対象としてトレンド分析をして、筋の良いトレンド仮

42

図1-8■事業ドメインとは

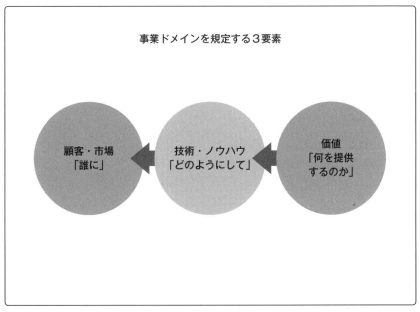

説を立案できたとしよう。だが、自社が道路工事ゼネコンや大手商社であれば話は別であるが、道路インフラそのものは手掛けていない、信号機器メーカーのサプライチェーンの1社である自社がそのトレンド分析結果からビジネスチャンスを見出すのは、あまりにも距離があって難しい。

そこで、新事業開発の事業範囲をあらかじめ定義をしたうえで、トレンド分析を行う。この自社の事業範囲のことを、事業ドメインと呼ぶ。

事業ドメインは、①「誰に」、②「どのようにして」、③「何を提供するのか」の3要素から定義することができる。

①「誰に」とは、お客様が誰であるかということだ。自社が道路工事ゼネコンの立場であれば、お客様は国土交通省や地方自治体になるだろうし、部品メーカーであればお客様は信号機メーカーになる。

②「どのようにして」とは、お客様のニーズを満たすための手段である自社の技術やノウハウが何かということだ。ゼネコンであれば、工事の納期・品質・コストを達成する工事管理能力や、案件に応じた最適な

工法を開発・適用する技術力などを定義することができよう。信号機器の部品メーカーであれば、例えば様々な設置環境下でも長期間故障することなく信頼性を保証する技術ノウハウなどが定義される。

最後の③「何を提供するのか」は、①と②の結果によってもたらされる、お客様が価値として感じる便益のことだ。部品メーカーが長期間にわたり信頼性の高い部品を提供することで、お客様である信号機メーカーは、例えば、保守保全業務の効率化という価値提供を受ける。

事業ドメインの定義の際に注意すべき点は、あまり事業ドメインを狭い範囲に捉えないことだ。自社が仮に部品メーカーの立場であったとしても、新事業開発の検討を行う際には、少し背伸びをして自社ビジネスの範囲を拡大できるような定義をするのである。背伸びをするといっても、部品メーカーの自社が、業態を変えて道路舗装のゼネコンになるといった飛躍のことではない。事業ドメインの定義をより抽象的な表現にすることで、自社の事業の範囲を広く捉えることができる。

部品メーカーの最も狭い事業ドメインの定義は、①「誰に」：道路信号機器メーカーに、②「どのようにして」：促進耐久試験の環境と品質検査ノウハウにより、③「何を提供するのか」：部品交換の費用削減を提供する、と定義できたとしよう。この事業ドメインの定義のなかで新事業開発テーマの検討を行うと、それは現業に近いものとなり、新事業開発というよりは新製品開発テーマになるだろう。

現業からの業容拡大に繋がるような新事業開発テーマを探索するためには、自社の事業の範囲をある程度まで広く捉えておく必要がある。そこで、①〜③の定義を、より抽象的な言葉に置き換えてみるのだ。抽象度を上げるためには、緻密な表現から、粗い表現へ置き換える、または、モノ的な表現を価値的な表現に置き換える。

例えば、①信号機器メーカーを、より粗く価値的な表現に置き換えると、①交通システム業者となる。この定義にすると、現業で普段から取引をしている機器メーカーだけではなく、「交通情報のシステム提供を

44

図1-9 ■ 自社の事業ドメインを広く捉える

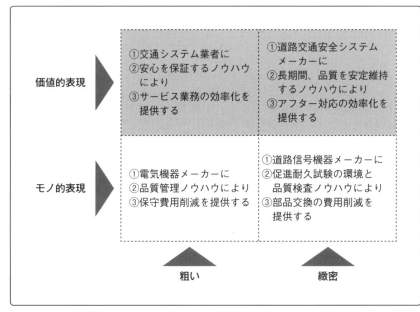

手掛けるシステムインテグレーター」もお客様と考えることができる。②促進耐久試験の環境と品質検査ノウハウを、より粗く価値的な表現に置き換えると、②安心を保証するノウハウとなる。この定義にすると、自社の強みは単に耐環境試験が自社工場で実施できることではなく、「安心を創り出す技術全般」となる。③部品交換の費用削減を、より粗く価値的な表現に置き換えると、③サービス業務の効率化となる。この定義では、自社の価値提供の範囲は、単なる部品提供、ものづくりの強みのみではなく、「品質保証体制やアフターサービスの強みも含めた会社としての総合的な対応力」となる。

このように事業ドメインの定義の抽象度をあげていくことで、部品メーカーがゼネコンになるといった飛躍ではなく、自社の事業範囲をより広く捉えることができる。

この事業ドメインの定義は、新事業開発の最初にやるべき検討となる。実は、事業ドメインの定義は新事業開発のスタートでもあり、最終ゴールでもあるのだ。新事業開発を検討した結果、全社で取り組むべき新事

業開発テーマが見つかったということは、自社の事業ドメインを将来の
成長戦略に向けて再定義することができたということと同義であるため
だ。それくらいにこの事業ドメインの定義は重要であり、新事業開発の
最初の必須検討として省略してはならない。

　だが、検討のスタート時点ではわからないことだらけであるので、し
っくりこない暫定的な事業ドメイン定義であっても、ひとまず事業検討
の範囲として規定してからトレンド分析の検討に入る。新事業開発のテ
ーマ探索の過程で色々なことがわかってくるうちに事業ドメインを見直
していけばよい。

》トレンドの兆し調査と一次仮説の立案

　新事業開発における自社の事業ドメインを定義した後に、事業ドメイ
ンの周辺で起こっている事象を調査し、トレンド仮説を立てていく。事
業の範囲をある程度、定義したといっても、そこで定義したお客様の価
値観のすべてを逆転の発想で考えていくのでは、新事業企画のテーマ探
索の活動はトレンド仮説の立案だけで終わってしまうことだろう。お客
様の価値観の大きな転換、つまりトレンドと呼べるものは、実は多くは
存在していないのだ。

　著者が大手飲料メーカーの中央研究所からのコンサルティングの依頼
で、中長期の先行研究開発テーマ立案にあたり、トレンド分析を行った
ときには、約1ヶ月をかけて議論を行い、最終的に4つのトレンド仮説
を立案した。総合的にビジネス展開を行っている大手企業であっても、
自社の事業範囲のなかでトレンドと呼べるものはたったの数個しかない
のである。ありとあらゆるお客様の価値観を逆転の発想で考えていては、
際限がなく、あまりにも非効率である。

　そこで、トレンドが存在している確率が高いところから、仮説立案を
するのである。大きく価値観が転換する際には、契機となる何らかのド
ライビング・フォースが働いているはずである。このドライビング・フ
ォースは、マネジメントという概念を世界に広めたフィリップ・コトラ
ーが著書『マーケティング原理』（注3）で述べたPESTの視点を用いて

図1-10 ■ トレンドを引き起こすドライビング・フォースから「あたり」をつける

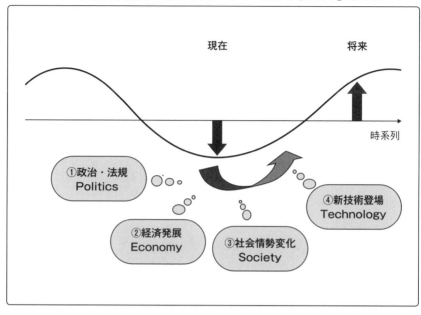

抽出する。PESTとは、①Politics（政治）、②Economy（経済）、③Society（社会）、④Technology（技術）の頭文字を並べたものだ。事業環境の変化を洞察するためには、このPESTの視点が最もシンプルで、なおかつ、網羅的にトレンドの存在について考察することができる。事業ドメイン周辺の市場調査を行うことで、トレンド仮説が存在しそうなところの「あたり」をつけるのである。

　まず、①Politicsの視点で、今後予定されている大きな法改正や、環境規制の強化等の業界規制等のルール変更、国家プロジェクトや大きな政策の開始などの情報を収集する。例えば、医療機器分野の事業ドメインであれば、薬機法改定や、JIS規格などの業界規制ルール等がこれに該当する。また法改正までは至っていないまでも、官民あげての大きな国家プロジェクトや実証実験についても、今後大きな法改正に繋がることも考えられるため、情報収集することが大事だ。この政治・法規をドライビング・フォースとした価値観の大転換の例では、国土交通省が2014年に施行した、全国のトンネルや橋を5年に一度全数目視点検す

ることを義務付けた法律がある。これにより、従来の「社会資本インフラは、次々と新しく建設するもの」から、「適切な保守・保全を行い、長く大切に使い続けるもの」へと価値観を180度変えなければならなくなった。このような価値観の転換が起こるときにこそ、多くの問題が生じるため、ソリューション提供のチャンスが生まれるのである。

　②Economyの観点では、経済発展が著しい製品やサービスを調査する。経済が発展すると、これまでは許容されてきたロスが許されなくなる。例えば、近年の中国の急激な経済発展により、エレベーターが急激に普及している。今は、中国でエレベーターが故障で停止すると、復旧までに非常に時間がかかるため、エレベーター停止に巻き込まれれば、会社も従業員も「今日はもう仕事にいけなくても仕方ない」という価値観をもっている。だが、経済が発展していくなかで、このロスは次第に許容されなくなる。中国でもいずれは日本と同じようにエレベーターが停止しようが、「業務にロスが生じないようにするのが、当たり前」という価値観に変わることだろう。そのトレンドを洞察し、広い中国でいかにして日本と同様の駆けつけ保守による十数分単位での復旧を実現するのか、そこにソリューション検討の余地がある。

　③Societyの観点では、社会に衝撃を与えるような大きな事件や事故、ニュースを調査する。例えば、2016年に起きたスキーツアーのバス転落事故では、多くの将来有望な若者が命を落とし、全国に衝撃が走った。これを契機として、長距離観光バスの安全性確保のなかに、転落のような最悪の事態でも、人の生存可能な空間を車内に確保するべきであるという考え方が生まれた。また、2015年の大手広告代理店の社員の過労死事故を契機として、それまでは寝食忘れて猛烈に仕事にのめり込むことは美徳とすらされてきた価値観が急激に転換した。事件や事故自体は大変不幸なことであるが、このように価値観そのものが大きく転換することがある。

　④Technologyの観点では、大きな技術方式の変更や、新しい科学原理の発見について調査をする。例えば、相互接続性を保証した無線通信の規格であるWi-Fiの登場と、それに直接繋がることができるiPhone、

スマートフォンの登場である。この技術が登場するまでは、外でデータ通信をしようとすると、自分が契約している携帯電話会社のネットワーク網を利用するしかなかった。Wi-Fiの電波がきていれば、携帯電話会社のネットワークを介さずとも直接インターネットに接続できるようになった。これを契機とした価値観の転換は、社会のありとあらゆるところで起きたので、ここであらためて述べる必要もないだろう。科学原理では、例えばiPS細胞に代表される多能性幹細胞の発見である。この発見は、医療の価値観を「治す」だけでなく、新たに「再生する」を追求する契機となった。

　新技術の調査で、気を付けなければならないことがある。それは、従来の技術方式の延長線上で、単なる機能性能が向上したような技術を調査してもあまり意味がないという点だ。技術の方式そのものの大きな変更は、登場した時点では機能性能面から見ると従来からある技術方式よりも劣ることが多い。

　Wi-Fiもそうだ。2000年に規格標準化団体であるWECAがWi-Fiの相互接続性の認定業務を開始した当時は、第3世代の携帯電話によるデータ通信可能なネットワークの普及の真最中であり、通信の信頼性も、通信速度も携帯電話会社の提供するネットワーク経由のサービスのほうが圧倒的に優れていた。その後、2007年にiPhoneが登場し、直接Wi-Fiに接続可能な電話端末が出たときに、そのインパクトの大きさが実感された。携帯電話会社とは別に自宅でインターネットサービス・プロバイダと契約してパソコンを持つ必要もなく、Wi-Fiに直接接続するこの1台さえあれば、事足りてしまう。その後の第4世代の携帯電話ネットワーク網は、電話会社の開発ロードマップによって構築されたというよりも、スマートフォンやWi-Fiの急激な普及により、対応を迫られて慌てて通信網を補強していった感が否めない。

　このように、新しい技術方式は、それが登場した時点では、その後の大きなインパクトとは反対に、従来からある技術方式に対しては機能や性能面では圧倒的に劣っていることが多い。近年でいえば、ディープ・ラーニングによるAI技術もそうだ。ディープ・ラーニングが登場した

図1-11■トレンドの契機となるドライビング・フォースの調査フォーマット

	現在までの動向・事実関係	ドライビング・フォースとなる可能性	トレンド仮説（お客様の価値観の転換）
政治・法規等	国土交通省が2014年に全国のトンネルや橋を5年に1度全数目視点検することを義務付けた法律を施行	これまでインフラの保守保全については積極的には関心を払ってこなかった全国の市長村が、強制的に動かざるをえない状況になる	社会資本インフラは、「次々と新しく建設するもの」から、「適切な保守・保全を行い、長く大切に使い続けるもの」へと考え方が変わる
経済発展	…		
社会情勢	2012年に中央自動車道の笹子トンネルで天井板落下事故が発生し、大きな被害が出た	…	
新技術登場	…	…	
その他	…	…	

　当初は、今のような大きなインパクトが起こるとは思えないほど、従来からある人間がプログラミングするAIに凡用的な性能では劣っていた。人間がプログラミングして教えるのではなく、人間がすべてを教えなくても機械が自ら学習するという新技術方式は、当時は画像認識という特化した性能以外では、高度なスキルをもつプログラマーがつくったAIには到底敵わなかったのである。

　従来からある技術方式の延長線上で機能性能を向上させる技術にいくら着目しても、トレンドが起こる可能性の「あたり」をつけることはできない。むしろ、その目を曇らせてしまう。トレンド分析に必要な情報は、新しい技術方式の登場、もしくは新しい科学原理の発見であることに注意して、情報収集にあたっていただきたい。

　なお、PESTの視点で情報収集する際には、図1-11のフォーマットを用いて、できるだけ情報のヌケモレがないように、同一の事業ドメインであったとしても、複数人のメンバーで調査するほうがよい。PESTの視点はシンプルであるが、非常に網羅的な視点であるため、1人の人間

が調査をすると、ある人は新技術には非常に興味があり、普段からアンテナを張っていて情報感度が高いが、政治や経済に関してはあまり興味がない等の情報の偏りがどうしても出てしまうためだ。トレンドは、政治だけでなく、経済や社会、技術におけるドライビング・フォースが相互に関連し合うことで、複合的な作用で起こることが多い。よって、複数メンバーが重複して同じことを調べてしまうことが多少あっても、できるだけ多くのメンバーが同一の事業ドメインについてPEST視点で情報収集を行うことを推奨したい。また、この時点ではまだトレンドの存在の「あたり」をつける作業であるため、公開図書やインターネット上で入手できる情報で、個々の情報の深さ・質よりも、何よりも量を最優先に検討にあたるとよい。新事業の企画テーマ探索のコンサルティングでは、ドメイン定義～ドメイン周辺のトレンドの兆しの情報収集までは、活動キックオフから1～2週間以内で実施することが多い。

≫ メガトレンド/トレンドの基本構造と、ブームとの違い

　PESTの視点で情報収集を行い、トレンドの存在しそうな「あたり」をつけることができたら、ここからトレンドの仮説を立案する。その際に、トレンドと混同しがちなため、注意が必要になるものがある。それは、一過性のブームだ。ブームとは、一瞬はその価値観のもとで盛り上がるが、その後減衰していき消えてしまうものを指す。ブームをトレンドだと思い込んで、新事業開発の企画を進めてしまうのは危険である。新事業開発はある程度時間がかかるため、ソリューションを世に出すときには、トレンドと違いブームはもはや終わってしまっているためだ。

　マーケティングに長けている上場企業でも、ときとしてブームとトレンドを見誤り、大きな需要を見込んで工場を建設したものの、いざ稼動が開始したときにはブームが終わっている。そして、先行投資による固定費増加と不良在庫の山を抱えて大きな損害を被ることすら起こりえる。

　厄介なことに、これまでになかった価値観が急激に広がっていくという点で、ブームとトレンドは非常によく似ている。では、ブームとトレンドを見分けるにはどうしたらいいのだろうか。

トレンドが、検討範囲としている事業ドメインで起きている事象だけではなく、一見すると関係がないと思われる市場や事業において起きている事象も説明することができるのに対して、ブームは局所的に発生している事象しか説明ができないという違いがある。

　例えば、先のデジタルカメラでの写真という従来は極めてプライベートなものであったものが、世界中の不特定多数の人と「オープンに共有して楽しむ」という価値観への転換は、何もデジタルカメラ市場だけでなく、カーシェアの価値観が急激に普及している自動車市場や、観光業界における民泊の急激な進展にも存在している。それに対し、かつてブームになった3Dカメラを覚えているだろうか。一時期、映画や写真、TVなどの映像分野で3D表示のブームが起きたが、当時の勢いとは裏腹に今ではすっかり減衰して消えてしまった。これは映像関係の事業ドメインのなかで起きていたことであるが、自動車や建築・土木、観光業などの離れた市場や産業では何も起きていない。このように、トレンドは地域や業界を越えて、同時発生的に起こる。

　トレンド仮説の検討の際には、ドライビング・フォースから想起されるトレンドと思しきものを、まずは思い付くまますべてあげていく。そして、ブームとトレンドの違いを踏まえて、局所的な変化であるブームと思うものを削除していくやり方が効率的である。

　もう1つ、気を付けなければならないものがある。それは同じトレンドであっても、変化した価値観が非常にゆっくりと伝播してゆくトレンドである。このようなトレンドをメガトレンドと呼んで区別している。例えば、人類の長い歴史では、1人の強いリーダーが色々なことを決めていくことを望む価値観と、複数の人間による合議により物事を決めることを望む価値観とが、交互に繰り返されている。

　古代ギリシャにおける直接民主主義が合議制の究極だとすると、そこを頂点として専制君主制に価値観が転換していった。専制君主制がピークに達すると、近代民主主義の代議員制へとまた価値観が転換していくというように、逆の価値観に切り替わってから、そのピークになるまで

図1-12 ■ メガトレンド/トレンドとブームとの違い

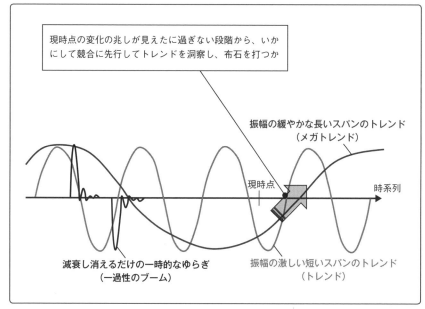

の期間が非常に長いものである。

　価値観の転換が起こるという点で、トレンドには違いないのだが、ビジネスのチャンスで考えると、トレンドのピーク時点が市場規模としては最大になるため、あまりにもそこに至るまでに時間がかかるようなものに、会社として取り組むのは現実的ではない。いくらトレンドを先取りした新事業の企画であっても、大きな売上をあげるまでにこれから十数年間以上もの時間がかかるようなものは、よほどの安定事業を擁する企業であっても諦めずに先行投資を続けるのは難しいだろう。

　では、メガトレンドはどのようにして、トレンドと見分ければいいだろうか。トレンドは周期が存在する、振り子のようなものである。よって、次のトレンドの周期をおおよそ推察するには、転換前の価値観がどれくらいのスパンで続いてきたかを考えればよい。転換前の価値観が相当長く存在しているものは、新しい価値観の伝播に同じくらいの時間を要すると見るべきだ。

　PEST視点で情報を収集し、思い付くままにトレンド仮説をあげてい

くと、結構な数が出てくる。だが、そこからブームやメガトレンドを除いていくと、数が一気に減り、10個程度にまで削られることが多い。先の大手飲料メーカーでのコンサルティング事例のように、自社の事業ドメインで本当にトレンドと呼べるものはほんの数個しかないのだ。

>> トレンド仮説の検証方法

ここまでの検討であげてきたトレンドは、まだ仮説である。トレンドを起点として検討を進めるため、この仮説の確からしさを検証しておかなければ、ビジネスの実務では危なくて使えない。何よりも、新事業開発テーマの実行を承認してもらうためには、経営陣や社内を納得させるだけの説得力がなければならない。これからトレンド仮説の裏付けを取っていくやり方を説明しよう。

トレンドを説明するためには、市場調査会社が出版しているマーケティング調査レポートやホワイトペーパーを入手して、定量的なデータを揃えればいいと思うかもしれない。だが、市場調査レポートや各種統計白書には、トレンドを直接的に裏付けるようなことは書かれていない。過去から現在までの実績値と、今後数年間の出荷数量、金額などの推計値は記されているが、なぜその推計値が算定されたのか、詳しい計算ロジックについては説明されていない。なぜ、今後その製品はその勢いで伸びる、もしくはその勢いで減少するのか、市場の成長率の計算ロジックの背景にあたるものが、トレンドであるのだが、そこを詳しく解説している市場調査レポートはまずない。そもそも、トレンドが波及するにはある段階を踏む。様々なドライビング・フォースを契機として、価値観の転換が生じた後に、やや時間を置いて一般生活者であればライフスタイル、法人であればワークスタイル、仕事のやり方といった行動様式が変化する。その次に、またやや時間を置いて商品の好き嫌いといった購買行動が変化する。市場調査レポートが教えてくれるのは、この最後の購買行動の変化だ。商品ごとの市場規模や成長性の定量データをいくら添付しても、それだけでは経営陣や社内がトレンドについてはどうにも腑に落ちない理由はここにある。

図1-13■トレンドの波及ステップ

```
┌─────────────────────────────────────────────┐
│  人のものの考え方、感じ方には周期的なトレンド（潮流）が存在する  │
└─────────────────────────────────────────────┘

┌─────────────────────────────────────────────┐
│  価値観の変化によって人のライフ/ワークスタイル（行動様式）が変化する │
└─────────────────────────────────────────────┘

┌─────────────────────────────────────────────┐
│  行動様式の変化の結果として、商品の選好基準（購買行動）に変化が生じる │
└─────────────────────────────────────────────┘
```

　市場調査レポートが示す定量データは確かに重要であるが、トレンドと購買行動を繋ぐ、行動様式の変化についての考察がなければ、納得感は出てこないのである。トレンド→行動様式変化→購買行動の繋がりをロジカルに説明できないようであれば、そのトレンド仮説は的を外している可能性が高い。つまり、トレンドによって起こりつつある行動様式の変化を観測することが、トレンドの裏付けを取る際に必要となる。

　だが、個々のお客様の行動様式の詳しい変化までは、市場調査レポートに記載されていない。これを把握するための唯一無二の手段は、現場・現物の観測を行うことである。トレンドが存在するところには、必ず従来とは違うお客様の行動が存在している。それは最初のうちは、ほんの些細な行動変化に過ぎないため、気が付きにくいと思うかもしれない。トレンド仮説をもたずに漫然とお客様の行動を観測していても、いっこうに気付きは得られないが、トレンド仮説というアンテナを張ったうえで、あらためてお客様の行動変化を振り返ってみる、もしくは観測をしてみると、そのいくつかの行動はトレンド仮説に紐付けしていくこ

とができるのだ。

　実務的には、事業ドメインが一般消費者向けの生活用品などであれば、現場は日常生活そのものであるため、街に出ていけば観測は容易である。だが、法人向けのビジネスの場合、お客様の業務のやり方を直接観測することは難しい。社外の人間を社内に入れる、もしくは業務のやり方を開示するというのは、情報セキュリティが厳しくなっている今日ではほぼ無理な話であろう。そのような場合は、できるだけ現場・現物に近い人にこちらの考えている仮説をぶつけてヒアリング検証するやり方が現実的に実行できる最善策となるだろう。

　特に、霞ヶ関の各官公庁や、産業技術総合研究所やNEDO、NiCT等の国費による公的な研究機関や社団法人等は、現場・現物に精通した企業の有識者が出向などの形で参画しており、しかも企業とは違う公益性のために広く情報を開示する必要があることから、初対面でもヒアリングを打診して断られることはまずない。現場・現物からはやや距離があるが、最初の取っ掛かりは、まずこのような公益団体とコンタクトを取り、有識者に意見・アドバイスをもらうことが有効だ。当然、自社の現業でのお客様がターゲットになる場合は、自社の営業の最前線にいる人にヒアリングする、もしくはお客様への訪問に同行させてもらうのが最もよい。その際には、営業活動・商談ではなく、あくまでも行動様式の変化を観測するのが目的であるので、PEST視点で収集した情報をわかりやすくサマリーして、トレンド仮説についての意見交換に徹することが重要だ。

　また会社の経営幹部は、それぞれ個人的なエグゼクティブ同士の人脈、ネットワークがあることが多く、経営幹部に相談をもちかけて、お客様に近い人やその業界の有識者を紹介してもらうことも有効である。

　このトレンド仮説の検証作業は、机上でデータを整理するといったスマートなやり方ではなく、実際は足で情報を稼ぐ非常に泥臭いやり方である。トレンド仮説の裏付けを社内説明する際に、足で稼いだ生の情報である、コンタクトができた中では、現場・現物にもっとも近い有識者

の「○○さんから伺った話」をヒアリング先の具体的な氏名とともに述べるのと、市場調査レポートの根拠を自分なりに考えた結果に求めるのとでは、どちらが社内説得力をもつかは自明だろう。

ドメイン定義〜PEST視点の情報収集で「あたり」をつけて複数のトレンド仮説を立案するまでは、大体1〜2週間くらいのスピード感で進める。このトレンド仮説を検証し、裏付けを取るのには、ヒアリング先の相手のスケジュール都合もある話なので、やはり1ヶ月間程度は必要になってしまう。

できるだけお客様の現場・現物に近いところにいる有識者にヒアリングをすると、トレンド仮説のうちのいくつかは自社の勝手な思い込みであり、また公開されているレポートやプレスリリースのようには内情は具体的には進展していない、つまり行動様式の変化まで至っていないことがわかってくる。このように、行動様式変化が起こっていないトレンド仮説を除外していき、最後まで残ったものがトレンドとなる。

新事業企画の最初のステップである、トレンドの洞察だけでもかなりの労力を要するが、こうして策定したトレンドは新事業のテーマ探索だけではなく、会社の中期計画立案や研究開発ビジョンを策定する際にも大いに役立つ。新事業領域だけではなく、既存事業領域でも見落としがちであったリスクの抽出に役立てることもできるため、ぜひ実務上の推進ポイントを押さえて正しい手順を踏んで検討いただきたい。

注3：Philip Kotler（原著），Gary Armstrong（原著），和田充夫（翻訳）『マーケティング原理』，2003

section 4

現状の市場分析ではなく、未来のトレンド分析からお客様の「あったらいいな」を発想する「シャイニングスター構想法」

　トレンドを洞察した後は、いよいよそのトレンドの中で自社は何をお客様に価値として提供するのか、新事業のテーマ企画内容を具体化する検討に入る。今現在は潜在化しているが、トレンドが加速していくにつれ、お客様が「こういうものが、あったらいいな」と感じ始めるものを、JMACでは「シャイニングスター」と呼んでいる。

≫ トレンドが加速した先の将来にある、お客様の「これはこういうものだ」という諦めに着目する

　ここからは、実際の検討に置き換えやすいように、具体的な検討イメージをもとに説明していく。例えば、自社がエアコン等に使われる熱交換部品を主力事業とするBtoBtoCメーカーで、これからの新事業開発のテーマを検討しているとしよう。自社の事業ドメインを、広く捉え直し、「エコロジーを重視する生活者に対し、エネルギー効率的な運用ノウハウで、地球にも財布にもやさしいエコを実現する」と再定義し、ドメイン周辺の情報収集を行ったとする。そして、今後の生活者のトレンドの１つとして、「日常生活でモノを無駄に捨てるのはもったいない」から、「日常生活でエネルギーを無駄に捨てるのはもったいない」という価値観に転換するという仮説を立てたとする。これは、モノをリサイクルするにしても、リサイクルの過程で実は膨大な労力とエネルギーを消費しており、プロセス全体でのトータルでの環境負荷やCO_2排出量を考えると、もったいないからといって、何でもリサイクルするのは得策ではないことに気付く人が今度増えるという仮説だ。これまでの価値観では、日常生活で目に見えるゴミの多さには気を配ってきたが、直接的には目

には見えないがプロセス含めたエネルギー全体のロスという観点でエコを考える価値観へといずれ転換していくという将来のトレンドを洞察したとしよう。

　新事業開発のテーマを企画するためには、このトレンドが加速していった際に、従来のシステムのままでは困ることがないかを考えていく。お客様が今現在の価値観のなかでは「これはこういうものだ」と不満もなければ、特別に満足もしていない、「これが当たり前」だとずっと思ってきたもの。それを「エネルギーを無駄に捨てるのはもったいない」という新しい価値観で見たときに、「こうであってくれたらいいのに」と思い始めるものがないかを検討するのだ。

　目には見えにくいプロセスにおけるエネルギーを無駄に捨てたくない価値観で、日常生活を見渡してみると、日々の様々なシーンで実際に使用する以上のエネルギーを取り出しておきながらも無駄に捨てていることがわかる。例えば、お風呂のお湯を温めておきながら、ついテレビ番組に夢中になり、冷めてしまったお湯をもう一度温め直すとき。ヤカンが沸騰しているのに気が付かず、お湯を蒸発させてしまったとき。スマホやノートパソコンの充電はとっくに終わっているにもかからず一晩中、何時間も充電し続けているとき等々、あげていけばキリがないくらいに、実はちょっとしたことでエネルギーを無駄に捨てていることが見えてくるだろう。

　夏場のエアコンの電気代や冬場のガス代等、光熱費の請求書で大きな金額になって見えるものは気を使うが、こうした日常生活のプロセスにおけるちょっとしたエネルギーロスについては強くは意識してこなかった。これが将来、トレンドが加速すると、そこにまで意識する生活者が潜在的に増えていくという洞察をしたとしよう。

　エアコンやガス給湯器・暖房器具といった大物だけでなく、日々のちょっとしたエネルギーの無駄な廃棄も気を付けようとすると、今現在のシステムでは、「風呂が沸いたら、冷めないうちにすぐ入る」「充電器や家電製品のコンセントは使わないときはこまめに抜いておく」等、いちいち細かいことを気にしながら暮らさなければならない。これはかなり

面倒で不便な生活であろう。

　だが、それが今現在の暮らしのシステムのなかでは「当たり前」なのである。よって、多くの人は価値観が転換していたとしても、現行のシステムのなかで暮らしている以上、実際の行動には容易には移すことができない。潜在的な価値観の変化を不都合なく満たす手段、新しい価値観に適合するシステムが、今現在は存在しないため、「これはこういうものだ」と諦めてしまうのである。これが「魅力品質」が今現在は「満足でもなければ、不満でもない」ものとして潜在化してしまう要因でもある。このお客様の諦めの存在に気付くことが、ソリューション提案の企画検討の第一歩となる。

　わかりやすくBtoC、もしくはBtoBtoCのビジネスで、一般生活者をお客様とした検討イメージで説明しているが、これはBtoBのビジネスで、法人をお客様とした場合もまったく同じ検討方法になる。自社の事業ドメインが家庭用エアコン等の熱交換器部品メーカーではなく、業務用の冷蔵庫等の熱交換器部品メーカーで、お客様は法人であったとしても、「エネルギーを無駄に捨てるのはもったいない」という価値観が浸透したときに、こまめに工場や商業施設の照明や空調は落とすように業務をマネジメントしているとしても、例えば、冷凍食品や生鮮食品を保存するための業務用冷蔵庫は24時間稼動させなければならない。その業務用冷蔵庫から出ている廃熱だけはどうしようもないという諦めが存在しているだろう。

　現状のシステムでも、改善・改良を加えることで何とかなるとものとして創意工夫でやっていこうとするものと、物理的に現行システムではやれたとしても多大な不便を被るために、むしろ非効率なことになるため諦めの状態に入ってしまうものとがある。この検討における重要なポイントは、前者ではなく、後者のお客様の「これはこういうものだ」という諦めに着目することだ。なぜ、強い諦めに着目しなければならないかと言えば、自身の創意工夫で何とかできるレベルの「あったらいいな」に対してソリューション提供案を考えたとしても、お客様は「お金を出してでもやりたい」とは思わないため、結局はビジネスとして成立しな

いのだ。

　ソリューションという言葉は、最近またよく聞かれるようになっているが、2000年の初頭にもよく言われていた。なぜ、流行り言葉のように浮き沈みがあるのかといえば、「ソリューション提供で儲けるのは実際にはかなり難しい」ためだ。モノ売りビジネスがうまくいかない時期には、「やはり、これからはソリューションビジネスで儲けるべきだ」という声が高くなり、実際にソリューション提供ビジネスに挑戦し、それらしいことを始めてみる。だが、いっこうに儲からないため、「やはりソリューションビジネスは駄目だ」となり、従来のモノ売りビジネスに戻るのである。

　著者自身、これまで多くの新事業開発テーマの企画立案を支援してきた。トレンド分析で潜在ニーズに合致するようなソリューションビジネスのコンセプトを見込みのお客様に対して説明すると、ほぼすべてのお客様から「非常にいいコンセプトだ。こういうものがあったらいいと思っていた」と良好な反応をしていただける。その後、提供コストを算定し、お客様におおよその提供価格とともに再提案をすると、今度はほぼすべてのお客様から「コンセプトは間違っていないと言ったかもしれないが、実際のビジネスの話は別だ」となり、先に進まなくなることを何度も経験している。

　ソリューションはお客様の問題解決であるため、問題解決策それ自体のコンセプトはトレンド分析がよほど的を外していない限り、「やって欲しい」ことは間違いない。ただし、そこに費用対効果が入ると話はまったく違ってくる。ソリューション提案は、一歩間違えば、単なるお客様の御用聞きに陥るリスクと表裏一体なのである。

　つまりソリューションには、「お金を出してでもやりたい」ビジネスとして成立するものと、「無料でやってくれるならいくらでもやって欲しいが、お金を出してまでやって欲しいとは思わない」という、無償奉仕・ボランティアにしかならないものとが存在している。当然、検討したいのはお客様が「お金を出してでもやりたいソリューション」の提案である。

図1-14■ソリューションがビジネスとして成り立つためには

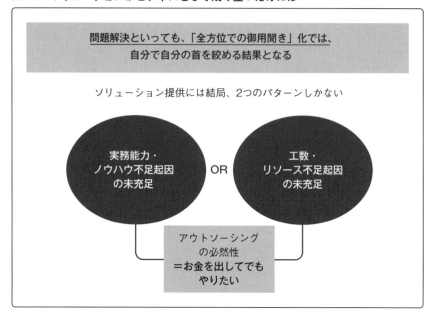

　では、お金を払っていただけるソリューションとはどのようなものか。それは、ノウハウがなく自分達では何をすればいいのかわからない問題への解決策か、もしくはやろうと思えば自分達でそれをやるノウハウと実務能力があるのだが、そこに時間と労力をつぎ込むよりも優先してやらなければならないことがあり、手を割くことができない問題の、いずれかである。

　ビジネスとして成り立つ可能性があるのは、もはや自分達ではどうにもならないと決め付けて諦めているものになる。諦めるというのは、究極の絶望した状態である。このお客様の「これはこういうものだ」と諦めていることを、トレンド分析結果から想起することが、ソリューション案検討の最初のステップになる。

≫ なぜ「これはこういうものだ」と諦めてしまうのか、要因を分析する

　次に諦めてしまう要因について、なぜそのように考えているのか、背景について分析をする。先の「エネルギーを無駄に捨てるのはもったい

ない」という価値観があるにもかからず、なぜ、それをやらずに諦めているのか。そこに至る背景を分析するのである。

　一般生活者の場合、湯の沸かしすぎや、充電し過ぎに対処するためには、常に状態をチェックし、最適なタイミングでガスを止めたり、充電を止めればいい。日常のちょっとしたエネルギーロスを減らすために何をすればいいのか、知識もあるし、その実行能力もある。だが、忙しい日々の生活のなかでそこに多くの労力と時間を使っても、日々の省エネ効果は極めて小さい。その労力と時間があれば別のことをしていたいと思うのは当然だ。あまりにもその効果の実感が低く、行動に移すだけのモチベーションが湧かないことが諦めの要因としてありそうだ。

　法人の場合、業務用冷蔵庫の廃熱は「もったいない」と薄々は感じつつも、それを有効利用するノウハウも実務能力もなければ、そこで「業務用冷蔵庫はこういうものだ」と諦めるしかない。

　では、そのノウハウとは一体何であろうか。熱は電気とは違い、現在の技術でもコンパクトに長期間保存することが難しく、またもしも効率的に貯めることができたとしても取り出す際のエネルギーの損失が大きい。業務用冷蔵庫の廃熱は温度100度未満の、低品位と呼ばれる熱である。ただでさえ、低品位の熱を蓄熱材から取り出す際には多くのロスが発生し、40〜60度くらいになったとすると、このようなお湯も沸かせないような熱に一体どのような使い道があるのか。大火力のボイラー等を用いる工場やコンビナートのように、廃熱が数百度以上にもなるところは例外として、業務用設備で廃棄される熱には温度の低い低品位の熱が多く、このような熱を必要とする需要家が一体どこにいて、どのようなタイミングでそれを欲しているのか。つまり、低品位熱を有効に運用するノウハウがまったくないのである。

　このように、お客様の立場になり、諦めの要因をお客様以上に真剣に考えていくのだ。ここでも、トレンド分析のときと同様に、現状の自社の製品・技術はいったん忘れて分析することが必要になる。そして、枝葉の検討に陥らないように、諦めの要因の本質に近づくために、結果-要因を、階層的に繋げていきながら、ロジック・ツリーでキーワードを

図1-15に示すフレームで並べていき、頭のなかを整理しながら進めていくとよい。

　特に研究開発部門では、自分達が日々研究開発している技術の用途を日々探索しており、経営陣からも一体いつになれば事業化して収益貢献するのかという、プレッシャーを感じている。その心理から、諦めの要因をすぐに自分達が保有する製品や技術に関連付けようとし、問題の本質を議論することなく、プロダクトアウトの発想に陥ってしまうことがある。

　例えば、自社にセンサ技術の強みがある場合、生活者の諦めの要因は、日々の生活の細かいエネルギーのロスを最小限にするためには、人がエネルギーの使用状態を常に監視して、出し過ぎを調整するアナログの手段しかないことが諦めの要因にある。つまり、エネルギーの出し過ぎを自動で知らせるシステムがないことが諦めの要因なのだと、自社の得意技術に都合のよい結論に走ってしまいがちである。こうして、最先端のセンサをありとあらゆる機器に張り巡らせハイテク武装されたハイエンドの住宅エネルギーマネジメントシステムのソリューション構想に繋がっていく。お客様の「諦め」の要因が、よくよく考えてみれば「そこまでして時間とお金を使うのは割に合わない」ということであるのに、誰がそのような費用対効果の合わない高額なシステムを購入するのだろうか。

　法人向けの場合も同様である。仮に、自社に高効率の蓄熱材の先行研究成果があったとして、その出口戦略に悩んでいたとしよう。すると、お客様の業務用冷蔵庫の廃熱利用が進まない要因は、ロスの少ない高効率の蓄熱材がないことであるとして、従来よりもコンパクトで、出し入れのロスも少ない蓄熱材を新事業テーマにしようという気持ちがどうしても働く。だが、仮にそのような画期的な蓄熱材の先行技術開発に成功したとしても、法人のお客様の「諦め」の真因は、このような中途半端なエネルギーを欲している需要家が一体どこにいるのかがわからないことであるのに、お客様は「お金を出してでもやりたい」と言って導入するだろうか。

図1-15 ■「ロジック・ツリー」の構造

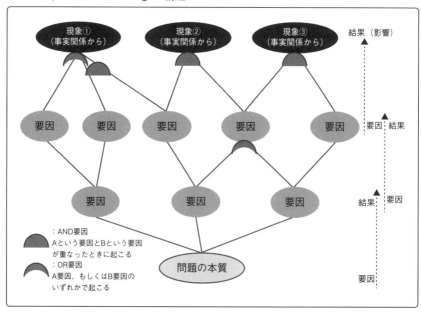

　自社製品や技術をなんとかして早く世に出したい、もしくは適用範囲を拡大したいという気持ちは誰しもある。私自身もかつて技術者として先行技術開発をしていたので、用途展開のチャンスがありそうであればすぐにでも飛びつきたくなる気持ちが出てくるのは当然だ。だが、この場面ではその気持ちは完全に抑えなければならない。あくまでもお客様の立場で、諦め要因の真因を分析することがポイントになる。

≫ お客様の諦めを覆す、根本的解決策・「あったらいいな」を考える

　お客様の諦めの要因を分析することができた後に、その要因に対処する解決策を考える。諦めの要因分析は、お客様の立場になって考えてきたが、ここから先の検討は、お客様と同じ目線で考えてはならない。小手先の改善策・緩和策ではなく、最初から根本的な解決策を考えなければ、お客様の諦めを覆すようなソリューション提案にはならないためだ。

　根本的な解決策とは、わかりやすく例えるならば、あらかじめ決められたルールのなかでゲームを進めていく前提で先を読んだ最善の一手を

考えるのではなく、そもそもゲームのルールそのものを変えてしまうことを考えるのだ。ゲームは将棋でもチェスでもいいが、お客様は自分なりの解決策を考えたうえでの手詰まり感からこれ以上駒を進めることを諦めている。お客様と同じ目線で盤上の駒の動かし方を考えていたのでは、いずれ自分達も同様に手詰まりとなってしまうだろう。王手やチェックメイトになるまでの多少の猶予の時間は稼げるかもしれないが、現状のルールの範疇、つまり今現在我々が身を置いているシステムのなかで検討したのでは、目から鱗が落ちるような根本的な問題解決のソリューションを考えることは難しい。現状のルールのなかで検討したものは、新事業開発のテーマ企画と言いながら、新商品企画のような小粒のテーマに陥ることが多い。よって、物理的な法則・科学の知見を超えない範囲でゲームのルール自体を変えることをありきとして考えなければならない。

　そんなことが許されるのと思うかもしれないが、トレンドを起点とした、まだ世の中に存在しないソリューションの検討である。ゲームのルール自体をお客様と自分達自身でつくっていけばよいのだ。そのためには、先のお客様の諦めの要因分析では、お客様と同じ目線で本質を深掘りすることがポイントと言ったが、ここから先の検討でお客様と同じ目線では、極めて狭い視野のソリューション提供に陥る。社会のシステム全体を俯瞰した広い視野で、将来システムそのものが変革される可能性を否定せずにソリューション案を検討することがポイントになる。

　だが、ゼロからゲームのルールを考えるのは、よほどの天才でなければ難しい。そこで、異なる業界・市場ですでに実績のあるルールを参考にする思考段取りが有効になる。

　先の「プロセスのなかで捨てていたもったいないエネルギーを活用する」ソリューション案を検討するケースで考えてみよう。一般生活者の場合、「あまりにもその効果の実感が低く、行動に移すだけのモチベーションが湧かない」ことが諦めの根底にあるとして、現状の社会システムのなかでできる合理的な打ち手は、家中にセンサを付けて「エネルギ

図1-16■本質的な問題が根本から解決された姿を考える

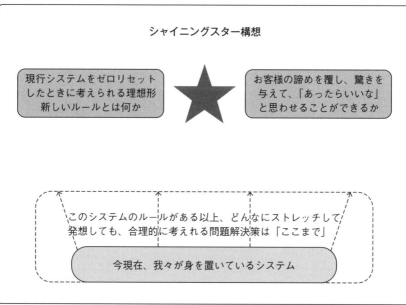

ーのロスを見える化」し、ある閾値を超えると自動で停止する、もしくは住人に注意喚起するソリューションになる。だが、コストをかけずにそのような家が買えるのであれば欲しい人はいくらでもいるだろうが、お金を払ってでも「あったらいいな」と思うほど切羽詰まった要件ではない。

　諦めの要因は、かける費用と労力に対して、効果実感があまりにも低いことである。だが、目には見えにくいプロセスにおけるエネルギーロスとは異なり、アルミ缶や牛乳パックなどは、労力を厭わずにしっかりと分別廃棄してリサイクルに出すことは当然のこととしてやっている。違いは、エネルギーとは異なり、そのままの状態で一時的に保管しておくことができる点と、アルミ缶はまたアルミ缶になったり、牛乳パックはトイレットペーパーになったりと、生活のなかで身近にその効果が実感できる点である。

　小さな積み重ねが効果実感に繋がるようなルール自体を新しくつくることを考えるのである。例えば、人がいちいち意識することなく、取り

出しすぎてしまったエネルギーを自動的に回収し、まとまった量になるまで一時的に蓄えておく仕組みがあったらどうだろうか。その溜まったエネルギーを、地域のコミュニティのなかで目に見える形で有効利用される仕組みがあればどうだろうか。一世帯では微々たる量でも、マンション全体、もしくは町内会全体で廃熱を集め、それが地元のハウス栽培で活用され、それによって地元の野菜や果物がより安く店先に並ぶ生活があるとしたらどうだろうか。今現在はそのような法整備もなければ、技術的にそれを実現するインフラもない。だが、将来そのような社会システムが実現できるとすれば「あったらいいな」と思うものがないかを検討するのだ。

このお客様の「あったらいいな」を、JMACでは「シャイニングスター」と呼んでいる。ここまで広く発想すると、都市開発全体を担うようなごく一部のスーパーゼネコンの話になってしまうのではないか。お客様は「あったらいいな」と思うかもしれないが、自社のビジネスとしてはあまりにも現状のビジネス範囲から飛躍し過ぎて「ありえない」のではないかという疑問が湧いてくるだろう。それでもあえて、お客様の「あったらいいな」を考えてシャイニングスターを見出すことがこの段階では重要になる。

例えば、Google社の創業当初からの実現目標、「あったらいいな」のシャイニングスターは、「世界のありとあらゆる情報を整理する」ことである。1998年に設立され、2000年頃から技術トレンドに敏感なIT技術者を中心にGoogleの検索サービス利用が普及し始めたが、著者も当時は少し他よりも使い勝手のいい検索エンジンがでてきた程度の認識しかなかった。その当時は、すさまじい勢いで増殖している世界中の情報をすべて整理することなど、あまりにスケールが大きすぎて、スタンフォード大学の学生が起こしたベンチャー企業にそのような社会システム全体の変革など、起こせるわけがないと思っていた。

だが、今日ではどうだろうか。Googleは単なるインターネットブラウザの一サービス機能の枠をはるかに越えて、Googleなしでは業務に支障をきたす企業や個人が世界中に無数にいる。もはやあらゆるライフ

図1-17■シャイニングスターの検討フォーマット

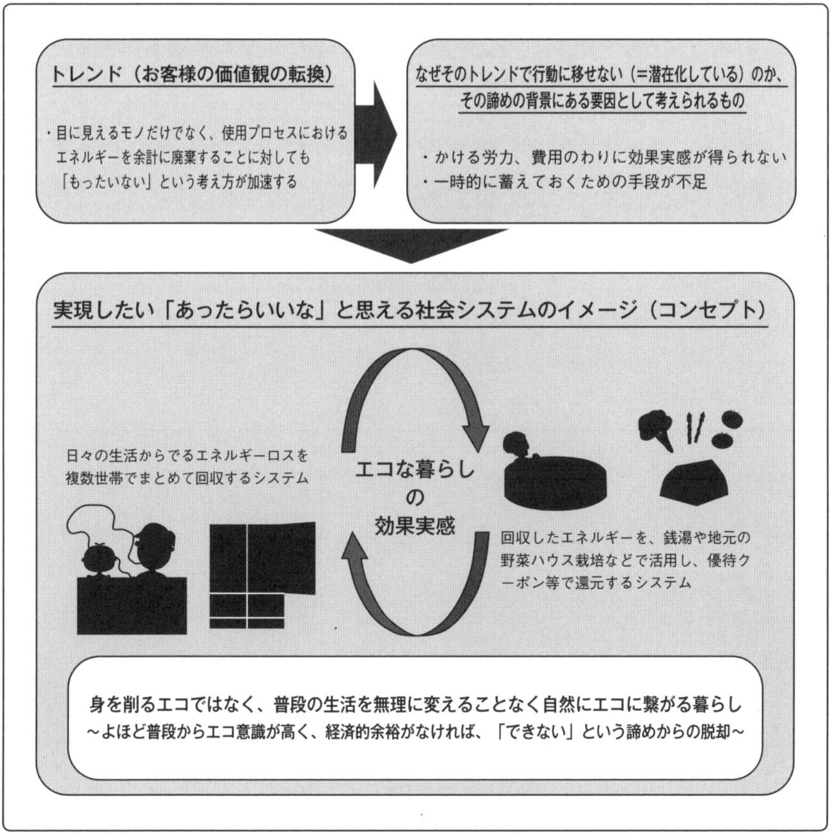

トレンド（お客様の価値観の転換）

・目に見えるモノだけでなく、使用プロセスにおける
　エネルギーを余計に廃棄することに対しても
　「もったいない」という考え方が加速する

なぜそのトレンドで行動に移せない（＝潜在化している）のか、
その諦めの背景にある要因として考えられるもの

・かける労力、費用のわりに効果実感が得られない
・一時的に蓄えておくための手段が不足

実現したい「あったらいいな」と思える社会システムのイメージ（コンセプト）

エコな暮らし
の
効果実感

日々の生活からでるエネルギーロスを
複数世帯でまとめて回収するシステム

回収したエネルギーを、銭湯や地元の
野菜ハウス栽培などで活用し、優待クー
ポン等で還元するシステム

身を削るエコではなく、普段の生活を無理に変えることなく自然にエコに繋がる暮らし
〜よほど普段からエコ意識が高く、経済的余裕がなければ、「できない」という諦めからの脱却〜

シーン、ビジネスシーンで欠かすことのできない情報流通の基盤インフラになっている。社会全体のルールを大きく変えてしまったのだ。

　このように、自社が現業では住宅のあるニッチな設備だけをやっているメーカーであったとしても、そのなかでできる範囲の事業を構想するのではなく、「世界中のあらゆるもったいないエネルギーを回収して、有効利用する」という大きなシャイニングスター構想を掲げることが、まずは重要なのである。このグランドデザインを描いたうえで、戦略的にそこに至るシナリオを描くことが重要になる。「あったらいいな」でありながら、なおかつ自社の手掛けるビジネスとして「ありえる」ものに落とす方法論について、次章で説明する。

まとめ　機能性素材メーカーＡ社事例

機能性素材・モノありきの発想から脱却し、システム開発・コトありきの開発テーマ発想へ

　シャイニングスター構想法をもとに、従来の延長線上ではない、新基軸の先行研究開発テーマアップを実現した活動事例を紹介する。機能性素材メーカーのＡ社では、天然の有効成分を用いたコンシューマー向けの美容と健康によい消費材の開発・製造・販売までを一貫して行っている。Ａ社の中央研究所では、従来の市場調査〜現状分析・競合ベンチマーキングによる製品開発プロセスにより、短期の製品開発や既存の顧客基盤の強化という開発テーマ創出は可能であるが、10年先の会社の未来を創る長期の開発テーマが出てこないという悩みを抱えていた。そこで、中央研究所の有志メンバーを対象に、シャイニングスター構想法を習得する研修会を実施することになった。

　メンバーは10年先の会社の未来を創る活動のプロジェクトメンバーとして選抜された数名を中心に、普段の業務では、知財部門や全社共通の基礎研究を行っているグループや、事業部門の依頼研究中心で製品開発に直結した開発を行っているグループからも、このような活動に興味のあるメンバーを募集し、計15名・３つのチームで約３ヶ月間・計３回にわけてシャイニングスター構想法を習得する研修会を開催した。

　Ａ社では現在の主力事業の知財戦略上、もともと成分特許が多く、有効成分をいかにして製品化するかという思考パターンが定着化していた。そのため、活動開始当初は、参加メンバーも普段あまり使わない思考パターンにとまどうことが多かった。だが、議論を重ねるうちにトレンド仮説や、お客様の「あったらいいな」の構想のなかに、自分達自身が腑に落ちるものが見付かると、議論は一気に加速していった。研修会終了

図1-18■トレンド分析～シャイニングスター構想の検討ステップ

1. 事業ドメインの再定義

↓

2. 事業ドメイン周辺のトレンドの兆しをPEST視点で調査

↓

3. 事業ドメインのトレンド仮説立案～有識者ヒアリングによる仮説検証

↓

4. トレンドが加速した際に、お客様の「こういうものだ」という諦めに着目

↓

5. ロジック・ツリーをつくりながら、お客様の諦めの要因の本質を分析

↓

6. お客様の諦めを覆す「あったらいいな」（シャイニングスター）を構想

後も、事務局が強制しなくとも、普段の業務を終えた後に自主的にチームメンバーで集まって研修会の集まりだけでは十分検討しきれないところを議論するといったことが行われるようになった。

　3回目の研修会では、各チームのシャイニングスター構想を相互に発表する場としたが、どのチームも成分特許の用途開発テーマではなく、従来にはなかった新しいライフスタイルを、システムとして提案する内容となっていた。健康生活のコンサルティング・サービスの中で、自社製品も使ってもらうような仕組みの提案や、今で言うIoT/AIを活用してユーザーのプロファイリングを行い、そのときの気持ちを察することで最適な自社製品の使い方を個別提案するシステムといった内容だ。

　ベテラン中心のチームからは、「老い」というものに対する価値観の変化に対応するために、これまでの社会システムのルールを根本的に変えていくことを前提とした、従来の発想とはまったく異なる画期的なビジネスコンセプトが提案された。やはりベテランのなかにこそ眠る、新しい発想力を引き出す仕掛けが重要であるのではないだろうか。

第2章

お客様の「あったらいいな」と
自社の技術の強みを
マッチングさせる
「技術棚卸し」

section 1

自社が耕してきた技術の土壌の上に種を蒔かなければ、利益として刈り取りができない

　第1章では、トレンド（価値観の転換）が進展した際に、お客様が諦めてきたことを覆し、「あったらいいな」と思う社会のシステム（＝シャイニングスター）を構想する手順を説明した。だが、お客様が「あったらいいな」と思えるとしても、自社のビジネスとしての実現可能性を考えたときに「ありえない」ものでは、ビジネスにはならない。そこで、本章では、お客様が「あったらいいな」と思い、なおかつ自社のビジネスとして「ありえる」ものに落とすための方法論について述べる。

≫一見するとレガシーな技術こそが、お客様の「うれしさ」を実現する

　自社が今現在、強みとしている技術や得意とする製品は、トレンド分析〜シャイニングスター構想の際には思考制約となるため、あえていったん忘れて分析・検討を進めることがポイントであると述べた。だが、こうして構想されたシャイニングスターを実現するための手段・技術が、自社の強み・こだわりのある製品価値からまったくかけ離れているものであるとしたら、たとえ素晴らしく精緻な事業計画書を立案することができたとしても、それを粘り強く推進していこうと思えるだろうか。

　お客様がお金を出してでも「あったらいいな」と思うシャイニングスターを描いた新事業開発のテーマ企画は、実行承認を得られるかもしれないが、そこに自社らしさのない新事業は少しでも当初の事業計画通りに進まないとなると、すぐに撤退をしてしまうだろう。

　例えばサントリーは、今でこそビールの会社であるという一般認識であるが、長い会社の歴史のなかで、ビール事業が黒字化したのはつい最

図2-1 ■「あったらいいな」かつ「ありえる」ビジネスが新事業開発テーマになる

	トレンド → シャイニングスター	オーソリティを忌避する価値観	電気が社会の中心になる	女性の感性が社会の優先順位を決める社会へ	
技術		・・・	・・・	**ありたい未来の洞察 シャイニングスター構想**	
		・・・・・・			
営業チャネル・ブランド力	○○業界への深いパイプ ○○学会でのブランド				
サプライチェーン	強力な広域代理店網 海外製造拠点				
製品A	◇◇技術	**顧客価値起点の技術棚卸 自社ならではの強み・こだわり**	**新しい事業機会：お客様の「あったらいいな」なおかつ自社ビジネスとして「ありえる」**		
製品B	○○技術				
	△△技術				
基盤技術	□□技術				

近のことであるという。もともとはウィスキーとワインの会社で、ビール事業は開始当初はまさにサントリーにとっては新事業領域であった。それでも諦めずにビール事業に挑戦し続けてきたのは、やはり世界中のあらゆる国で飲まれており、最大市場規模を誇るビールをやってこそ、自分達はお酒メーカーとして世界で胸を張れる存在になれると考えていたからではないだろうか。

このように、身の丈に合った事業の範囲で満足するのではなく、組織も人も一段高いところに登るための自社のモチベーション向上に繋がることが、新事業開発に取り組むことの本質的な意味なのである。

ビール事業自体は確かに長い間、赤字続きであり、お金勘定から考えれば他の事業の足を引っ張るお荷物事業であったかもしれない。だが、困難な挑戦を続けることで、順風満帆な事業だけでなく、うまくいかない事業を抱えてもがくうちに組織も人も成長し、総合食品メーカーのサントリーの今があるのではないだろうか。

またトヨタ自動車のプリウスは、1997年の発売当初から、売れば売る

ほどに赤字が増えると揶揄され続け、事業収益面では先行開発投資の回収や、販促費用も既存事業の収益に助けてもらいながらも、粘り強く継続してきた事業である。2003年にフルモデルチェンジをした頃から、世界的な環境規制強化や原油価格の高騰もあり、北米でも環境意識の高い富裕層のステータス車として認知され始め、事業単独で黒字化を実現し、今ではトヨタ自動車の先進国での事業収益を支える柱となっているが、ここに至るまでには、実に7年もの歳月を要している。日本の製造業を代表する巨大企業であるトヨタをもってしても苦戦する事業があるということだ。この苦難の道のりが、危機意識や緊張感を与え、自己成長を促したのではないだろうか。

　このように、新事業開発を通して得られる核心的な利益とは、目先の売上ではない。これまで様々な企業の新事業開発の支援をしてきているが、事業の数値計画策定で費用対効果を合理的に計算すれば、既存事業に同じ規模で投資をするほうが、新事業に投資をするよりも、はるかにROI（投資対効果）は高くなるのである。何十億円もの先行開発投資をして、仮に開発に成功しても、リスクの高い新事業ですぐに数億円規模の利益をあげるというのは大変なことである。それよりも、新事業に投じる開発リソースを既存事業に向けて、主力製品の原価を10円でも低減する、もしくは拡販するほうが、はるかにハードルが低く、しかも確実である。

　ではなぜ、企業は新事業開発に挑戦するのだろうか。

　新事業開発によって得られる真の利益とは、組織と人の成長だ。既存事業の安定収益構造のなかでは、どうしても「お山の大将」となりがちな社員の慢心を防ぎ、創業当時の初心・挑戦者としての緊張感を呼び戻し、自社の組織と人に、現状維持で安心していたいという気持ちの殻を破り、一段高いところを再び目指す成長のモチベーションを与えることにあると言える。

　自社らしさのない新事業は、たとえ収益があがったとしても組織や人の成長のエンジンにはなりえない。トレンドと自社の強み・らしさが交

図2-2 ■ よく耕した技術の土壌のうえに新事業の種を蒔くこと

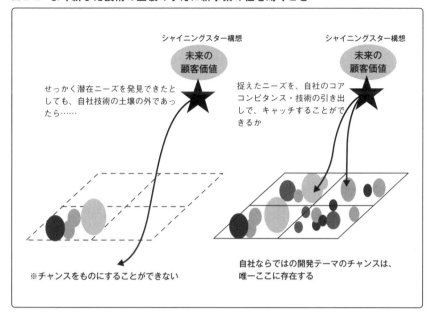

差するところに新事業は存在するのだ。

　儲かるものに投資をして、期待したほど儲からないとなるとすぐに資本を引き上げる。それは投機であって、もはや事業ではない。やはり、新事業開発は「このビジネスは、我が社こそがやるべきものだ」と思える、自社ビジネスとしてのリアルな手触り感がどうしても必要になる。

　自社には、たとえ今現在はそれを実現するだけの実力も資本力もまだないが、今後成長する努力を続ければ、その成長の先にシャイニングスターをつかむことができると思えるかどうかが重要になる。今は届かなくとも、組織と人がこれから急成長していけば「ありえる」と思えるかどうかを検証するのではある。この検証プロセスのことをJMACでは、シャイニングスターの「リアリティ・チェック」と呼んでいる。

　自社が手掛けるべきビジネスとしてリアリティを感じるのは、やはりこれまで自社が長年培ってきた、こだわりのある技術を伸ばしていった先に、シャイニングスターが存在しているかどうかであろう。自社の先達から、自分達の世代に至るまで、よく耕してきた技術の土壌の上に蒔

いた種なら、その成長過程でどのような災害や困難にあっても、粘り強く育てていこうとする。その土壌を否定することは、自社の社会的な存在意義、アイデンティティを否定することに繋がるからだ。

　新事業開発のテーマ探索においては、トレンド分析を行い、シャイニングスターを構想するだけではなく、自社が長年培ってきたこだわりのある技術の強みとマッチングさせて初めて、自社が取り組むべき新事業開発のテーマとなる。では、この技術の強みを把握するための方法論について、これから述べていく。

≫ 自社技術を、機能・特性ではなくお客様の「うれしさ」で再定義する

　これまで多くの、エクセレントカンパニーとして名高い名門企業の中央研究所にコンサルティング支援をさせていただいたが、そのような企業でも、「貴社の強みの技術、コアとは何か」と尋ねると、とたんに答えることができなくなる。ずっと昔からある要素技術は、当時は最先端であったものも、今ではこの業界のデファクトスタンダートになっており、他社と比べて格段に強いかと言えばそうでもない。かといって他社がまだやっていないニッチな研究開発成果は、研究テーマとしては斬新かもしれないが、自社の事業にさほど貢献しているとも思えない。

　では、自社のコアと呼べるような技術は一体何なのであろうか。このように、むしろ長年の歴史ある企業ほど、また多くの研究開発成果を創出している研究所ほど、数ある保有技術のなかでも特に自分達のコアと呼べるものが何かが、自分達自身でもよくわからなくなっているという実態がある。

　また、「うちの会社には特段の強みの技術なんてものはありませんよ」と即答してくるところもある。研究所といっても、基礎研究テーマではなく、ほとんどが製品開発のための技術開発であり、営業部門からの依頼研究テーマが中心となっているところでは、競合や業界の動きをキャッチアップしていくのが精一杯で、自社独自の強みを磨くような余裕まではなかったというのである。

　このように、自社の技術の強みを把握することは、意外に難しいのだ。

自分達の強みを把握することが難しい要因には、大きく2つのことが考えられる。

　まず、数多くの保有技術がある企業の場合、技術の進展に伴い高度に細分化されてゆき、個々の要素技術の専門性が高くなるため、自分の専門外の技術領域のことになると、とたんにわからなくなるのである。自分の専門領域であれば、強みと言える技術をいくつかあげることもできるのだが、全社としての技術の強み、コアとは何かを答えることが難しい。全体像の把握が困難になっているのである。

　もう1つのパターンは、これまでニッチ分野に特化してきた企業では、その分野では普段からその技術を使いこなしているがゆえに、自分達のやっていることが特別に優れたことをやっているように思えないのである。様々な業界の研究開発部門を見てきている第三者であるJMACのような会社から見れば、確かにニッチな分野かもしれないが、相当にレベルの高いことをやってきているにもかかわらず、極めて自己評価が低いのだ。つまり、技術の評価に対して、客観的なものさしを持たないため、その強さの程度を自分達では自信をもって言えないのである。

　この要因を解決しなければ、自社の技術の強みを納得感もって「これだ」と言うことはできない。そこで、お客様にとっての「うれしさ」によって、保有技術の棚卸しを実施するのだ。「自社には強みと言える技術などはない」と言うが、これまで事業を継続してきているのは、お客様から信頼を得てきた結果である。これだけモノが溢れている時代に、何らかの強みがなければ、今日まで生き残ることは難しいだろう。自覚するのが難しいだけで、必ずそこには何らかの強みが存在しているはずである。それを推し量るための、もっとも客観的なものさしは、やはり自社の今現在のお客様となる。保有技術の棚卸しを実施するのにあたり、最大のポイントは、このお客様にとっての「うれしさ」をものさしとして、自社の保有技術を再整理することだ。JMACでは、このお客様にとっての「うれしさ」で保有技術を再整理することを「顧客価値変換法」と呼んでいる。

　この顧客価値変換法を、具体例をもとに説明していこう。

コンサルティング支援の場面で、シャイニングスターと、自社のこだわりのある強み技術とをマッチングさせるにあたり、保有技術の棚卸し表をつくることを提案すると、「うちの会社ではすでに技術の棚卸し表はありますよ。あらためて棚卸しを実施する必要はないのではないでしょうか」と言われるケースがある。そこで、すでにあるという技術の棚卸し表を見せてもらうと、材料技術には合金や樹脂の種類等が列挙され、製品技術にはモジュール部品の名前や実装方式が列挙された、要素技術ごとにカテゴライズされた棚卸し表が出てくることが多い。このような保有技術の棚卸し表は、研究所のセクションごとの研究予算の管理や、特許や論文と紐付けて、研究所員の業績管理をするには確かに適している。

図2-3に示すように、1980年代から90年代にかけて、増え続ける研究開発業務に対して、各研究セクションが個別に開発予算申請や特許・論文管理を行うと、業務の重複などで非効率になるため、要素技術を一覧にして、一元管理する目的で技術の棚卸しが実施されてきた。だが、新事業開発で必要な技術棚卸し表は、技術の「管理」ではなく、今はまだそれを実現するだけの技術水準に達していなくても、自社がこだわりをもって積み上げてきた技術から、シャイニングスター実現を目指して取り組むべき技術を「企画」するためのものである。そもそも目的が異なるところでつくられた膨大な数の要素技術が列挙された棚卸し表を見ても、それがシャイニングスターとどう紐付くのかをそこから読み取るのは難しい。壮大なシャイニングスター構想と、ピンポイントの要素技術とが、たまたま合致するといった幸運なことは、まず起こらないからだ。

そこで、個々の要素技術に着目するのではなく、要素技術と要素技術との組み合わせにより、どのようなことを実現できるのかを考えるのである。だが、要素技術と要素技術の組み合わせは、膨大なパターンが存在するため、ありとあらゆる組み合わせを検討してシャイニングスターに合致するものを見付けるというのはかなり無理がある。

まずは既存事業においてお客様から価値を認められているもの、つまり各事業カテゴリーの主力と言える製品をいくつか取り上げて、そこに

図2-3 ■ 技術管理ではなく、技術企画に適した棚卸し表が必要

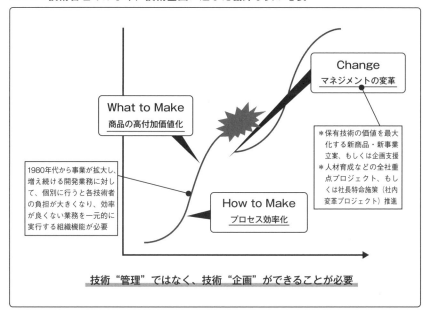

対して要素技術の組み合わせで、どのようなお客様にとっての「うれしさ」を実現してきたのかを考えるのだ。

例えば、通信関係の事業での代表的な主力製品として「超小型通信モジュール」があったとしよう。この超小型通信モジュールを実現できたのは、材料技術として、通信基板の熱を効率的に放熱するためのある合金を要素技術としてもっていたことと、製品技術として、内部に熱がこもらないように電子基板を高密度に実装する熱を逃がす特殊な実装設計ノウハウ、また基盤技術として、設計の妥当性を実機でテストする前に机上でシミュレーションする技術があったためであるとする。このように代表的製品を取り上げて、各要素技術がどのような組み合わせで紐付くのかを検討していくのだ。

そして、代表製品と紐付いた複数の要素技術から、お客様にそれが評価されている理由、すなわちお客様にとっての自社の保有技術が実現してきた「うれしさ」を考えるのである。

この超小型通信モジュールを、お客様である電話会社の携帯電話の基

地局で多く採用されているとしよう。自社の要素技術の組み合わせが、お客様にとってどのようなメリットになっているのかをあらためて考えるのである。

例えば、優れた自然冷却性能をもつため、この通信モジュールを採用すれば、基地局設備を構築する際に、熱対策のために水冷装置やクーラー等のサブシステムを付ける必要がなくなることがあげられるとする。それによって基地局全体が非常に軽量・コンパクトとなり、電柱の上や建物の屋根・屋上に設置されることが多い携帯電話機の基地局を、何万箇所と設置しなければならない電話会社にとって、「大掛かりな冷却装置不要で、屋根や電柱などに設置できる」ということには、「うれしさ」があるはずだ。また、サブシステムを不要とすることは、故障のリスクを減らして、保守運用の手間を削減できる「うれしさ」になる。

このようにして、図2-4に示すように、お客様にとっての「うれしさ」を大小問わず、できるだけ多くあげていくのだ。この「うれしさ」に対して、最後に自社の保有している特許を紐付けていく。特許はこれからの新事業開発のネタのために取得するというよりも、既存事業における競争優位を守るために出願されることが多く、競合他社を牽制し、ブロック力を高めるためのダミー特許も多く存在する。この「うれしさ」と紐付けることで、知財戦略上のダミー特許をある程度、自動的にスクリーニングすることができる。

ここで注意しなければならないのが、大小問わずと言ったが、お客様が「うれしさ」を実感するには、ある閾値を超えなければならないという点である。先の例で説明すると、屋根や電柱などに設置できることが「うれしさ」なのではなく、設置工事にかかる工数や費用が削減できることが「うれしさ」なのである。つまり、いくら通信モジュールを軽量・コンパクトにできるといっても、それが1人の設置工事作業者が1人で電柱の上に運んで設置できるレベルまで達していなければ、「うれしさ」にはならないということだ。自社の超小型通信モジュールを採用しても、お客様にとっては中途半端な軽量・コンパクト化にしかならず

図2-4 ■ お客様にとっての「うれしさ」で保有技術を整理する

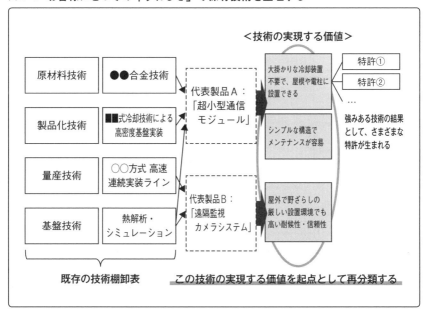

　1人では電柱の上に運んで設置できないため、結局は補助作業者が必要で2人がかりの設置工事になるとすると、話が違ってくる。仮に他社の通信モジュールを採用するよりも自社製品を採用すれば基地局全体を数グラム軽量にすることができるとしても、結局は設置工事の手間・費用が変わらないのであれば、そのような高級な技術がなくて、割り切った性能の安価な通信モジュールを採用しても、結局は同じことになってしまう。これでは自社技術が実現するお客様の「うれしさ」とは言えない。

　顧客価値変換法の検討のポイントは、お客様の「うれしさ」の大小は問わないが、その技術が採用されているために、競合と比べて製品カタログ上のスペック説明で、多少は優位であるかのように見せることができるものをお客様の「うれしさ」としてあげてはならない点だ。それは、営業にとってはセールストークの契機にできる自社の「うれしさ」であるかもしれないが、残念ながらお客様の「うれしさ」ではない。この点に注意しながら、検討を進めていただきたい。

　こうして、図2-5に示すように、お客様にとっての「うれしさ」で

図2-5 ■ お客様の「うれしさ」で整理した技術棚卸し表のイメージ

●カテゴライズの視点
・区分1（シーズ分類）　対象や手段が異なるが、同類の価値提供を行っている技術群を束ねた大分類
・区分2（技術の価値）　同じ貢献対象に対して同類の価値提供を行っている技術を束ねた中分類
・区分3（実現手段）　　技術の適用段階ごとの技術を束ねた小分類

区分1	区分2（技術の価値）		区分3（実現手段）		関連特許
	対象	価値機能	適用段階	強み・特徴的な技術	出願番号
多くの機能を小さな筐体に収める技術	通信キャリア向け製品A・B	水冷並みの高効率冷却を実現できる	モジュール・素材開発	独自の●●合金ヒートシンクにより、通常の水冷装置を不要とすることで、低コストだけでなく、設置場所の自由度を向上	1999-○○○○○ / 2008-○○○○○ / 2012-○○○○○
		少量・短納期にも迅速に対応することができる	製造プロセス	業界でも特殊な○○設備により、従来は手作業が発生していた基板実装工程を完全に自動化	2001-○○○○○ / 1995-○○○○○ / ・・・
	公共機関向け製品C	・・・	・・・	・・・	
自律的に駆動させる技術		24時間・365日、無人で遠隔監視をすることができる	製品設計		
		太陽光で自家発電できる	・・・		

保有技術を再整理していき、要素技術のカテゴリーではなく、共通性の高い「うれしさ」を大きなカテゴリーにまとめて第1区分とする。その下に第2区分として、詳細な「うれしさ」の説明をお客様ごとに整理する。そのさらに下に第3区分として、ここではじめて個々の要素技術の組み合わせの結果としての技術的な「うれしさ」の実現手段の説明を記載するのだ。そして、最後に特許を紐付ける。よくある技術棚卸し表は、特許が第1区分となっている、もしくは個々の要素技術が第1区分となっていることが多いが、その棚卸し表とは根本的にコンセプトが異なることがわかるだろう。

　ちなみに、お客様の「うれしさ」で整理をすると、どれくらいのボリュームの技術棚卸し表になるのだろうか。総合メーカーで大規模な研究所となると、多いところで有効な特許だけでも約3000件もの特許を保有している。この企業で顧客価値変換法を用いた保有技術の棚卸しのコンサルティング支援を行ったところ、区分2の単位で約150件に集約さ

れた。逆に特許件数としてはあまり多くは保有しておらず、有効特許が200件くらいの企業では、区分2の単位では70件ほどに集約された。

　このように、多くの特許を保有しているからと言って、お客様の「うれしさ」でカテゴライズすると、決して膨大な数にはならない。逆に特許が少ないからと言っても、お客様の「うれしさ」で整理していくと、最低でも50件を超えるだけの数が出てくるものである。

section **2**

お客様の「あったらいいな」と自社技術の強みとをマッチングさせる「技術ポートフォリオマップ」

　自社の保有技術を、お客様にとっての「うれしさ」で整理していく顧客価値変換法による技術棚卸しを行った。特定分野に特化しており、保有する特許の件数もそれほど多くない企業であっても、この「うれしさ」の観点で整理していくと、要素技術の組み合わせや、ニッチな分野で自社がお客様から評価されている点が抽出され、50〜100件はあがってくる。これだけの件数があがると、今度は逆に、この棚卸し表をそのまま用いてシャイニングスター構想とのマッチングを1件1件検討するというのは非効率となる。そこで、各技術の立ち位置をわかりやすく把握する「技術ポートフォリオマップ」の策定方法について述べていく。

》「うれしさ」で整理された技術群から新事業開発に適した技術を把握する技術評価手法

　自社がこれまで培ってきた技術は、シャイニングスター構想を描いて中長期視点で戦略的に揃えてきたものばかりではない。そのなかには、今現在のお客様に対応し、顧客基盤を維持・強化するために必要な技術群もあれば、今後大きなビジネスになるかどうかはわからないが、国や特定顧客からの強い要請により先行開発を行った結果による技術成果もあるだろう。技術開発の目的や用途も実に様々なものが混在している。そのため、顧客価値変換法でお客様にとっての「うれしさ」で再整理した棚卸し表を、一件ずつ順番にシャイニングスター構想とのマッチングを検討していては、膨大な時間がかかってしまう。

　そこで、棚卸し表の各技術の相対的なポジションを評価し、優先的にシャイニングスター構想とのマッチングを検討すべき技術群を決めてい

図2-6 ■ 各技術のポジションを把握し、優先順位の高い技術群を明確にする

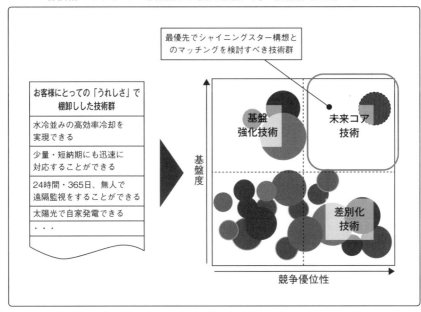

くのだ。各技術のポジションを評価し、四象限からなる1枚のマップ上にわかりやすくプロットしたものを「技術ポートフォリオマップ」（図2-6）と呼んでいる。

各技術の評価は、①成長性、②競争優位性、③基盤度の3つの視点から評価を行う。そして、保有する技術のなかで、成長性も高く、競争優位性があり、基盤度もある技術群について、優先的にシャイニングスター構想とのマッチングを検討するのである。

それでは、各評価視点の意味と、評価方法について説明していこう。

まず①成長性とは、市場の成長率のことではない。あくまでも技術の成長性である。技術の成長性と言うと、なかなかピンとこないかもしれないが、技術開発には枯れた技術分野が存在する。かつては最先端の分野として注目された技術分野であっても、今日ではその分野の研究開発を続けている人の数が減り、国家プロジェクトなどの助成金・研究開発費の補助もなくなり、新しい発明や進展が生まれなくなっている技術分野のことである。このような技術は、成長性が低いと評価する。逆に、

世界中の研究者がこぞって開発を進めており、国のバックアップも充実しており、日々新しい発見や発明が出てきている技術分野がある。このような技術は、成長性が高いと評価する。

　成長性が低い技術と、高い技術とのポジションが明確になれば、今の技術水準ではまだ手が届かないが、シャイニングスターを目指して先行投資を行うことを考えた際に、後者を優先するほうが、ROI（投資対効果）の観点から成功確率は高くなることだろう。

　次に②競争優位性であるが、これは文字通り競合他社と比較して、どれだけの競争力をもっているかを評価する。技術の競争力は、さらに2つの評価軸に分けることができる。キャッチアップしようとする競合に対し、どれだけの牽制力・ブロックする力があるかという「守る力」と、将来の市場競争軸において有効な技術を仕込んでいるかという「攻める力」である。守る力は、知財戦略と大きく連動する。有効な特許をどれだけ持ち、キャッチアップしようとする競合を諦めさせることができているかという観点で評価を行う。攻める力は、シャイニングスター構想で検討したトレンド分析結果から、今はまだ顕在化していないが、潜在的なニーズに対して、どれだけマッチしているかという観点で評価を行う。守る力も、攻める力も高いもの、つまり将来の事業成長戦略において競争優位性を発揮できる可能性が高い技術群を把握するのである。

　最後に③基盤度であるが、これはその技術を事業に適用する際に、社内の基盤がどれだけ整備されているかを評価する。聞き慣れない言葉でピンとこないかもしれないが、例えば、成長性も高く、競争優位性も高い技術であったとしても、その技術はこれまでに一度も自社の製品に適用されたことがない技術があったとしよう。製品で活用されていないため、かつて非常に優れた論文や特許を数多く出したものの、今は社内にこの技術開発に携わる人は誰もおらず、開発予算もついていないとする。そのため、成長性も競争優位性も高いからといって、この技術を用いてシャイニングスター構想を実現しようとしても、一から検証データも取り直す必要がある。またこれまでに一度も製品適用がなされていないため、工場・ものづくりの体制も社内には存在しておらず、事業化するた

図2-7 ■ 技術評価の視点

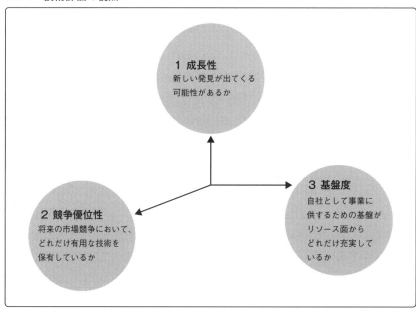

めにはまったくの新規の設備投資・生産技術の確立が必要になるとしよう。このような技術は基盤度が低いと評価するのだ。

　逆に、これまで多くの製品に適用されており、まだお客様からも必要とされているため、毎年 研究開発予算が付いており、今も継続的に開発している人が社内に存在する。工場の生産体制もできており、そのままシャイニングスター構想に流用展開できないまでも、ものづくりのノウハウや実績はあるような技術は、基盤度が高いと評価するのだ。新事業開発において、いくら競争優位性があっても、基盤度が低く、事業に供するレベルに達するのに何年間もかかるような技術と、基盤度が高く、比較的短期間で事業に供することができる技術を把握できれば、後者を優先することで、タイミングよく事業化して成功する確率を高めることができるだろう。

　この3つの視点で、それぞれの技術の評価を行い、相対的な優先順位を付けた結果を、縦軸に基盤度の大小、横軸に競争優位性の大小を取り、成長性はプロットする円の大きさで大小を取り、わかりやすく四象限か

らなる1枚のマップにプロットしたものが、技術ポートフォリオマップ（図2-8）となる。この技術ポートフォリオマップ上の右上・第1象限にプロットされている技術群、つまり、基盤度も高く、競争優位性も高いものを、シャイニングスター構想実現にあたり、最も優先的にマッチングを検討すべき技術群となる。この第1象限に位置する技術群を、未来の新価値創造のために、自社のコア技術として戦略的に高めていくべきものという意味で、JMACでは「未来コア技術」と呼んでいる。

左上の第2象限にプロットされる技術群は、基盤度は高く、こなれた技術であるが、競争優位性は高いとは言えないものである。この技術群は、際立った優位性はなくとも、既存の事業基盤を強化するためにどうしても必要となる技術群であり、JMACでは「基盤強化技術」と呼んでいる。

右下の第4象限にプロットされる技術群は、競争優位性はあるものの、これまで実際に世の中に出て適用されたことが少ない、基盤度の低い技術群となる。この技術群は、今はまだ事業に大いに役立っていないかもしれないが、将来的に市場の競争軸や環境が変化した際には、先手を打って技術蓄積を進めていたことが差別化に繋がる可能性をもつものである。その意味で、JMACでは「差別化技術」と呼んでいる。

これまで自社が積み上げてきた技術は、お客様の「うれしさ」を実現するものではあるが、それは必ずしも、新事業開発に挑戦する際に適した技術かどうかはわからない。技術にも適材適所があり、新事業開発にそもそも適さない技術を無理して新事業開発に適用しようとすると、成功確率は下がる。このようにして、お客様にとっての「うれしさ」で整理した技術それぞれの立ち位置を把握し、シャイニングスター構想実現のために優先すべき自社のコア技術を明確にするのだ。基盤度も競争優位性も高い未来コア技術から優先的にシャイニングスター構想とマッチング検討することになる。

では、この未来コア技術はどれくらいの数があがるものなのだろうか。著者も、多くの企業でこの技術ポートフォリオマップを策定してきているが、多くの特許を保有する会社、総合的な商品展開を行っている大企

図2-8 ■ 技術ポートフォリオマップの策定イメージ

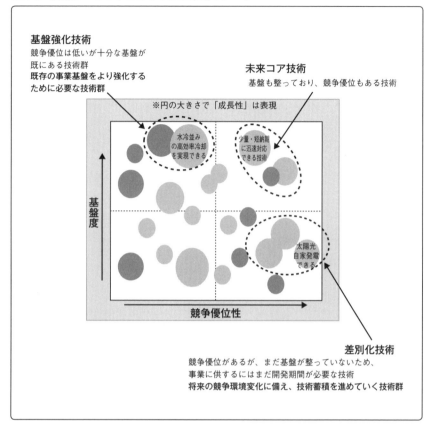

業であっても、未来コア技術にプロットされるものは、非常に少なく、せいぜい5個以内である。

Section1で述べた、有効特許だけでも3000件保有する、大手総合メーカーでこの技術ポートフォリオを策定した際には、お客様の「うれしさ」で再整理すると、約150件の技術に集約され、そのうちの3件が未来コア技術にプロットされた。その企業では、その他の保有する技術の大半は「差別化技術」にプロットされた。

これまでのコンサルティング経験からすると、どのような大企業であっても「未来コア技術」にプロットされるものは数件しかなく、その他の技術は「基盤強化技術」か、もしくは「差別化技術」のどちらかに偏

ることが多い。前者は、中央研究所といっても製品開発・事業部からの依頼研究が中心のところで、後者は伝統的に自主研究テーマ・基礎研究を重視してきたところが多くなる。いずれにしても、未来コア技術は、事業規模や研究開発部門の規模の大小にかかわらず、多くは存在しない。

　シャイニングスター構想とのマッチング検討をする際には、未来コア技術から優先的に検討を進めるが、数少ない未来コア技術とはマッチングしないことがある。その際には、基盤強化技術と差別化技術のなかで、第1象限に近く、なおかつ成長性の高いものから優先してマッチング検討を行う。著者のコンサルティング経験からも、基盤強化技術にプロットされた技術で、もともとのお客様の用途・業界ではどこの会社でも当たり前にやっている技術で、差別化できる要素もない技術が、シャイニングスターで構想したまったく違うお客様・業界にとっては画期的な技術であり、お客様に提案すると驚きをもって受け止められるケースがある。また国際的なイベント対応で、たったの一度しか世の中で実際に使われたことがないため基盤度が低く、差別化技術にプロットされていた技術が、お客様にソリューション提案した際に驚きを与えて、共同開発に漕ぎ着けることができたケースもある。

　このように、未来コア技術だけでシャイニングスター構想とのマッチング検討をするのではなく、未来コア技術に加えて、基盤強化技術と差別化技術のなかから、未来コア技術に近いものを組み合わせながらソリューション提供の実現手段を考えていくのである。技術ポートフォリオマップはあくまでも優先順位を付けて効率的に検討するためのものだ。いくら検討しても、シャイニングスターとマッチングできないからと言って、そこで落胆して新事業開発のテーマ企画の検討を諦めるのではなく、埋もれがちな基盤強化技術と差別化技術のなかから、有望な技術を見付けることこそが、技術ポートフォリオマップの本来の活用方法なのである。この点に注意して検討を進めていただきたい。

≫ 技術ポートフォリオマップの策定ステップ

　技術ポートフォリオマップの考え方がわかったところで、実際にこのマップを策定するための具体的な手順について説明していく。まずは、自社の事業別の代表商品（製品・サービス）をリストアップする。次に、すでにある技術一覧表のなかで、特許の一覧表でも要素技術の一覧表でも、現時点で最も自社の技術を網羅的に表していると思うものを用いて、それぞれの代表商品に対して、関連付けをしていく。当然、複数の商品に対して適用されている技術は、何度も登場することになるが、それで構わない。まだ開発途中のものであっても、将来的に適用する予定があるものも紐付けていく。基礎研究段階のもので、将来的にどのような商品に適用されるかが不明のものについては、その開発目的が同じものを同一のグループにまとめておく。

　こうして、商品と技術がグルーピングされたものを1つの単位として、それがお客様にとってどのような「うれしさ」を与えているのかをあらためて考え、「うれしさ」の大小問わず、ありとあらゆるものをあげていく。将来の技術適用、基礎研究段階のグループについては、今後どのような「うれしさ」を生み出す可能性があるのかをあげていく。

　コンサルティング活動においてこれを実際に検討すると、1つの商品と技術群のグループで、最低でもそれぞれ5個以上のキーワードがあがってくるものである。

　お客様の「うれしさ」が抽出された後は、この「うれしさ」を実現している技術で、不足している技術を追記していく。というのも、技術一覧表には、製造現場でのオペレーションや生産管理ノウハウ、開発環境や実験結果の評価・分析ノウハウ、インターフェースの詳細な設計ノウハウに関するものは記載されていないことが多い。そこで、お客様にとっての「うれしさ」を実現するうえで、特許や製品技術の要素技術だけではなく、必要不可欠な技術要素を追記していくことで、保有技術のヌケモレを防ぐことがポイントになる。不足技術が追記されると、お客様の「うれしさ」も追加されることがあり、このステップを経ることで、

図2-9 ■ 技術ポートフォリオマップの策定手順

1. 自社の事業部門別の現在の代表的な商品（製品・サービス）をリストアップ

2. 既存の技術一覧（特許、もしくは要素技術）から、代表商品に既に適用されている、もしくは今後適用できる可能性がある技術を紐付ける

3. 顧客価値変換：代表商品と紐付けた技術を参照し、お客様にとっての「うれしさ」を抽出する

4. お客様にとっての「うれしさ」を実現している要素技術について、既存の技術一覧にはなかったものを追記する（製造技術や評価技術等）

5. お客様にとっての「うれしさ」の単位ごとに、①成長性、②競争優位性、③基盤度の観点から評価し、点数化して図示する

保有技術だけではなく、自社がお客様に提供する「うれしさ」のヌケモレも防止できる。

こうしてお客様にとっての「うれしさ」のキーワードで保有技術がグルーピングされたものができる。そして、最後にこの「うれしさ」の単位で、前項で説明した、①成長性、②競争優位性、③基盤度の３つの観点から評価を行い、それぞれの評価から相対的な点数を付けていく。点数が付けば、それを四象限のマップで図示することができる。

≫ ３つの技術評価によるスコア化について

①成長性、②競争優位性、③基盤度のそれぞれについて、どのように具体的に点数付けをしていけばいいのか、その方法を説明しよう。技術を評価する場合は、それぞれの視点について、客観評価と主観評価の両面からの評価を行うことがポイントになる。例えば、ある技術Ⅰと技術Ⅱを評価するにあたって、Aさんは技術Ⅰのほうが①成長性が高いと判断し、Bさんは技術Ⅱの方が技術Ⅰよりも①成長性が高いと判断したと

図2-10■技術評価の視点

	客観評価：データ分析中心	主観評価：ヒアリング中心
①成長性	＊技術の発展 保有特許グループ 出願数成長率分析	＊先端分野適合度 先端技術開発のトレンド分析 トレンドキーワードとの合致度評価
②競争優位性	＊対競合優位 将来の市場ニーズキーワードとの マトリクス分析	＊技術占有度 ダミー特許含め、競合のブロック に有効に機能しているか、 ヒアリング評価
③基盤度	＊事業貢献度 現在販売している 製品シリーズへの適用状況	＊横展開の可能性 今後の新製品シリーズ展開への 技術の応用展開の予定

しよう。このように主観評価だけでは、評価者によって技術の優劣の序列が正反対となることが往々にして起こる。そこで、Aさんが評価しても、Bさんが評価をしても、誰が評価を行ったとしても、優劣の序列が変化しないように、データ分析を中心とした客観評価を行うことが重要になる（図2-10）。

　技術ポートフォリオマップの社内の納得感、また経営陣に説得力をもって新事業開発の企画テーマの検討経緯を説明する際にも、この客観評価が効いてくることがある。客観評価と主観評価の比重をあらかじめ決めたうえで評価を行うことで、技術評価の結果を社内の声の大きな人によって後から覆されることのないようにすることも大切だ。

　それでは、まず①成長性についての技術評価のやり方を説明しよう。客観評価は、関連付けを行った特許の出願数の成長率を計算し、新発明が今後も出てくる分野であるかどうかを評価する。

　分野別の特許出願数の統計データ取得には、特許の国際特許分類（IPC）のクラス別の特許出願件数を用いるとよい。自社がアプリケー

ションサービスプロバイダの提供する特許分析サービスを導入している場合は、それを活用するのがいいだろう。自社で特許分析サービスを利用していない場合も、幸いにも日本は各種統計データが非常に充実している。特許庁が毎年、「特許行政年次報告書」としてIPCクラス別の出願件数の推移をまとめている。この統計から、該当する技術分野の特許出願件数の平均成長率を計算するとよいだろう。

　IPCクラス別に最も年平均成長率が高いものを100点とし、その他のIPCクラス別の成長率スコアを計算する。例えば、年平均20％の成長率を100点とすれば、年平均10％の成長率は50点とする。このようにIPCクラス別の成長率スコアを算定し、自社のコア技術に紐付けた特許に成長率スコアを割り振っていく。当然、1つの特許に対して複数のIPCが付与されている場合があるが、その際には成長率スコアを加重平均し、総合成長率スコアを算定する。

　次に、①成長性の主観評価であるが、対象とする技術に詳しい社内有識者にヒアリングを行い、点数付けをしてもらうことで評価を行う。有識者へのヒアリングに際しては、対象の技術分野で世の中でも注目されている最先端分野の研究テーマのキーワードを列挙しておき、そのキーワードと何個マッチしているかをヒアリングするのだ。最先端研究テーマのキーワードが仮に50個あるとして、あるコア技術Ⅰは最も多い10個のマッチングがあるとする。またあるコア技術Ⅱは、2個だとする。この場合、コア技術Ⅰを成長率スコア100点として、コア技術Ⅱは成長率スコア20点とすることで、相対的な位置関係、序列を決めていく。

　こうして、客観評価による点数と、主観評価による点数が各技術に付与される。最後に、あらかじめ設定していた比重で各技術に対し、総合点を付ける。例えば、客観性を重視し、客観評価と主観評価の比重を8：2に設定したとして、技術Ⅰが客観評価80点、主観評価60点で、技術Ⅱが客観評価50点、主観評価60点とすれば、技術Ⅰの①成長性の総合得点は80×0.8＋60×0.2＝76点となる。技術Ⅱの①成長性の総合得点は、50×0.8＋60×0.2＝52点となり、①成長に関しては技術Ⅰのほうが技術Ⅱよりも相対的に高い位置にあると評価するのだ。②競争優位性、

図2-11 ■ 太陽光発電設備保守におけるお客様の「諦め」分析イメージ

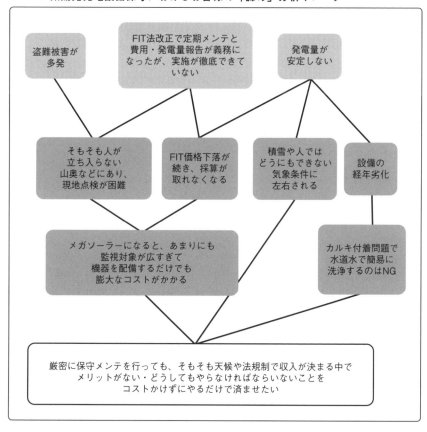

③基盤度についても、総合得点の付け方は同様である。

②競争優位性の客観評価は、第1章で解説したトレンド分析の結果を活用する。具体的には、事業ドメインのなかのトレンドと、各技術とのマッチング数をカウントするのだが、そもそもトレンドはそれほど多くは存在していない。そこで、第1章62ページ「なぜ『これはこういうものだ』と諦めてしまうのか、要因を分析する」で解説した、お客様の諦め分析の「ロジック・ツリー」であがったキーワードを活用するとよい。例えば、わかりやすいもので太陽光発電設備の保守に関するお客様の「諦め」の要因分析を行ったイメージを図2-11に示す。お客様の諦めの要因は「厳重に保守をしても、天候や法規制で収入が決まってしま

う」ことにある。その諦めを覆す手段を、例えば「天候不順による発電量の低下を補償する技術」や「壊れてから直すのではなく、自己再生する技術」といったキーワードとしてできるだけたくさんあげておく。このようにロジック・ツリーを参考にして、トレンドに起因する諦めを満たす手段・技術のキーワードをすべてリストアップするのだ。

　事業ドメインにおいて将来的に必然性が高まる手段・技術キーワードと、各技術とのマッチング件数をカウントしていく。こうして各技術の攻める力を評価していくのだ。仮に、全部で30のキーワードがあったとして、技術Ⅰは2個のキーワードに関連する技術とする。それに対し、技術Ⅱは全技術のなかで最多の10個のキーワードに関連する技術とする。技術Ⅱを100点とすると、技術Ⅰは20点となる。

　②競争優位性の主観評価では、他社の開発をどれだけ牽制できているか、守りの力を評価する。この評価では、自社の知財部門に協力をしてもらい、例えば、「10点：競合他社の追従を許さない自社オンリーワンの特許である」、「8点：類似特許がごく少数存在しているが、自社特許を回避するための苦肉の内容であり、自社優位性は依然として高い」などといった点数の基準をあらかじめ決めておき、特許ごとに点数付けをしてもらう。そして各技術に紐付いた特許の点数を総計する。当然、関連付けされた特許数が多ければ多いほどに点数は高くなるが、そもそも守りの力を評価しているので、それもよしと考えるのだ。例えば、技術Ⅰは1件の特許としか紐付いてないが、オンリーワンの強い特許で10点とする。対して技術Ⅱは、10件の特許と紐付いているが、ダミー特許が多く、各特許は平均で4点としても、10×4＝40点となる。この技術Ⅱが最高得点であったとすると、技術Ⅱを100点満点として、技術Ⅰは（100÷40）×10＝25点に換算する。

　最後に③基盤度の評価であるが、客観評価では既存事業の製品リストとのマッチング件数をカウントする。例えば、既存の製品ラインナップが全50種あるとして、技術Ⅰは2製品に適用されており、技術Ⅱは最多の8製品に適用されているとしよう。この場合、技術Ⅱを100点満点

として、技術Ⅰは（100÷8）×2＝25点と換算する。

③基盤度の主観評価は、今後の自社の新製品への適用拡大予定により評価を行う。例えば、「100点：中期計画で予定している新製品開発では必須の技術として発展適用される予定である」、「20点：事業部の新製品開発には当面適用予定はなく、研究所の自主研究テーマである」等の点数の基準をあらかじめ決めておき、各研究所のセクション長、もしくは年度の研究開発予算の取り纏めを行っている部署などに協力してもらい、ヒアリングによる点数付けを行う。

こうして、各技術について、①成長性、②競争優位性、③基盤度の観点でそれぞれ主観評価、客観評価の両面から点数化し、相対的な位置関係を明らかにするのだ。そして、これらの評価結果をExcel等の表計算ソフトを用いて、四象限のグラフ、バブルチャートにすれば技術ポートフォリオマップの完成となる。

四象限を区切るスコア、総合スコアが何点以上あれば成長性が「高い」技術とするのかについては、主観的に社内で協議のうえで例えば80点以上とする等の基準を決めてもよいが、ここにもやはり客観的な指標が欲しいという場合は、全コア技術のスコアが算定された後に、①～③の視点ごとに標準偏差を計算し、平均スコア＋標準偏差の値で設定するとよい。

≫ 実際の実務検討での進め方の工夫について

各技術の評価方法は非常にシンプルであるが、事業ドメインを広く再定義し、自社の全保有技術を棚卸しするとなると、それなりに検討時間がかかる。著者のコンサルティングの経験上、数千件以上の特許を保有する企業では、コンサルタントが分析作業を代行して効率的に実施しても1.5～2ヶ月間は要する。かつては新事業開発のテーマ企画に、10ヶ月間くらいのプロジェクト期間があったが、近年では検討期間もますます短縮化され、4～6ヶ月間となっているのが実態だ。シャイニングスター構想を立案してから、技術棚卸しを実施していたのでは、それだけでタイムアウトになってしまうだろう。

そこで図2-12に示すように、実際の検討においては新事業の検討プ

図2-12 ■ シャイニングスター構想と技術棚卸しの併行検討

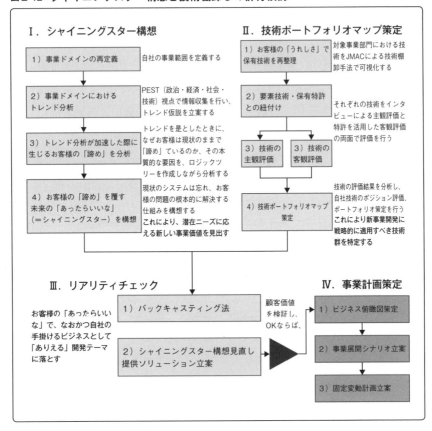

ロジェクトチームを二手に分け、シャイニングスター構想と技術棚卸しを併行して進めるとよい。シャイニングスター構想と技術棚卸しとを同期させながら、うまく併行してファシリテーションを進めていくことができれば、2ヶ月間で両方の検討を終わらせることができるだろう。

それでも、併行検討するだけのプロジェクトメンバーのリソースの余裕がない場合や、慣れていない検討を同時併行で実施するのはプロジェクトマネジメント上のリスクが高い場合もあるだろう。そのような場合は、シャイニングスター構想までの検討を最初に終わらせて、保有技術をお客様にとっての「うれしさ」で再整理するところまでは、手順通りに順番にしっかりと検討をしていく。だが、意外と時間と工数を取られ

る最後の各技術の評価については、客観評価を省略するのも手である。①成長性、②競争優位性、③基盤度それぞれについて、相対的に最も高い位置にある技術を100点、最も低い技術を10点などとし、それをものさしとして、その他の技術の点数を10点刻みで、40点や70点などと点数を付けていく、しごく簡易的なやり方で済ませるのだ。

この簡易のやり方であれば、効率的にファシリテーションすれば、半日から1日程度で各コア技術に①～③の視点で、点数を付けていくことができる。四象限を仕切るための点数は、例えば85点以上を高いとするなど基準を決め、各コア技術をグラフ上にプロットしていく。このやり方では、完全に主観評価のみとなってしまうデメリットがある。だが、これまでのコンサルティング経験からも、技術の評価については、有識者が対象技術を過大評価するということは少なく、厳密に評価した場合も客観評価と主観評価が逆転するようなことは滅多に起こらない。あくまでも目的は、これこそが自社のやるべき新事業開発テーマだと言える、社内の納得感が得られる筋のよい新事業開発テーマを企画立案することである。

厳密な技術評価に拘るがあまりに、シャイニングスター構想と技術棚卸しだけで、肝心の新事業開発の事業計画、ビジネスプランにまとめる時間がなくなってしまっては、それこそ本末転倒というものだ。与えられた検討リソースと活動期間に照らして、現実的な検討の進め方を選択していただきたい。

≫ 研究開発戦略策定における技術ポートフォリオマップの活用方法

こうして策定した技術ポートフォリオマップは、これから説明する「バックキャスティング法」で、新事業開発の個々のテーマ企画に用いる。せっかくの時間と工数を割いて、策定した技術ポートフォリオマップを個々の開発テーマアップにだけ使い、それでお終いとするのはもったいない。この技術ポートフォリオマップは、研究開発部門の中長期の技術開発戦略立案のベース情報にも活かすことができるのだ。技術戦略を考えるうえでの活用方法について、簡単に説明をしておこう。

新事業開発テーマの企画立案においては、四象限にプロットされている技術のうち、第1象限の「未来コア」の位置に近い技術にはどのようなものがあるのかを知ることが重要になる。だが、研究開発部門全体としての技術開発戦略を考えるうえでは、どの技術がどこに位置しているかはさほど重要ではない。それよりも、全保有技術のうち何％がどの象限に分布しているのか、その全体傾向がむしろ重要になる。

　例えば、自社の中長期の事業計画で、全社の経営ビジョンとしてイノベーションによる高付加価値開発を加速させる方針があったとしよう。だが、技術ポートフォリオマップを策定したところ、図2-13のように、仮に100件の保有技術のうち未来コア技術は5件、差別化技術は10件とする。対して、基盤強化技術は40件、伝統的技術は45件であったとすると、全社のビジョンとは正反対に、自社の今現時点では競争優位性の高い技術の保有比率は全体のうち15％と低い状態にあることがわかる。未来コア技術に該当する5件のテーマの開発担当者を呼んで発破をかけるだけでは、技術開発戦略・マネジメントとは言えない。まずはこの現実を直視して、ここをスタートとして全社の経営ビジョンにあわせて中長期で競争優位性の高い技術の比率を段階的に増やしていく施策を考えるのだ。

　例えば、未来コア技術と差別化技術をあわせて、5年後までに現在の15％から、30％まで引き上げる目標を設定したとする。比率を高めるためには、ゼロから新規技術開発テーマを起こすというのもあるが、技術開発というのは長年の積み上げの結果であり、新技術開発に成功したベンチャー企業を次々とM&Aでもしない限りは、3～5年間ですぐに仕込めるものでもない。もしも数年でものになる新しい技術開発に数件成功をしたとしても、全体の比率は15％から30％と2倍の比率になるといった大きな変化には至らないだろう。競争優位性の高い技術の全体比率を30％に変えるためには、単純計算で22件以上の競争優位性の高い新技術を数年のうちに確立しなければならない。研究開発予算にも、開発ができる人材にも当然のことながら限りがある。長い時間をかけても今現在、競争優位性の高い技術が15件しかないなかで、新規の研究

図2-13 ■ 保有技術の分布の比率を把握する

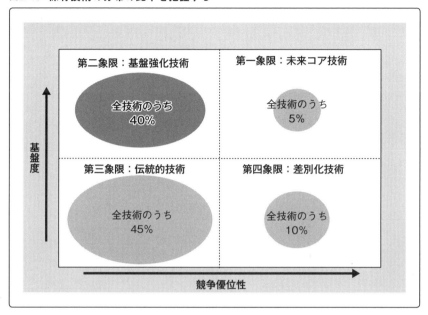

図2-14 ■ 技術のポジションチェンジにより、全体の比率を大胆に変化させる

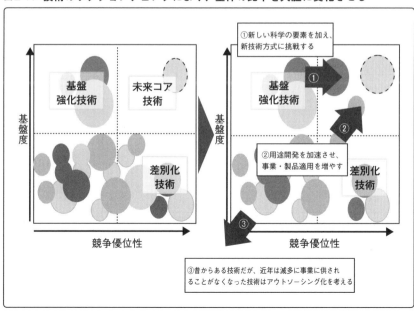

開発テーマを単純に足し算だけで技術ポートフォリオの比率を大きく変えていくことは無理があるだろう。

　そこで、限りあるリソースを集中的に投入すべく、第三象限にある基盤度の低い技術群は、製造部門に移管する。もしくは、外部リソースを活用してアウトソーシング化を検討し、自社の研究開発部門のリソースを用いた開発テーマとしてはその数を減らしていく。その一方で、基盤強化技術に位置する技術には、その削減した分の研究開発リソースを投入して、攻めと守りの両面から、競争優位性を高めるミッションを与える。これにより、今現在は基盤強化技術の位置にある技術を未来コア技術へとポジションチェンジすることを考えるのだ。製品ポートフォリオ上は、かつての「金のなる木」から「負け犬」ポジションになっている製品に適用されてきた技術であったとしても、このような技術にこそ、ポジションチェンジできる可能性を秘めている。

　前述のサントリーでは、ウィスキー製品に適用されてきた麦などの育種の技術の強みに、バイオテクノロジーという先端科学の要素を取り込むことで、生花事業におけるオンリーワンの競争優位性の高い技術にポジションチェンジしていった。

　富士フイルムでは、フィルムカメラ製品に適用されてきたコラーゲンの酸化防止技術の強みに、ナノテクノロジーの要素を取り込むことで、デジカメの普及で斜陽産業になっていたフィルムカメラから、成長産業である美容・健康分野での高機能性化粧品に適用できる未来コア技術へとポジションチェンジをしていった。

　このように今現在の技術ポートフォリオと、全社経営ビジョンで目指す製品ポートフォリオとの間にギャップがあったとしても、悲観する必要はない。そもそも製品ポートフォリオと技術ポートフォリオは一致しないものなのだ。自社にはない技術を"ないものねだり"するのではなく、伝統的な技術のなかから開発リソースを集中させて引き上げていくことで、経営ビジョンを実現できる現実的な打ち手を考えていく。この開発リソース投入の選択と集中のメリハリを考えることが、技術開発戦略そのものになるだろう。

section **3**

「あったらいいな」かつ「ありえる」現実的な開発テーマに落とすための「バックキャスティング法」とは

　自社のコア技術と一言で言っても、技術は様々な目的・経緯で開発されてきており、必ずしも新事業開発に適した技術とは限らない。闇雲にシャイニングスター構想とのマッチングを検討しても、非効率であるため、数ある自社の保有技術のなかでも相対的に新事業開発に適した技術群を把握するための技術棚卸しの方法論を解説してきた。

　この技術棚卸し結果から、これぞ自社が手掛けるべき新事業開発テーマであるというリアルな実感をもてるようにしていく、リアリティ・チェックの方法論について述べていく。

》 技術的に飛躍し過ぎた新事業では、お客様がついてこられない

　技術棚卸し結果から、新事業開発に適した技術群を組み合わせることで、シャイニングスター構想の実現手段を検討することになる。だが、シャイニングスター構想は我々の現在身を置いている社会システム、市場競争のルールそのものが変革する可能性も否定せずに、いわば究極の理想形のシステムで構想することがポイントであると第1章で述べた。いくら新事業開発に適した技術群を把握しても、自社の実力では、この究極の理想形のシステムには到底手が届きそうにないくらい遠い距離にあるということが起こる。

　もしも、シャイニングスター構想を自社の技術の強みで実現できる目処が付いたとしても、それは潜在ニーズであるため、お客様・市場のほうがそれを受け入れる準備ができていない。

　かつて、Apple社が1993年に発売した画期的な個人用携帯情報端末「ニ

ュートン」という製品をご存じの方はいるだろうか。画面への手書きによる文字認識入力、赤外線通信による無線でのパソコンや端末同士でのデータのやり取りや同期機能、モデムを通したメール機能等、まさにプロダクト・イノベーションそのものの製品であった。今日でこそ、スマートフォンやノートパソコン、携帯型ゲーム機などの個人用情報端末を1人何台も持つことが当たり前となっているが、そのトレンドを見越した、まさにこれこそがシャイニングスター構想である。

では、このニュートンが事業として成功したかと言えば、当初の販売計画にまったく及ばす、大失敗に終わってしまった。考えてみれば、1993年というと、Windows95が発売される前の時代であり、デスクトップ・パソコンですら個人用としては広く普及していなかった。インターネットの黎明期であり、無線データ通信というもの自体が当時の一般消費者にとっては想像を越えたものであった。シャイニングスター構想を実現するだけの技術の強みと開発力をもっていたとしても、あまりにも時代の先を行き過ぎたがために、世の中・お客様のほうが、ついてこられなかったのだ。

このようにシャイニングスター構想では、いきなり究極の理想形のシステムを市場に投入しても、まだお客様にとっては「ありえない」ものとして受け入れられないことが起こる。そこで、シャイニングスター構想で最終的に目指したい理想形のシステムを描いたうえで、あえてそこからお客様の現状のシステム・置かれている状況に近いところへ、少し手前に戻すのである。未来の理想形のシステムから、現在の現実に少し戻すこのやり方を、「バックキャスティング法」と呼んでいる（図2-15）。

バックキャスティング法のイメージをよりわかりやすくするために、具体的な製品開発の事例にあてはめて、花王の飲料「ヘルシア緑茶」で例えてみよう。2000年当時、花王の全社経営ビジョンとして、成長分野である「ヘルスケア分野」での事業拡大があった。今日でこそ、メタボリックという言葉が広く知れ渡り、メタボ検診が義務となっているが、当時はまだ肥満は自己責任の範疇という価値観が世の中の大半を占めて

図2-15 ■ 自社が手掛けるべきビジネスとしてのリアリティの有無をチェックする

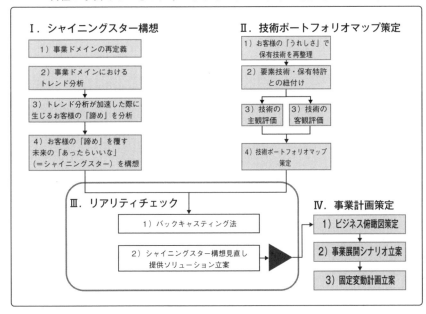

図2-16 ■ 究極の理想形の、少し手前を考える

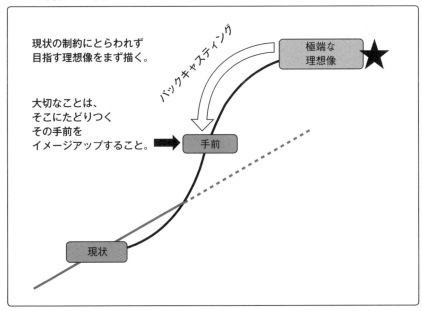

いた時代である。そのような時代に、社会全体として肥満体質の改善を強く意識する価値観が主流になることを見越していたのは、まさにトレンドの洞察と言えよう。

　新事業開発のドメインとして、「健康維持に肥満改善を意識する30〜50歳男女」に対し、「毎日の食生活の中で、無理なく安心して継続摂取できる特定保健用食品の飲料」提供を目指してプロジェクトチームで検討を進めていった。シャイニングスター構想として、究極の理想形は、「痩せ薬」である。ダイエットと言えば、厳しい食事制限やカロリーを大量に消費する激しい運動が欠かせないものという、「こういうものだ」という固定観念がある。今がまさに働き盛りの30〜50歳は、プライベートの時間はなかなか取れないなか、ダイエットは「諦めて」いたところに、それを飲めばたちどころに痩せる飲料があれば、これはその「諦め」を根底から覆すものになるであろう。

　だが、「痩せ薬」はお客様の現状の諦めを覆す「あったらいいな」ではあるが、さすがに技術的に飛躍し過ぎており、さすがの花王の保有技術と開発力をもってしても、かなり遠いところにある。また、もしも技術的に実現できる目処があったとしても、あまりにも画期的な新製品は、副作用のリスク等も警戒され、厚生労働省の認可もおりない可能性がある。一般消費者も、ストイックにダイエットに励まなくても簡単に飲むだけで急に痩せるという、うますぎる話には何か裏があるのではないかと警戒することだろう。

　だが、究極の理想形の一歩手前、飲むとすぐに痩せるとまではいかないが、「毎日、苦めの濃いお茶を飲み続けていけば痩せる」としたらどうであろうか。花王の研究開発部門では、長年の石鹸や化粧品などの既存の主力事業で培ってきた油脂の生理機能についての研究の一環として、脂質代謝に関する技術ノウハウが蓄積されていたという。この自社のコア技術の強みを活かして、食事の際に茶カテキンを同時摂取することによる肥満抑制効果と肝臓の脂肪分解促進効果を実現した、独自の価値をもつ、機能性健康飲料「ヘルシア緑茶」が誕生した。

　ペットボトル飲料といえば、新製品をいくら出してもすぐに値段が下

108

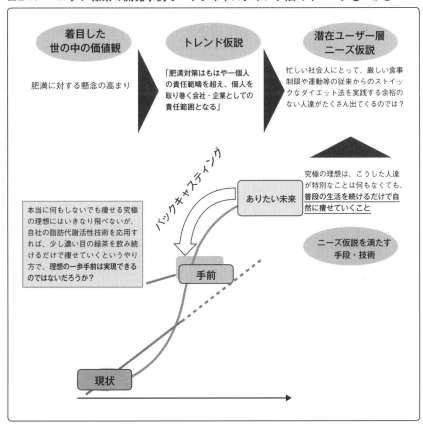

図2-17■ヘルシア緑茶の開発事例でバックキャスティング法のイメージをつかむ

がり、商品の入れ替えも激しい、まさに開発すればするほどに価格競争が激化しやすい市場である。その中にあって、「ヘルシア緑茶」は通常の飲料より高価格であるにもかかわらず、トクホ飲料という新しいジャンルを打ちたて、2003年の発売以来、今でも高価格帯を維持しながら継続的に売れ続けている。

シャイニングスター構想が狙うのは、既存の価値の延長線上にある開発テーマではなく、こうした新しい価値の創造である。だが、シャイニングスター構想の究極の理想形をいきなり開発テーマとして取り組むことは、自社の技術の強みからも背伸びし過ぎており、またあまりに先進的すぎる提案にはユーザーが付いてこられない。確かに「あったらいい

な」と思うものであるが、今現在の社会環境で使用するにはリアリティがなく「ありえない」ものは、事業として失敗することは、前述のApple社のニュートンの事例からも自明であろう。

そこで、花王のヘルシア緑茶のように、「あったらいいな」で、なおかつ、自社の技術の強みを確実に発展させることで実現可能性があり、ユーザーにとっても、今現在の社会環境で使用することを考えても「ありえる」と思える、リアリティがあるものが事業として成功するのだ。シャイニングスター構想を、「あったらいいな」と思うが、「ありえない」ではなく、「あったらいいな」で、なおかつ「ありえる」ものにするための方法を、バックキャスティング法と呼んでいる。

≫ 極端な理想形から、まずはお客様の「半歩だけ先をいく」開発テーマにするための、3つのバックキャスティング方法

バックキャスティング法のイメージをわかりやすく伝えるために、Apple社のニュートンと、花王のヘルシア緑茶の対照的な2つの開発事例になぞらえて説明をしてきた。では、具体的にバックキャスティング法でどのような検討を行えばいいのか、その方法論について説明しよう。抽象的な検討ステップだけではわかりにくいであろうから、第1章の解説で用いたシャイニングスター構想の検討イメージ、「世界中のあらゆるもったいないエネルギーを回収して、有効利用する」を、バックキャスティング法を用いて、「あったらいいな」で、なおかつ「ありえる」新事業開発テーマにしていくやり方を説明する。

まず第1章のおさらいであるが、事業ドメインを再定義し、その事業ドメインにおけるトレンド分析を行い、仮に「日常生活でエネルギーを無駄に捨てるのはもったいない」という価値観が今後生まれると分析した。この価値観が加速していくにもかかわらず、生活者はなぜそれを実際の行動に移さないのか。ニーズが顕在化せずに「諦め」てしまい、潜在化している要因を分析した結果、「そこまでして時間もお金を使うのは割に合わない」ことがその要因であると考えられるとした。

今現在の社会システム、ルールからすれば、モノを捨てることについては、ゴミ出しのルールもますます厳格になり、捨てることに労力や費

図2-18 ■ バックキャスティングをかけることが重要

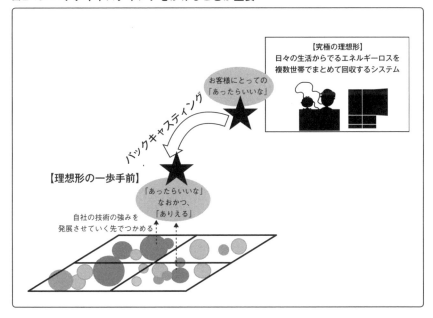

用をかけるのが当たり前になっているが、エネルギーの廃棄についてはそのようなルールはない。個人のレベルで一生懸命努力しても、微々たる省エネ効果では報われないため、行動に移すことなく終わっていると分析した。

　そこで、お客様のこうした「諦め」を根本的に覆す「あったらいいな」と思う新しい社会システム、ルールとして、生活者がいちいち細かい労力をかけずとも、様々な生活シーンで生じているエネルギーロスを自動的に回収し、それを一世帯ではなく、何千世帯という単位で大きなエネルギーにまとめることで、地域のコミュニティで有効再利用する仕組みをシャイニングスターとして構想した。この「あったらいいな」は、今現在、我々が身を置いている社会システムの思考制約に捉われず、システムのルール自体が大きく変わる可能性も否定せずに究極の理想形で描くことがポイントであると述べた。

　だが、このシャイニングスターは、このままでは自社の技術の強みや事業形態からもあまりにも遠く、エネルギー廃棄に関する社会ルールが

存在しない今現在に身を置くユーザーにとっても先進的過ぎる提案であり、あまりにもリアリティがない、「ありえない」ものである。では、なぜ「ありえない」となるのであろうか。

　その要因として、大きく３つがあげられる。

　ひとつ目は、いくら努力して製品開発に成功したとしても、法整備や国としての認可・お墨付きがでなければ、ユーザーがそれを使うようにならないことが考えられる。工場の産業廃棄物は当然のことながら、今日では一般家庭のアルミ缶や紙パック等のリサイクル品の廃棄ルールは、自治体ごとに細かいルールがある。だが、エネルギー廃棄に関して、規制やルールは存在していない。このように業界や市場全体のルールとすべく、政治的な動きを起こすのは、一企業の努力では限界があるため、リアリティが感じられないのだ。

　２つ目は、自社がこれまで手掛けてきたビジネスモデルや業界からあまりにも遠く、未経験であるため、具体的なビジネスのイメージが湧かないことが考えられる。例えば、自社がエアコン製品のなかの熱交換機部分を手掛ける部品メーカーであったとすると、何千世帯から無駄なエネルギーを回収するシステムとなると、サービス提供や都市開発要素までも含まれる壮大なシステムとなり、ゼネコンや大手公共エンジニアリング会社のビジネスの範疇に思える。実績も経験もない部品メーカーの自社が手掛けるには、これまでのビジネススタイルからかけ離れた事業であり、リアリティが感じられない。

　３つ目は、エアコン製品のようなコンパクトな製品に搭載される部品では、熱を効率的に伝送するハードウェアの技術をもっているが、複数世帯にまたがる広域で熱を効率的にマネジメントする技術は、特にソフトウェアの面ではまったく自社には技術がないとする。このようにシャイニングスター実現のために必要な技術が、自社のこれまで培ってきた強みの技術分野とあまりにも乖離しており、技術的知見が欠如しているためにリアリティが感じられないのだ。

　このように①政治的要因の制約が大きいこと、②自社のビジネススタイルから逸脱していること、③技術的知見が欠如していることの３つの

図2-19■リアリティが欠如している要因

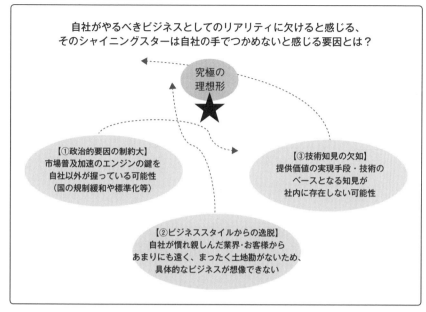

要因から、お客様にとっては「あったらいいな」と思えるシステムであっても、自社が手掛けるビジネスとしてはリアリティが感じられず、「ありえない」ものになっている（図2-19）。

そこで、究極の理想形から手前に戻り、これらリアリティが欠如する要因を緩和して「ありえる」ものにするのである。その戻り方には、①市場展開原理からのバックキャスティング、②非現実の現実化によるバックキャスティング、③商品特性緩和からのバックキャスティング、の3つの方法がある。

まず、①市場展開原理からのバックキャスティングであるが、一般生活者向けに広く普及するにつれて、何か問題が生じた際の社会的影響が大きくなるため、政治的要因の制約が拡大してしまう。そこで、最初は万が一、問題が生じた場合にもその影響範囲が限定的なところから市場展開を図ることを考えるのである。

わかりやすく具体例で説明しよう。インターネットが世の中に広く普及するまでにどのような市場展開をたどったかと言えば、最初は軍事目

図2-20 ■ 3つのバックキャスティング法

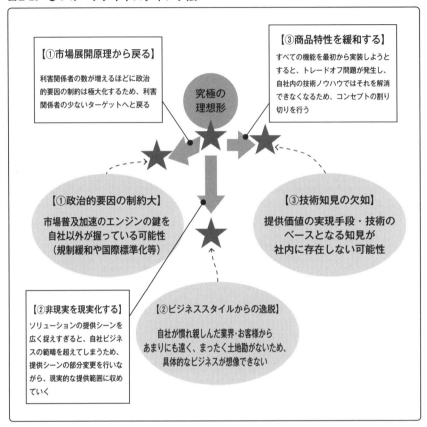

的で開発されたものであった。当時の情報通信網は拠点と拠点の間の1対1の通信であったが、これではある軍事基地が攻撃されて破壊されてしまうと全軍事拠点間の通信が不全になってしまう。そこで、どこかの基地が破壊されても、迂回ルートで通信ができるようにN対Nのメッシュ型の通信網を構築することが求められた。これがインターネットの原型である。その後、このメッシュ型の通信網は、大学での研究開発を円滑にするために、大学同士が自分達のもつ通信網を持ち寄り、相互接続する形で発展していった。これがビジネスの取引を円滑にするということで、徐々に商用利用が始まり、業務用でインターネット経由の電子メールが用いられるようになった。

図2-21 ■ 市場展開原理からのバックキャスティング

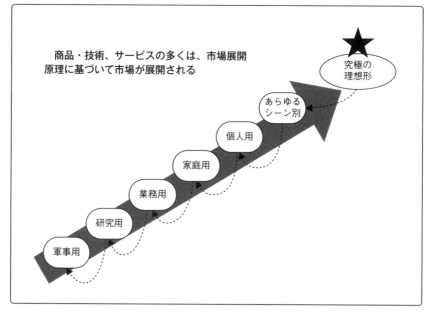

　インターネットの接続事業会社が多く誕生し、採算が取れるようになるにつれ、サービス価格も下がってくると、一般家庭でも契約する家庭が出てくるようになり、会社で業務用の電子メールのアドレスを持っている人でも、プライベートでもインターネットを利用するようになっていく。インターネットの個人利用者が増えると、個人向けの様々なネットサービスが多く登場するようになり、利便性が高まることで、世帯ごとにインターネット契約をするのではなく、個人で契約し、自分だけのメールアドレスを持つようになった。

　このように、今では世界中の大多数がスマートフォンなどから個人でインターネットを利用できるまでに広く普及しているが、いきなり個人用としてインターネットが開発されたわけではなく、軍事用から、研究用へ。研究用から、業務用へ。業務用から、家庭用へ。家庭用から、個人用へ。そして、今日では最終段階として個人用から、ありとあらゆるシーンへ。つまり、ありとあらゆるモノがインターネットに繋がる、IoTの世界が進展している。

この市場展開原理をもとに、シャイニングスター構想が究極の理想形
でありとあらゆるシーン別になっているのであれば、その手前の家庭用
や、業務用をまずはターゲットにすることを考えるのである。「世界中
のありとあらゆるもったいないエネルギーを回収するシステム」をいき
なり普及させるのは、政治的な制約が大きすぎて難しいが、少し手前に
バックキャスティングして、業務用まで戻れば、「ありえる」可能性は
ないだろうかと考えるのである。

　例えば、全国に何十万店舗もあるコンビニエンスストアに着目して、
ここで日々無駄に廃棄されているもったいないエネルギーはないだろう
かと考えるのだ。特に深夜の営業時間帯では客数も少ないのに日中と同
じエネルギーを消費しており、使う人がいないので非常にもったいない。
このエネルギーを有効に再利用して、コンビニ経営の利益改善に貢献す
るソリューションは考えられないだろうか。

　このように市場展開原理から手前に戻り、「ありえる」テーマに近づ
けていくのが、①市場展開原理からのバックキャスティングである（図
2-21）。

　世の中の事例で言えば、Google社が2013年に開発したメガネのよう
に装着できる画期的なヘッドマウントディスプレイ方式の拡張現実
（AR）ウェアラブル・コンピューターのGoogle Glassは、2014年に一
般個人用の販売を開始したが、2015年には早くも販売中止となってし
まった。その原因は、価格や機能といった技術開発面よりも、むしろプ
ライバシーの侵害問題や、それを装着した人が例えば運転事故を起こし
た際の瑕疵責任の所在がどこにあるのかといった政治的な制約が大き過
ぎたためだとされている。結局、Google Glassは個人用の手前にバッ
クキャスティングして、業務用として再出発を図ることとなった。

　この事例からも、いきなり政治的制約が大きい個人用から入るのでは
なく、一見すると遠回りなようだが、その手前の家庭用、業務用に戻る
ことでビジネスの成功確率を高め、結果としては最短で、究極の理想形
のシャイニングスター実現に近づくのだ。

　次に、②非現実の現実化によるバックキャスティングを説明しよう。

シャイニングスターで構想した理想形のソリューションを、ありとあらゆるシーンで実現するためには、壮大なシステムの構築が必要になる。そのなかには、現在の科学技術の水準や社会システムでは、費用対効果がまるで釣り合わないものが存在する。そこで、あるシーンをあえて限定的なものにすることで、現在の科学技術水準や法規制などの社会ルール下でも、費用対効果が釣り合うものにできないかと考えるのだ。

「世界中のありとあらゆるもったいないエネルギーを回収する」といっても、エネルギーには位置や運動エネルギーもあれば、電気や熱、光もある。電波もエネルギーの１つだ。これらをすべて回収するシステムはあまりにも大掛かりなものになり、現実的ではない。多くのエネルギー形態では回収できてもそれを保持することが難しい。例えば、運動エネルギーを保存しようとすると、超伝導を用いた摩擦抵抗がゼロのフライホイールと呼ばれる大規模装置が必要になる。

そこであらゆるエネルギー回収するのではなく、まずは電源スイッチを切った後も流れ続ける待機電力や、冷蔵庫や空調機器からの廃熱の再利用に絞って考えれば、「ありえる」テーマにならないだろうか。このようにシャイニングスター構想の方法（How）や、目的（Why）、対象（What・Who）、場所（Where）、時間（When）のなかで、あまりにも現在の実態からかけ離れており、実現性が低いと考えられるものについては、現実に即した代替的な方法を考えていくのである（図2-22）。

先に説明した花王のヘルシア緑茶で例えれば、それを飲めばたちどころに痩せる「痩せ薬」は現在の科学技術水準では非現実的であり、仮に技術的な実現手段が存在しても、前例のない薬は医薬品医療機器等法の認可を得るのに困難を極めるだろう。

そこで、方法（How）を現実的なものに変化させ、「飲めばたちどころに痩せる」のではなく、「少し苦めのお茶を毎日継続的に飲み続ければ痩せる」とすれば、技術的にも、現在の社会システム、法規制のルールの中でも現実的なテーマとして「ありえる」ものになるだろう。

そして、最後の③商品特性の緩和からのバックキャスティングを説明

図2-22■非現実の現実化によるバックキャスティング

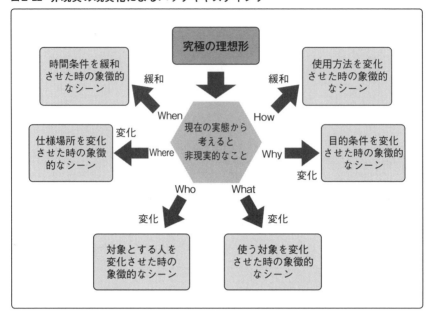

しよう。これは文字通り、商品について、いきなり究極のスペックで開発目標を設定するのではなく、ある部分に関しては割り切ってスペックを下げることで、開発の実現可能性を高めることを考えるものだ。

「世界中のありとあらゆるもったいないエネルギーを回収する」ポータブルの超小型装置を開発目標に設定すると、膨大な開発費と研究期間をかけたとしても、現在の科学からすると実現可能性はかなり低い、ほとんどSFアニメや漫画の秘密道具の世界になってしまう。そこで商品スペックを下げ、いきなり光や電波といった極めて技術的なハードルの高いエネルギーまでは手を出さずに、まずはエネルギーとしてロスが大きく、なおかつ技術的なハードルが比較的低い熱や電気を対象とすることで、努力すれば開発に成功しそうな現実的な線に到達させるのである（図2-23）。

世の中の事例で言えば、ADSL方式によるインターネット通信サービスがある。ADSLとは既設の銅線による固定電話用の回線を使って高速のインターネット通信を実現する技術で、銅線を光ファイバーに置き換

図2-23 ■ 商品特性の緩和からのバックキャスティング

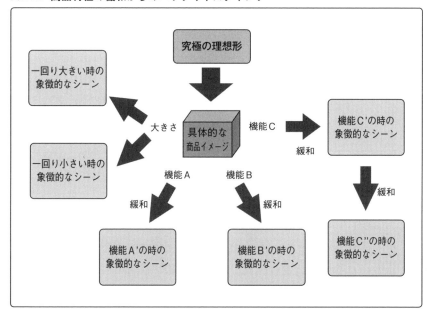

える工事をしなくとも、一般家庭で手軽に高速インターネット通信環境ができるということで、今日のブロードバンド・インターネットの普及に貢献した技術である。このADSLは、高速インターネット通信といっても、ベストエフォートというサービス契約形態を取っている点が特徴で、これは回線の混雑状況によっては通信速度が著しく低下したとしても、その保証は一切行わないということである。このサービス提供のスペックの割り切りがあったからこそ、普及しやすいリーズナブルな価格帯でサービス提供が実現できたといえよう。

　高速通信サービスなのに、高速であることを保証しないサービスは一見すると受け入れがたいようにも思えるが、ADSLが登場した当時は、まだブロードバンド・インターネットの普及黎明期であり、高速通信よりも、常時インターネットに接続していても料金が定額であることが重要であったのだ。

　このように、割り切ってあるスペックを緩和させたとしても、お客様にとっての重要な利便性がそこまで低下することがない項目に着目し、

すべてが完璧なスペックの商品を最初から目指すのではなく、お客様には受け入れられて、開発の成功確率も高まるものに緩和させていくのである。

これら、①市場展開原理からのバックキャスティング、②非現実の現実化によるバックキャスティング、③商品特性の緩和からのバックキャスティングを、1つの方法だけではなく、組み合わせで検討をしながら、お客様にとって「あったらいいな」であり、なおかつ「ありえる」と思えるリアリティをもつテーマにしていくのである。だが、一歩手前といいつつも、実現可能性の高さだけを考えて検討を進めると、際限なく戻ってしまい、当初のシャイニングスター構想からはかけ離れたありふれたテーマに落ちてしまう。ここでバックキャスティングのターゲットとして重要になるのが、自社技術の強みの棚卸し結果である。

≫ よく耕した技術の土壌の上にビジネスの種を蒔いているか、自社の手掛けるべきビジネスとしてのリアリティをチェックする

バックキャスティングをかけていき、現実的な線に落としていくと、実現可能性は確かに高まるが、それゆえに自社でなくとも、どの会社でもやろうと思えばできてしまう新事業開発テーマとなってしまう。それではたとえ確実に儲かる新事業開発テーマであったとしても、こだわりのないテーマとなってしまうだろう。第2章の冒頭で述べたように、新事業開発の目的が効率的に儲けることだけであるならば、リスクの高い新事業開発などに貴重な経営リソースを割くべきではない。それよりも、合理化投資と原価企画活動に注力して、収益基盤を強固なものにすることに経営リソースを投入すべきである。

新事業開発のメリットは、「こだわっているにもかかわらず、なかなかうまくいかない不安」を与えることで、その不安を解消しようと苦闘する過程で組織と人の成長を促すことである。いくら儲かる確率を高めても、それを自社が手掛けることに強いこだわりがもてないテーマを、果たして新事業開発テーマと呼べるのだろうか。

強いこだわりがもてるのは、やはり自社が長年培ってきた技術の土壌

図2-24 ■ 自社の保有技術の強みに向けてバックキャスティングを検討する

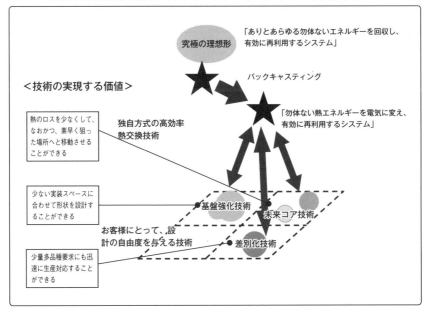

の上に蒔いた種から育つ、新事業の芽ではないだろうか。他社の技術の土壌の上に蒔いた種が、厳しい風雨にさらされてうまく育たなかったとしても、運がなかったと簡単に諦めることができるが、自分の代だけでなく、先達から脈々と受け継がれてきた自社の技術の土壌の上に蒔いた新事業の種を、そう簡単に諦めることができるだろうか。

バックキャスティングで戻ってくるべきターゲットは、自社が長年かけて積み上げてきた技術の土壌であろう。これは、先に説明した技術棚卸しの結果から導いた、新事業開発に適した未来コア技術、もしくはそこに近い位置にある差別化技術、基盤強化技術である（図2-24）。

トレンド分析から導いたシャイニングスター構想、「あらゆるもったいないエネルギーを回収し、有効に再利用するシステム」に対して、自社はエアコン用の熱交換部品を手掛けるBtoBメーカーで、例えば競争優位性も基盤度も高い、未来コア技術として、「熱のロスを少なくして、なおかつ、素早く狙った場所に移動させることができる」技術をもち、既存のお客様の厳しい要求に応え続けることで磨かれてきた「少ない実

装スペースに合わせて形状を設計することができる」設計ノウハウを基盤強化技術として、「少量多品種の生産要求にも迅速に対応できる」生産技術を差別化技術としてもっていたとしよう。

これらの自社の技術の強みに向けて、シャイニングスター構想のバックキャスティングを検討するのである。熱エネルギーのマネジメントには自社は長年のノウハウ・自信があり、市場展開原理と商品特性緩和からのバックキャスティングを組み合わせて検討した結果、一般家庭・個人用のシステムよりも、まずは業務用のもったいない熱エネルギーに着目するほうが、自社の強みを活かしたテーマになりそうである。

また、これまで量産もの・部品ビジネスを展開しており、最終製品を自社で一品受注の大型システムとしてインテグレートし、導入設置から保守運用までのサービス提供も含めて販売するビジネススタイルにはあまりにもなじみがないことから、あらゆる生活シーンにおけるエネルギーの「回収」事業というのは、自社にとってはリアリティに欠ける。

そこで、非現実の現実化のバックキャスティングで、「あらゆる生活シーン」ではなく、「車での移動シーン」に限定したソリューション提供であれば、これまで手掛けてきた量産もの・BtoBの部品ビジネスとも親和性があり、リアリティが出てくる。

このように、技術棚卸しで把握した自社の技術の強みやビジネススタイルに適合した新事業開発テーマを目指して、バックキャスティング法を検討するのである。この検討の際に、重要なことは、最初に想定していた提供価値の方向性にこだわり過ぎないことである。バックキャスティングをかけていくと、複数の価値提供の可能性が検討にあがってくる。当初想定していたお客様・市場ではなく、別のお客様の可能性が浮上することもあるだろう。

当初は、一般家庭向けにもったいないエネルギーの回収・再利用のBtoCの事業を考えていたが、その方向性にこだわっていては、今後いくら精緻に事業計画や開発計画を詰めていったとしても、せっかくのシャイニングスター構想も、自社のやるべきビジネスとしてリアリティは感じられないだろう。シャイニングスター構想を実現する究極の理想形

図2-25 ■ これこそが自社が手掛けるべきビジネステーマと思えるまで検討を重ねる

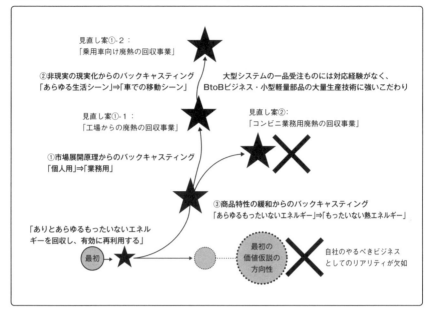

を新事業開発の将来の事業ビジョンとしてもちつつも、いきなりその理想形を目指すのではなく、お客様にとっても、そして自社にとっても「ありえる」と思えるリアリティのあるテーマにしていくのが、バックキャスティング法である（図2-25）。

具体的な世の中の新事業開発の事例で言えば、Amazon.comも1994年に創業した当初はインターネット書店であった。それが今では、世界中の国のライフスタイルを変えてしまい、Amazon.comの業績拡大で影響を受ける小売関連銘柄をまとめた「デス・バイ・アマゾン（Death by Amazon）」という株式指標まで登場している。また得意としてきたBtoCビジネスだけではなく、クラウドサービスでBtoBビジネスにも進出し、法人企業のビジネススタイルにも影響を及ぼすようになった。情報も流通基盤を必要とするものであり、日常生活における本や生活用品と同様に、企業活動においては、社内の業務に必要な情報をいかに円滑に社内流通させるかが、業務効率を左右する。

「ありとあらゆるものをインターネットで流通させる」究極の理想形

を事業ビジョンとしてもち続ける一方で、1994年当時はインターネットベンチャーが乱立し、情報流通基盤では大手のIT企業が先行するなかで、まずはBtoCのネット書店という現実的ビジネスから展開したことが、新事業の成功確率を高めたポイントであろう。だが、Amazon.comが単なるネット書店で終わらなかったのは、そこで得た事業利益を内部留保することなく、究極の理想形の実現のための先行投資にまわし続け、決してその歩みを止めなかった点であろう。

　このようにバックキャスティング法は、シャイニングスター構想を否定するものではない。バックキャスティングをしていった結果、単なるネット書店で終わってしまうとすれば、これまでの手間のかかる検討プロセスを経る必要もないだろう。シャイニングスター構想から導いた究極の理想形のソリューションは、新事業開発における起業のビジョンとしてもち続けておくことが重要である。ただし、理想だけで現実が伴わないとビジネスの成功確率は極めて低くなるため、究極の理想形から逆算して演繹的に戻って考えることで、まずはリアリティのあるビジネスをターゲットとするのである。

section 4

社内/社外の異分野からの技術的な新発想で「ひとひねり」し、オンリーワンの技術・新製品とする

　技術ポートフォリオマップ上で、未来コア技術とその周辺の技術群に向けてバックキャスティングをかけていくことで、自社が現在保有する技術を活かした差別化ができて、基盤度も高い、すなわち開発スピードが速い新事業テーマになる。だが、ここでどうしても気になるのが、リアリティはあるものの、究極の理想形からするとどうにも凡庸なテーマになってしまうという点である。

　技術ポートフォリオマップはあくまで自社の保有技術の立ち位置を評価しており、自社のなかで比較したときに相対的に新事業開発に適した技術群を把握するものだ。

　つまり対象とする市場の潜在的な競合企業の保有技術と比較して、ベンチマーキングをしているものではないため、事業として本当に自社に競争優位性があるのか、差別化要素があるのかという観点では評価を行っていない。そのため、新事業開発を進めていくと、そこにビジネスが存在することに他社も気が付き、後発で参入してきた企業に市場シェアを奪われてしまうといった事業リスクを否定できない。

　そこで、リアリティある新事業開発テーマに、技術的な「ひとひねり」を加えることで、競合他社の後発での参入を困難なものとし、先行者メリットを長い期間維持できるようにすることが重要になる。この「ひとひねり」を加える方法論について、これから解説しよう。

≫ 技術新方式の導入による「ひとひねり」が、自社ならではの事業価値 を磐石にする

　筋のよい新事業開発テーマの企画は、起承転結のストーリーとして語ることができる（図2-26）。ここで言う「起」とは、どのようなトレンド感を起点としてビジネスを企画したのか、その契機のことである。「承」とはトレンドが加速した際に生じるお客様の未充足、つまり着目した潜在的ニーズのことである。そして「転」とは、潜在ニーズを満たす手段・技術について、従来の常識を覆し、驚きを与える斬新な視点である。最後の「結」とは、ソリューション提供を実現する商品（製品、及びサービス）の具体的なイメージである。

　著者もこれまで多くの新事業開発のテーマ企画の支援を行ってきたが、経営陣に実行承認をいただける筋のよいテーマ企画は、すべて起承転結で物語として語ることができている。逆に、筋の悪い新事業開発の企画テーマとは、起→承→転→結ではなく、起→承→結となっており、「転」を語ることができていないのだ。やはり筋のよいテーマ企画とは、企画内容のプレゼンテーションを聞いていて、途中で「なるほど」と膝を打つポイントが最低でも1つは存在している。

　抽象的なステップ論ではわかりにくいため、ここでも具体的な検討イメージで説明を進める。シャイニングスター構想「あらゆるもったいないエネルギーを回収し、有効に再利用するシステム」から、バックキャスティング法により、部品メーカーである自社にとってリアリティがあり、強みの技術に立脚してこだわりをもつことができる新事業開発テーマとして「乗用車・モビリティにおけるこれまで捨ててきたもったいない熱エネルギーを回収し、有効に再利用する事業」を設定したとしよう。

　この新事業開発テーマは、起承転結のストーリーで語ることができるだろうか。まず、「起」は、モノの廃棄だけではなく、エネルギーの廃棄にも着目する価値観が広がるとトレンドを洞察した。「承」は、ますます世界的にも省エネ化・環境規制強化が進む乗用車において、これまで捨ててきたもったいない熱エネルギーを回収・有効再利用する仕組み

図2-26■起承転結のストーリーとは

視点	内容
【起】	市場・お客様のどのようなトレンド（今後の価値観の転換）に着目し、ビジネス構想を検討するに至ったのか、ビジネス検討に至るまでの背景
【承】	トレンドが加速した際に、どのようなお客様の悩み事が存在すると考えたのか、また、今現在はそのニーズが潜在化している要因とは何か
【転】	潜在ニーズを満たす手段・アプローチに、従来のやり方とは異なる新しい着眼点、もしくは、自社の強み発揮による独創性があるか
【結】	ソリューション案（具体的な商品案、及びビジネスモデル）

図2-27■新事業開発の企画内容を起承転結で改めて整理をしてみる

視点	内容
【起】	モノの廃棄だけではなく、エネルギーの廃棄にも着目する価値観が広がる
【承】	ますます省エネ化が進むモビリティ分野では、回生エネルギーに着目したシステムが普及しているが、廃熱を真に有効的に再利用するシステムはまだ普及しておらず、潜在ニーズがあると考えた
【転】	**（現状、何もない。実現スペックの差はあるが、オーソドックスなやり方）**
【結】	自社の高効率熱回収技術を応用し、これまで車外に捨ててきたもったいない熱エネルギーをすべて回収するソリューション

はニーズがあると考えた。そこで、自社の強み技術・未来コアである「熱のロスを少なくして、なおかつ、素早く狙った場所へと移動させることができる」熱回収の技術・ノウハウを応用して、これまで乗用車内から外気に逃げてしまっていたもったいない熱エネルギーを効率的に回収する目処が付いたとする。

　すると、これまで廃熱利用は燃費悪化とのトレードオフであると諦めてきたお客様に対し、夏場・冬場の環境条件に燃費が左右されないカーエアコンといった本質的な省エネ化を実現する廃熱利用ソリューションを実現できる目処が立った。

　一見すると、確かにストーリーは成り立っているが、起→承→結で、転が存在していないため、ストーリーとして聞いていてもあまり面白くない。手堅く製品化はできそうであるが、同時に他社でも同様のソリューション提供を実現できそうである。競合もこのソリューションが費用対効果の面でビジネスとして成立することに後から気が付けば、特許により技術的なスペック面では先行して開発したことによる多少の優位性を維持できたとしても、価値提供の内容としてはほぼ同じものを実現され、キャッチアップをされてしまうという懸念を払拭できない。

　あらためて起承転結のストーリーで整理してみると、「転」の要素がない新事業開発テーマは、仮に技術開発には成功したとしても、事業としての成功確率は低くなりそうだ。やはり、ロスが極めて少ない高効率の熱回収という、誰にでも普通に思い付くオーソドックスな実現手段・技術にもう「ひとひねり」を加えて、これまでになかった新しい技術方式で、容易に競合がキャッチアップできない事業価値提供を考えたいところだ。

　それでは、もう「ひとひねり」をいかに検討すればいいのか、新事業開発のテーマ企画のストーリーに「転」の要素を加える方法について、次に説明をしていこう。

≫ 技術新方式の創出には、科学原理に立ち返り、異なる技術分野の発想を導入する

　検討イメージの新事業開発テーマで重要な技術となる、熱のマネジメ

ントに詳しい専門家であればあるほどに、その技術分野の最も合理的である技術・手段をすぐに導くことができる。だが、ここで気を付けなければならないのが、最も合理的な手段は、他社の専門家が考えたとしても結局は同じやり方・技術方式に行き着く可能性も高いという点だ。熱マネジメントの技術分野でこれまでに蓄積されてきたノウハウや手順に従い、技術課題をブレイクダウンしながら、個々の課題の解決策を探っていくやり方では、どこまで行っても、他とは違う斬新な視点による「ひとひねり」は見出せそうにない。

　そこで、対象とする技術分野とは異なる分野での技術的な発想を取り入れることを考えるのである。既存の技術方式をブレイクダウンしていきながら、要素と要素の間にあるトレードオフ関係や物理的な限界点、つまり技術課題を発見し、その解決策を考えていくやり方。これでは、その技術方式が本来もっている科学的な物理法則の限界を越えることは決してできない。限界点を越えるために、サブシステムを追加して補助するやり方もあるが、それはコストアップに繋がり、高性能ではあるがその分、高価なシステムとなる。「高くて、いいもの」は「安くて、そこそこのもの」との住み分けであり、真の意味での差別化とは異なる。真に差別化を図るべく、既知の技術方式がもつ物理法則の限界を超えるためには、そもそも新しい技術方式を生み出すしかない。

　抽象的な話ではわかりにくいので、実際の開発事例でなぞらえてみよう。シャープが2004年に発売した家庭用オーブンレンジ製品で「ヘルシオ」というものがある。その当時、家庭用オーブンレンジの国内市場規模は全体で年間３万台程度であったなかで、年間７万台を売り上げる異例の大ヒットとなった製品であり、今もなお売れ続けているロングセラーである。この製品のヒットの要因を、起承転結で整理してみよう。

　まず起であるが、ユーザーの健康意識の高まりのトレンドに着目し、承では、健康的な食生活を送りたいと考えるが、ますます忙しくなり家事に多くの時間を取ることができないという諦めに着目して、レンジで調理を簡単にしつつも、健康な食生活を送ることができる「環境健康家

電」という潜在ニーズを喚起することを考えた。そこで、いきなり結として、従来からの技術方式であるマイクロ波加熱によるオーブンレンジにサブシステムを追加することで、健康機能を付与する、とはしなかった点が、ヘルシオの筋のよさである。当時のオーブンレンジは、マイクロ波で食材内部を加熱したうえで、表面は赤外線ヒーターで焼く方式が主流であった。それに対しシャープは、転・「ひとひねり」として、従来のマイクロ波加熱方式とは異なる、過熱水蒸気方式を開発したのだ。

　過熱水蒸気とは、飽和水蒸気をさらに加熱した熱放射性のガスのことで、これで焼くと、凝縮伝熱、対流伝熱、輻射熱のエネルギーをもつため、従来のマイクロ波をあてる方式よりも、より高い熱量で食材を焼き上げることができるというものだ。このオーブンとしての基本性能である焼き上がりのよさに加えて、食材に含まれる余計な脂や塩分を落とすこと、さらには食材のもつビタミンC等の栄養素を保持できるといった、新しい付加価値を生み出した。まさに美味しいだけではなく、減塩・減脂をしつつ栄養も保持したヘルシーさも同時に実現する独自の新価値を創出したことが、ヒットの決め手であったのではないだろうか。

　既知の技術方式であるマイクロ波加熱方式で、より高性能で健康に貢献するレンジを開発すべく、要素へとブレイクダウンしていくと、マイクロ波加熱の専門家であれば、例えば技術課題の1つとしてマイクロ波の発生源であるマグネトロンを、より高性能なものにする必要性にすぐに気が付く。そこで課題解決策として、例えば最先端技術であるGaN（ガリウムナイトライド）増幅器を付けることで大幅に出力と効率向上図る開発方針にしたとする。先行技術開発に成功し、競合他社よりもいち早く製品化できたとしても、高価な素材を用いたことで、従来製品よりもはるかに高価なものになるだろう。これで果たして、ヘルシオのような大ヒット商品になるのだろうか。

　過熱水蒸気で焼き上げる技術は、家庭用のオーブンレンジの世界では新技術方式であったが、他の技術分野においては珍しい技術ではなかった。1912年から技術文献が存在したとされ、環境浄化の技術分野では業務用で有機性廃棄物の殺菌や乾燥、炭化といった後処理ですでに実用

図2-28 ■ 異なる技術分野の技術的発想を導入することが「ひとひねり」のポイント

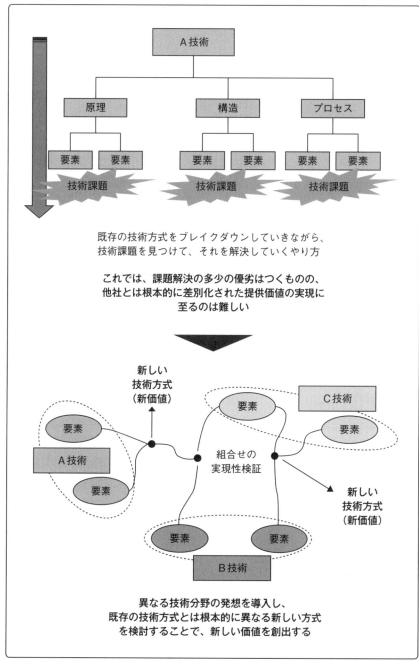

化されていたものだ。マイクロ波加熱の技術分野とはまったく異なる技術分野である、環境浄化の技術分野の発想を導入することで、新技術方式を生み出したのである。その結果、起→承→結のストーリーに転の要素、「ひとひねり」が加わり、ヘルシオは大ヒット商品となった。

　このように、既知の技術方式のなかで開発努力をすることを考えるのではなく、異なる技術分野からの技術的な発想を取り入れ、その分野にとっては新しい技術方式を開発することを考えるのである（図2-28）。

　その際、気を付けなければならないのが、異なる技術分野の発想は、必ずしも最先端の研究成果とは限らない点だ。最先端を追求するのであればGaN増幅器の方が過熱水蒸気よりも、その当時からすれば時代の相当先をいく技術であろう。むしろ、真の差別化に繋がる発想のもととなる技術は、異なる技術分野においてはかなりの昔から当たり前に使われてきた、枯れた技術であることのほうが多いのだ。

　シャープのヘルシオの開発例になぞらえて、異なる分野の技術的発想の導入こそが、「ひとひねり」に繋がることを説明してきたが、近年の事例で言えば、AI（人工知能）開発におけるディープラーニング、機械学習の新技術方式にも、異なる技術分野の発想の導入が見て取れる。AIの性能を競う画像認識の世界的な大会で、従来の技術方式のなかで世界の名だたる研究機関、大学が、AIの機械学習の性能向上に取り組んでいても、それはコンマ数％差での学習精度の開発競争であった。ところが、2012年にジェフリー・ヒントン教授率いるトロント大学が初参加したところ、10％台といった桁違いの性能差をつけてトップとなった（注4）。

　これは、従来までは機械学習といっても対象物の特徴をどのように表現するかについては、人間が長年の経験・ノウハウによる職人技でチューニングをしてきたのに対し、トロント大学の開発AIは対象物の特徴の表現方法を機械が自ら取得するという、新しい技術方式を考案したことが要因である。詳しい説明は割愛するが、このディープラーニングと呼ばれる新技術方式には、昔から製品設計や工場の品質管理で使われてきた品質工学・ロバスト設計（タグチ流実験計画法、タグチメソッドと

も言われる）や、商品企画・マーケティングリサーチの分野では当たり前のように使われている主成分分析といった、統計的数理処理の技術的な発想が用いられているのだ。

この考え方がAI開発・画像認識の分野に応用されていることが、トロント大学、ジェフリー教授らの研究開発成果を画期的なものにしているのだが、数理統計をやってきている人であれば、ディープラーニングの技術的な内容を聞けば、昔から存在していた考え方・数理計算のアルゴリズムであることはすぐに気が付くことであろう。このように、最先端の技術的ブレイクスルーのヒントは、意外と少し分野の違うところでは昔から使われてきた、一般的な考え方に存在していることが多い。異分野の技術を探索するといっても、いたずらに最先端に目を奪われることなく、探索を行っていただきたい。

≫ 技術的な新発想の検討ステップ

では、この異分野からの技術的発想を導入し、新しい技術方式を検討する、具体的な方法について説明しよう。

まず問題になるのが、異分野の技術といっても、それが無数に存在していることだ。最先端の技術であれば、ある程度は絞り込んで探索することもできるが、先に説明したように、「ひとひねり」を加えるヒントになる技術は、むしろ成熟したレガシー技術であることが多い。そうなるとこれまで人類が積み上げてきたすべての技術がその探索の対象となり、あてもなくしらみ潰しで有望な技術シーズを調査することなどは物理的にほぼ不可能である。

そこで、最初にやらなければならないのは、ヒントにすべき技術をどのようなキーワードで情報検索していくべきか、技術探索の方針を決定することだ。その探索方針は、既存の主流となっている技術方式の発展経緯を調べることで見えてくる。

そのうえで、原理、構造、プロセスの観点から、その技術方式の延長線上である以上、どこがブレイクスルーの限界点となるのかを把握するのだ。ブレイクスルーの限界点が見えてくれば、そこを回避するために

必要なキーワードを論理的に考えることができる（図2-29）。

　ここでも、先のシャープのオーブンレンジ開発の事例でなぞらえてみよう。ヘルシオの開発当時、主流の技術方式は、対象物の内部から加熱を行うマイクロ波加熱方式であった。この技術方式を単純に説明すると、物質中にはマイクロ波をあてると高速で振動するものがあり、それがお互いに内部で擦れあうことで摩擦熱を生じるのである。その代表例が水分子であり、電子レンジで加熱したい食材には必ず含まれている。だが、電子レンジをかけても容器はそこまで熱くならないのは、容器にはマイクロ波をあてても振動する物質が存在せず、食材の熱が伝わる以外には加熱されていないためである。

　このマイクロ波加熱は、もともと軍事用のレーダー開発の副産物として発見されたとされている。高性能のレーダーを開発しようと、マイクロ波を使って実験を重ねていたところ、物質を温めることができることもわかり、1954年にアメリカでその名も「Rader Range」という商品が発売された。その後、1962年に日本では鉄道の食堂車両の業務用で商用化された。このように、そもそも軍事用のレーダー開発の目的で生み出された技術であることをまず知るのだ。軍事用機器の開発は世界No.1でなければ意味がない。他のどの国よりも、高性能であることが求められる。

　この点を頭に入れつつ、原理、構造、プロセスの観点から、この技術方式の限界点を考えていこう（図2-30）。まず技術原理に依存するトレードオフの存在である。加熱原理は輻射である。電気的な偏りをもつ分子が、ある波長の電磁波をあてると振動する。その振動により分子同士が擦れ合うことによって摩擦熱を発生させて加熱するのだ。より効率的に加熱しようとすると、より激しい振動を与える電波をあてる必要がある。やや専門的な説明になりすぎるので、詳しい解説は割愛するが、そのような電磁波は、干渉しやすい波であり、取り扱う際には安全性もより気を遣わなければならなくなる。

　つまり、より高効率にすればするほどに、安全性確保のための細心の

図2-29 ■ 異分野の技術的発想導入の思考段取り

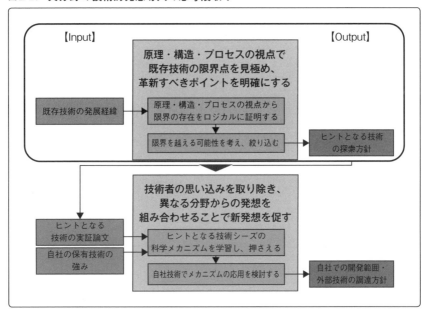

図2-30 ■ 技術の発展経緯を学習したうえで、原理、構造、プロセスの観点で限界を知る

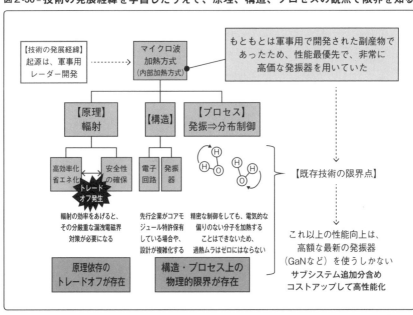

措置が必要になる。これは輻射という技術原理に依存するトレードオフ関係である。軍事用であれば、取り扱いを間違ってはいけない強力な電磁波を用いる装置であっても訓練されたプロが使用するが、民生品では、子供から高齢者まで誰でも操作できるため、安全性の確保が何よりも最優先される。家庭用レンジで、大幅なコストアップなしに基本性能を激的に向上させるためには、電磁波による輻射熱の原理以外の加熱原理も調査する必要がありそうだ。

　次に、構造であるが、電波を制御するための電子回路と、欲しい電波を生成する発振器というモジュールが必須になる。先行企業は当然、知財やノウハウをブラックボックス化し、競争優位性を確保している。そのようななかで自社だけが競合を圧倒的に引き離す差別化要素を開発できる可能性は極めて低そうである。それどころか、マイクロ波加熱である以上は、この基本構造は変えようがなく、先行企業に多額のライセンス料を払わなければならないケースも出てくる。新事業開発では、事業計画の実行段階になって、ライセンス料が大きなボトルネックになることがよく起こる。

　最後に、プロセスであるが、発振器で電波を生成し、そのあとに電波の分布制御を行う。厄介なことに、一度生成してしまった電波を途中で別の電波に変えるという制御はできない。つまり、最初から狙った空間に分布するような電波を生成するというプロセスではないのだ。ここも専門的な詳細は割愛するが、加熱していくと、対象物がある部分だけがマイクロ波を通しやすくなるといった状態に変化してしまう。だが、対象の状態が変化していることがわかっても、途中で別の電波に変えることができないため、部分的に加熱し過ぎるということが起こる。電子レンジで加熱ムラ防止のために受け皿を回転させる、もしくは高級レンジだと熱対流や熱伝導を利用して加熱ムラをなくす工夫はしているが、冷凍食品などの対象物の種類によっては、どうしても加熱ムラができやすいものがあるのは、この加熱プロセスのためである。

　このように、その技術の開発経緯を押さえたうえで、原理、構造、プ

ロセスの観点でブレイクスルーの限界点を見ていく。すると、その技術方式の改善・改良を進めても、行き着く先は技術の横並び化・コモディティ化であることが見えてくるのだ。

まず電磁波を照射することによる輻射の原理であるが、家庭用電子レンジは小さい子供からお年寄りまで、日常的に頻繁に使うものである。それを考えると、マイクロ波ではなく、より安全で、なおかつ日常生活で容易に入手できるものを用いて加熱する技術がないかだろうかと考えていくと、合理的に思い付くものの1つに水がある。水、ないしは水蒸気を用いた加熱、それも輻射原理だけではなく、対流伝達や熱伝導といった加熱原理、これらを技術探索の検索キーワードにする価値がありそうだ。

また構造の観点からも、安価なマグネトロン発振器をやめてより高性能なGaN発振器にすれば、確実に性能はあがるが、最先端デバイスは当然、技術特許も先行開発企業にほとんど抑えられており、材料費も高額になることが多い。普及品ではないため製造コストは性能の二の次となる軍事用装置の開発とは異なり、民生品では基本的性能の向上だけでは販売価格アップは望めないだろう。

加熱プロセスの観点からも、コストアップ覚悟で回転機構や機能性材料などのサブシステムを追加して欠点を緩和することはできるが、対象物の種類により、どうしても温度ムラが生じるといった根本的な問題は解決できない。すると電磁波を発振してから分布制御というプロセス以外の、効率的な加熱プロセス、まずは高い熱量をもつものを生成する、そしてその高い熱量をもったものを、加熱したいところにあてるような技術を調べると、発振器の性能競争や知財回避、サブシステム追加によるコストアップといったジレンマからは解放されそうである。

このように技術探索のためのキーワードを絞り込んで、ヒントとなる技術探索の方針を決めていくのだ。探索対象は、先端技術だけではなく、昔からある技術も含めることになるが、情報検索するための観点が絞り込めれば、入手情報は限定的になり、協業すべき相手も絞り込むことができるであろう。

≫ 技術的発想の導入には、科学原理に立ち返る必要がある

　このようにしてヒントとなる技術シーズが見つかったとして、それを
これまでは適用されたことがなかった分野に応用して適用するためには、
気を付けなければならない点がある。それは、技術者自身の思い込みの
存在である。これを乗り越えない限り、新しい技術方式を実現すること
はできない。

　これがどういうことなのか、シャープのヘルシオ開発の事例で引き続
き、なぞらえてみよう。高温にした水蒸気を用いて、有機物を殺菌や乾
燥、炭化する技術は、環境浄化分野や水産加工品の殺菌工程といった業
務用においては昔から実用化されていた。だが、過熱水蒸気加熱という
技術シーズ自体は目新しいものではなくとも、これを家庭用のオーブン
レンジに適用するのは初めてとなる。

　過熱水蒸気加熱を家電製品に適用しようとする場合、最初の壁となる
のが、装置の大きさの問題だ。食品工場や業務用の大きな厨房では、あ
る程度、大きな装置になっても設置スペースは確保できる。だが、家庭
用電子レンジは、日本の住宅事情を考えれば、すでにあるマイクロ波加
熱方式のコンパクトな電子レンジと同程度にしなければならない。

　また、省スペース化とも関連して、一般家庭の電源はほとんど100V
であるため、家電製品で利用できる電力の上限は1500W程度になり、
これでは十分な量の過熱水蒸気を生成することができず、レンジ内を加
熱水蒸気で満たすことができなくなるのだ。工場や大型商業施設であれ
ば200V等の高い電圧がきているところがあるが、わざわざ電子レンジ
を購入するためだけに、一般家庭が電気工事をして200V契約をしなけ
ればならないとしたら、これは到底商品にはならないだろう。

　つまり、「業務用で過熱水蒸気が使われているのは知っているが、家
庭用の100V電源ではその技術方式は適用できない」と、開発者が思い
込んでしまうと、そこで話は終わってしまうのだ。それでは、せっかく
のヒントになる技術シーズを見付けることができたとしても、業界初の
過熱水蒸気でおいしく焼きあげる家庭用オーブンレンジというブレイク

138

図2-31 ■ いかに技術者の思い込みを取り除くかがポイント

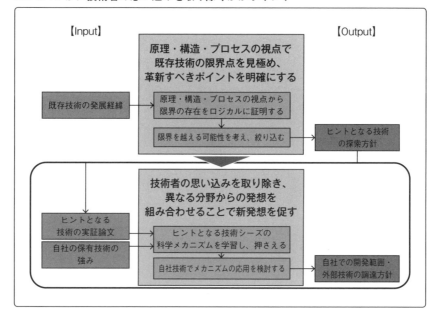

クスルーは生まれなかっただろう。

　ここで重要になるのが、ヒントとなる技術シーズの科学的な原理を押さえることである（図2-31）。過熱水蒸気によって食材がカリッとして焼きあがるのは、潜熱変化と顕熱変化という、極めて基本的な科学原理の組み合わせである。顕熱変化というのは、物体が氷（固体）から水（液体）、水から水蒸気（気体）といったように、状態が変化する際に温度変化を伴う変化のことを言う。潜熱変化はその逆で、温度変化を伴わずに状態が変化することを言う。

　300℃以上の十分に高温になった水蒸気（気体）が、食材（固体）に触れると、顕熱変化でもっていた高い熱量を伝えて固体の温度が上がる。一方で、食材に含まれる水分（液体）は、潜熱変化で水蒸気（気体）となり、余計な脂分・塩分を一緒に吸い出すようにして食材から放出される。水で焼くというと、水分でベタベタになりそうな印象を受けるが、この原理で、表面はカリッと乾燥しつつ、しっかりと焼きあげることができて、なおかつ、余計な脂や塩分を減らすことができるのだ。

この科学原理からすると、高い熱量をもつ媒体（過熱水蒸気）が、対象にあたって、熱量の移動が起こればよいことになる。すると、何もレンジ庫内を「充満」させるだけの大量の過熱水蒸気を生成させなくとも、必要十分な量を生成し、それを食材に「吹き付ける」ことができれば焼き上げることができることに気が付きやすくなるであろう。ヘルシオが画期的であったのは、昔から業務用では使われてきた過熱水蒸気という方式を、「業務用の大電力であればともかく、家庭用のわずか100V電源環境下ではとても使えない」という、その道のプロの技術者であるがゆえに陥りがちな思い込みを打破し、家庭用100V電源で実用化した点にあると言えるだろう。

　実際にヘルシオの特許は、この「効率的に過熱水蒸気を吹き付ける」ファン機構で多く出されている。ヘルシオの大ヒット以降は競合他社がキャッチアップしたことで、オーブンレンジと言えば過熱水蒸気の加熱方式がスタンダートになっているが、赤外線ヒーター等による補助を用いずに過熱水蒸気だけで焼きあげているのはシャープだけである。

　シャープの事例でなぞらえてきたが、新しい技術方式の開発成功には、単純に従来とは異なる視点の技術シーズを見つけるだけではなく、その応用適用において、技術者が陥りがちな思い込みの打破が行われていることが多い。過熱水蒸気の潜熱・顕熱変化の制御には、気圧変化も考慮に入れながら、かなり複雑な計算に基づく詳細な製品設計が必要になる。だが、詳細設計の前に、構想設計段階で「充満させる」のではなく、「吹き付ける」構想を導かなければ、詳細設計をいくらがんばっても、その先に製品としては成立しなかったであろう。まずは、複雑な制御の理論を押さえる前に、シンプルな科学原理である潜熱・顕熱変化をふまえて、異なる技術分野のヒントを現実的に導入可能とする構想設計を行うのである（図2-32）。

　先に説明したAI開発におけるディープラーニングの新技術方式開発においても、それは見出すことができる。ディープラーニングは、その

図2-32 ■ 科学原理に戻り、本質から構想設計を行う

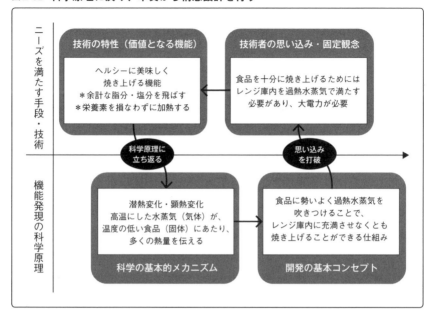

名の通り深層学習と呼ばれるようにインプットからアウトプットに至る中間の学習プロセスを何層にも重ねて深く繰り返すことを最大の特徴としている。技術の専門的な解説はここでは割愛させていただくが、「何層にも深く繰り返しても、結局AIの学習精度はいっこうに上がらない」というのが、AI開発における長年の思い込みとして存在していた。この思い込みを打破するためには、人間の脳の構造をいかにプログラム上で記述するかといった詳細設計時の複雑なアルゴリズムを研究開発する前に、そもそも「学習」とは何をすることなのかというシンプルな科学原理を押さえておかなければならない。学習は「予測して答えを出し、答え合わせをすることで、自分なりの世界の認識方法をつかんでいく」ということであり、これを繰り返すことで徐々にこの世界に対する認識が広がり、精度も上がっていく。

　哲学的な言い回しになってしまうので、学生時代を思い出してテスト勉強を例に取ろう。テストとは、よい点を取るためにではなく、自分がどこで間違っていたかに気が付くためにするものだ。すでに自分が正解

の出し方がわかっている問題に対し、正解を答案用紙に書き込むのは「作業」であって、「学習」ではない。あらかじめ決められた正解を丸暗記する能力は、社会に出ても実務の課題解決にはあまり役に立たない。つまり高度な学習のためには、正解の詰め込みではなく、時として間違うことが必須であるということだ。

　ディープラーニングが、これまでの技術者の思い込みであった「何層にも深く繰り返しても、結局AIの学習精度はいっこうに上がらない」を打破できたのは、このシンプルな原理を押さえて、学習過程にノイズを意図的に加える仕組みを入れたことにある。これにより、わかりやすく例えるならば、これまでの機械学習が本質的な学習ができない生徒（機械）に対して、ものすごく優秀な教師（人間・AI研究者）が、丸暗記でも社会に出てもそれなりに通用する人を育てようと手取り足取り教え込む努力をしてきたのに対し、ディープラーニングは生徒に失敗もさせながら試行錯誤で自ら考えさせて、教師は「あなたのその考え方で合ってるよ」とだけ最後に一言だけ教えてあげるやり方に変えたのだ。

　他にもワイヤレス（非接触）の電力給電システムにおける磁界共鳴方式の新技術方式の開発など、「ひとひねり」には必ず、技術者の思い込みの打破が見て取れる。難しい応用や詳細設計に走る前に、シンプルな科学原理に立ち戻り、構想設計を行うプロセスを経ていただきたい。

≫「ひとひねり」の検討イメージ

　わかりやすく伝えるために、世の中の開発事例で例えて説明してきたが、実際にこの「ひとひねり」をやってみよう。検討イメージとして、「乗用車・モビリティにおける、これまで捨ててきたもったいない熱エネルギーを回収し、有効に再利用する事業」のソリューション提供の実現手段・技術を考えてみる。その際に、「ひとひねり」をせずにストレートに「起→承→結」と解を求めれば、従来からある熱交換や断熱性の性能向上となるであろう。

　確かに、熱交換器の効率を極限まで高め、例えばカーエアコンにおける廃熱利用は燃費悪化とのトレードオフ関係というお客様の「諦め」を

覆すことができれば、ソリューション提供としては成り立つ。だが、競合他社もこれがビジネスとして成り立つことに気が付けば当然キャッチアップをしてくる。ビジネスモデルを含めて、後発からのキャッチアップが困難なルールを構築するためにも、やはり「起→承→結」ではなく、「起→承→転→結」として、「ひとひねり」を考えたいところだ。

　車内の断熱性能を高めて、伝熱面積を増やす等の開発努力により熱交換器の効率を極限まで高めたとしても、熱交換の原理を用いている以上は、夏場の暑い日等で外気温が高くなると外換気では冷房が効かないというプロセスの限界点がある。従来までの「熱交換」や「断熱」以外に着眼する必要がありそうだ。

　目的は、これまで捨ててきたもったいない熱エネルギーを有効に再利用することである。車内の熱と外気とを「交換」する、また得られた内部の熱をできるだけ逃がさないように「断熱」するのではなく、使い勝手のいい電気に「変換」することも、有効な再利用方法である。

　「ひとひねり」のヒントとなる技術の探索方針として、熱を電気に「変換」する技術シーズを調査してみると面白そうである。この探索方針・キーワードが絞り込めれば、調査すると、熱を電気に変換する熱電変換素子という技術シーズがあることがすぐにわかるだろう。この技術シーズの発想を導入し、従来は車内と外気との温度差が大きいほど燃費が落ちてしまうというのがカーエアコンの常識であったものが、転・ひとひねりとして、「車内と外気との温度差が大きいほど省電力になり、燃費悪化もしない」ソリューションとしてはどうだろうか。

　このように、シャイニングスター構想と技術棚卸し結果からの自社技術の強みでストレートに商品案にするのではなく、そこに異なる技術分野からの発想を導入し、「ひとひねり」を加えたソリューションにすることが重要になるのだ。第3章以降で説明する事業計画をつくるためにも、「ひとひねり」による真の差別化要素という武器があることで、事業戦略の選択肢が一気に広がることがある。

注4：松尾豊，『人工知能は人間を超えるか』，2015

お客様の「あったらいいな」を共創する顧客価値検証法

section **5**

　ここまで、起承転結のストーリーが通った新事業開発テーマの企画立案の進め方を説明してきた。いくら入念に検討したテーマであっても、自社内の机上検討であるため、公開情報を中心にお客様の「あったらいいな」の仮説をつくっていくことになる。だが、こうした公開情報はお客様の個別の事情まで深く踏み込んで公開されているケースは少なく、よかれと思い検討しても、自社の「思い込み」である可能性がある。

　そこで、お客様へのヒアリングを通して、真にお客様が求めるものにベクトルを合わせる、顧客価値検証の進め方について述べていこう。

≫ 机上検討ではなく、有識者に教えを請い足で情報を稼ぐことの重要性

　新しいお客様・市場をターゲットとする場合、まずはインターネット上の情報や、少し踏み込んだ体系的な情報となると各調査会社が出版している市場調査レポートや政府や公的団体の白書を参照しながら基礎知識を習得し、業界で実際に起こっていることや顕在化しているニーズ動向を把握することになる。そこから、トレンド分析やお客様の諦めの要因分析を行い、お客様にとっての「あったらいいな」・シャイニングスター構想を検討するが、これらの検討はすべて推察であり、仮説である。つまり、お客様の困り事を解決すると思い、「よかれ」と思い検討していても、それが自社の思い込みである可能性は否定できない。

　そこで、仮説を検証し、必要に応じて提供ソリューションを見直す、顧客価値検証のプロセスが重要になる（図2-33）。顧客価値検証では、机上検討ではなく、社外に積極的に出ていき、お客様を訪問して自社の

図2-33 ■ 顧客価値検証の位置付け

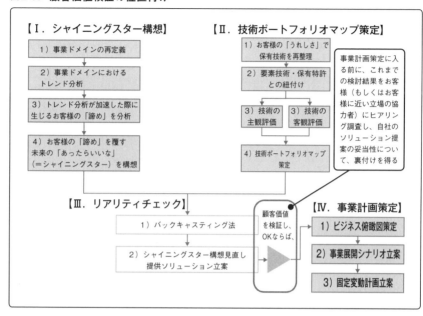

仮説を説明して、意見を伺うことが理想だ。新しいお客様にコンタクトする手段がなく、お客様に訪問アポイントを取ることが難しい場合は、お客様にできるだけ近い位置にいる、業界に詳しい有識者にまずはヒアリングを行い、仮説検証を部分的に実施すると同時に、お客様へのコンタクトのルートを開拓するとよい。

著者が支援したある企業では、公設の消防署向けの安心・安全な救命救急ソリューション提供の妥当性を検証したかったが、これまで公設消防向けのビジネスを展開したことがなく、直接アポイントを取り、訪問することは難しかった。そこで、自社の工場の自警消防団の指導に来てもらっている消防署OBで、消防学校教官であった方を訪問ヒアリングすることにした。こうした有識者に対し、実際に足を運び、自分達の考えてきたことを対面で説明し、ご意見を伺うと、消防という特殊な世界において、業界の外にいる素人が考えても、なかなか知りえなかったことや、業界固有の悩みを教えていただけることがある。初回訪問では、「よかれ」と思い考えたソリューションが、有識者の見解を聞いてみる

と、アメリカと日本との消防隊員の安全確保の考え方が根本的に異なることから、少なくとも日本国内では受け入れられることはないことが判明した。顧客価値だと思っていたことが、国内市場においては価値とは言えないものだったのだ。この貴重な情報・ご意見を持ち帰り、仮説を修正したうえで、ソリューション提供を見直して、再度訪問ヒアリングをしたところ、今度は「これがまさに日本の消防署が求めているソリューションである」と言っていただき、元消防署OBとしての人脈から、現役の消防署関係者をご紹介いただけることとなった。

　別の企業では、海洋インフラに関する情報通信ソリューション提供を考えていた際に、これまで陸・空のインフラ提供しか経験がなく、海関係はまったくといっていいほど、ツテがなかった。そこで、まずは大学教授の書いた技術論文を調査し、自社が検討した同様のトレンド仮説と、そこで生じる未充足ニーズを課題として捉えている海洋学の先生を見つけ出した。その先生の理論を実現すべく、ものづくりの立場から意見交換をさせていただきたいとの申し出を行った。訪問当初は、あまりにも海洋の特殊な事情を知らなかったため、厳しい指摘も多くいただいたが、それらの指摘を再検討し、何度か研究室を訪問するうちに、先生が共同研究をされている企業で、もともと自社がお客様と想定していた企業にご紹介いただけることとなったのだ。

　このように、顧客価値検証は社外に出て行き、できる限りお客様に近い有識者の方へヒアリングを行うことで、顧客価値だと思っていたことが、実は価値ではないという気付きを得ることができる。この際、「教えを請う」というスタンスを徹底することが重要だ。自社の提供ソリューションを「売り込む」スタンスでは、価値を否定されて終わってしまうが、「教えを請う」スタンスであれば、提案を見直すためのヒントを教えていただけるためだ。また「売り込む」を前面に出してしまうと、お客様もヒアリングであまり褒めてしまうと、実際に商品を買わされることになるのではないかと身構えてしまい、訪問アポイントも取れず、

146

訪問できたとしても警戒されてしまい、貴重な情報は何もいただけないという事態に陥ることがある。本格的に開発するかどうかもまだ決まっておらず、まだコンセプト段階で、「業界を詳しく知らないため、ご教授いただきたい」と打診することが重要だ。

≫ お客様との双方向でのやり取りが「腑に落ちる」テーマとするための最大のポイント

　フットワークよく社外に出て行き、有識者に「教えを請い」、本当のお客様の困り事や業界の特有の事情などの貴重な情報を足で稼いでいくと、当初は「よかれ」と思って考えていた顧客価値を根本から見直さなければならないことも出てくる。著者もこれまで様々な企業・業界で数多くの新事業開発テーマを支援してきているが、顧客価値検証のプロセスにおいて、当初考えていたテーマを軌道修正する必要がなく、そのまま最終提案まで持ち込めたケースはこれまで一度もない。例えば、ある化成品メーカーの新事業開発を支援した際には、電子材料分野に進出したいということで、入念な机上検討を行い、メンバーも自信がもてるテーマアップをすることができた。市場調査にかなりの時間をかけ、全体で約10ヶ月間の活動で、最終報告会までに残り2ヶ月間となったところで、自信はあるがテーマ審議での実行承認をいただくダメ押しのためにも顧客価値検証を行うこととして、お客様候補企業にヒアリングを行うことにした。だが、外部に出て意見交換をしてみると、どのお客様からも「そんな事には困っていない」という意見しかいただけず、ダメ押しどころか、そのテーマのままでは最終報告会に臨めないという事態に陥ったのだ。

　新事業開発は、手順通りに真面目に検討していれば、たとえ100点は取れなくても、努力すれば80点、70点は取れるというものではない。どんなに真面目に工数を十分にかけて検討をしても、お客様にとって価値がない提案は0点なのだ。途中の努力の量が大きかろうが、小さかろうが、結果は0点か、100点かのどちらかになるというのが、シビアではあるが新事業開発の本質である。よって、このままでは0点であることが判明した以上は、最終報告まで残り2ヶ月間しかないとしても、も

う一度テーマを最初から検討するしかない。

　新事業開発はダーツ競技にも似ている。最初のうちは、コーチに十分に理論を教えてもらい、時間をかけて慎重に投げたとしても、うまく的には飛ばない。何度か投げているうちに理論と体の動きが次第に合っていき、素早く投げても的に飛んでいくようになる。顧客価値検証の結果、テーマ自体を再検討することになっても、最初に検討したときよりも格段に各検討のスピードは上がっており、かつ正確性は増しているのだ。結局、残り2ヶ月間で当初考えていたテーマとはまったく違うテーマに変更することになったが、新テーマで顧客価値検証も行い、今度は非常によい評価をいただいて、工場で簡易な原理試作まで行うことになった。お客様からの良好な評価と製品サンプルの現物を見せながら、最終報告会に臨むことができ、経営幹部から見事に実行承認をいただくことができた。

　この会社の例はかなり極端な成功事例のように思えるが、むしろ最終報告会を目前にして、顧客価値の検証結果によりテーマの方向性を大きく変えることのほうが圧倒的に多い。最終成果報告会までに、残り時間がないなかでのテーマ変更はなかなかに勇気がいることだが、第一投目は8ヶ月間かかった検討も、第二投目は慣れているため、1～2ヶ月間の短期間で精度よく進めることは十分に可能である。

　また、お客様から否定的な意見を多くもらっても、テーマを変えないほうがいいケースも存在する。こうした自主的な提案をお客様に自分達から持ち込むという経験を、営業部門でもやったことがないという会社は意外に多く、お客様に「よかれ」と思って提案した内容を強い口調で否定されると、「もうこのテーマは駄目だ」と思ってしまう。著者の経験では、2時間以上にわたり、ほぼ説教に近い形で、お客様に駄目出しをされ続けたというケースもある。

　だが、否定的な意見であったとしても、そこまで強い反応が返ってくるというのは、むしろ「見込みがある」テーマなのだ。人に対して怒るという行為は、膨大なエネルギーを消費する。数分間であれば、日々のストレスの捌け口にされている可能性も否めないが、1時間以上となる

と、それはよほど心に引っかかる「何か」が提案のなかに含まれていると考えるのが妥当だろう。そこを真摯に受け止めて、提案を改善し、めげずに再度訪問して説明すると、否定的な意見をされていた方も、最後には強力なシンパになってくれることがある。

テーマ自体を最初から再検討したほうがよい、「見込みがない」テーマというのは、ヒアリングをしても否定的な意見も肯定的な意見もいただけずに、「反応が薄い」場合である。議論が盛り上がり、１時間以上打ち合わせが続くのであれば、たとえ否定的な意見を多くいただいたとしても「見込みがある」が、数十分で終わってしまうような場合は「見込みがない」と思ったほうがよい。

「見込みがある」テーマについては、たとえ最初は否定的な意見をいただいたとしても、それを反映して提案を真摯に見直し、また意見をいただき、また提案を見直す。こうしたお客様との双方向のやり取りを続けながら、お互いが「腑に落ちる」テーマにしていくことが、顧客価値検証プロセスの本質であり、目的でもある。これは本格販売前のプレセールス活動、「売込み」とはまったく異なる、お客様も開発メンバーの一員として巻き込み、本当の「あったらいいな」を共に価値創造していくプロセスなのだ。

お客様にヒアリングする際には、この共創のプロセスに入りやすいように資料をしっかりと準備して臨む必要がある。自分達は数ヶ月間の検討により、なぜこの提案がお客様にとって「あったらいいな」と思うに至ったのか、自分達の提案の妥当性にある自信をもっているが、お客様はその数ヶ月間のプロセスの一切を共有していない。その日初めて、提案を聞くのである。そのため、提供ソリューションの説明だけを聞くと、いくら優れた提案であったとしても、非常に唐突な印象を受けてしまう。またどうしても「教えを請う」というよりも、「売り込み」を受けているかのような印象をもたれてしまう。

そこで、「ディスカッションペーパー」（以降、DPと表記する）と呼ぶ、一連の検討プロセスをシンプルにまとめたPowerPointで10ページ以内、約10分程度の時間で説明できるプレゼン資料を準備する。これ

を用いて、なぜ今回のような提案をするのに至ったのか、その思考プロセスをお客様と共有したうえで、意見交換を行うのだ（図2-34）。

それでは、このDPの作り方について述べていこう。まずは「1. 本提案に至るまでの背景」として、トレンド分析をした際に収集したPEST（政治・経済・社会・技術）の動向データ等の事実関係で、特に重要なデータをいくつか提示する。そして「2. 課題認識と解決を困難にしている問題点」として、シャイニングスター構想をお客様が「諦めている」要因の分析結果をまとめて、箇条書きで説明する。その次に「3. 問題に対する解決策案」として、それぞれの諦め要因である問題点に対応する形で、解決のための考え方・アイディアを説明していく。ここまでは、あくまでもお客様の立場になって、業界外の素人ながらも、公開されている情報で色々と勉強しながら検討した結果をまとめたものだ。まずはここまでの説明で、提供ソリューションの前提としてきた課題認識がそもそも間違っていないかを検証する。

前提条件が間違っていなければ、「4. 提供ソリューションのイメージ」の説明に入る。文章ではなく、そのシステムをお客様が使用して、課題解決をしている図を中央に大きくもってきて、直感的に使い方が伝わる工夫をする。

ここで決してやってはならないのが、商品の外形図を出してしまうことだ。いくら商品の外観を見せても、その箱をどのように使えばお客様が抱える課題の解決になるのか、そこを完全にお客様自身の想像力に委ねてしまうことになる。これでは仮説を検証しようにも、正しく意図が伝わったかどうかがわからなくなってしまうだろう。お客様が欲しいのは、決してモノではなく、課題の解決策であり、機能なのだ。図といっても、モノのイメージ図ではなく、お客様の業務プロセスが、ソリューションを導入する前と後でどのように変化するのか、業務プロセスを図にして、Before／Afterの比較をしたほうが伝わるだろう。

そして、「5. 既知の手段との比較図」として、これまでの解決策としてすでに知られている方法と、自社の提供ソリューションを比較した表を付ける。お客様がこれまで諦めてきた課題について、万能の解決策

図2-34■ディスカッションペーパーの基本構成

1. 本提案に至るまでの背景説明

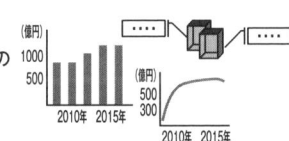

どのような事実関係から、変化の兆しを読み取り、お客様の未充足ニーズを導いたのか？トレンド仮説の背景となったデータや、関連する業界の重要トピックをまとめる

2. 課題認識と解決を困難にしている問題点
お客様は未充足ニーズを充足させるアクションを何故「諦めて」しまったのか？未充足ニーズの諦めの要因分析結果をもとにまとめる

●●現場における課題認識	
問題①：本当はやりたい●●が、●●の制約で実施できない	＊問題となっている内容の詳細
問題②：・・・	＊

3. 問題に対する解決案
お客様の「諦め」の要因を覆す、自社提案とは何か？それぞれの問題点に対応してまとめる

高額な●●投資不要で、●●に留まらない楽しみながら●●ができる、●●を実現する

問題点に対する解決策	
解決策①	＊
解決策②	＊

4. 提供ソリューションのイメージ 利用シーンを分かりやすく図・絵にする

＜提供コンセプト＞「●●を実施するための高額な設備、専門スタッフが不要になる」

◆セールスポイント
商品の売りを分かりやすく伝えるキャッチコピー

◆商品コンセプト
セールスポイントの詳細説明

◆ユーザーメリット
初期投資削減や、運用経費削減などの具体的な便益

◆利用のイメージ

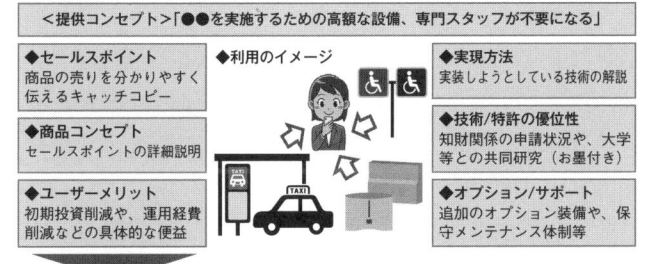

◆実現方法
実装しようとしている技術の解説

◆技術/特許の優位性
知財関係の申請状況や、大学等との共同研究（お墨付き）

◆オプション/サポート
追加のオプション装備や、保守メンテナンス体制等

5. 既知の手段との比較図 起承転結の「転」を表にする

	方式	高額な●●機器利用	簡易な●●利用	当社提案の方式（新方式）
1	構造図			
2	メーカー	A社、B社	C社、D社、E社	現状は当社のみ
3	メンテナンス性	○	△	△
4	・・・	△	△	○
5		×	△	○

6. 質問表

No.	質問内容	御回答
1	●●の自己責任による実施というのはそもそも法令上許されているのでしょうか。	
2	・・・	
3		
4		
5		

というものはなかなか存在しない。既知の解決策と、自社の提案する解決策を比較した際に、すべてにおいて自社の提案が優れているということはあり得ない。ある部分では、既知の解決策のほうが優れている点もあるだろう。このような表をつくると、自社提案の弱点もあえてさらすことになるのではないかと危惧されるかもしれないが、これらをわかった上で、なお、お客様にとってのメリットがあると考えたポイントを提示することで、納得感は格段に向上する。また、単なる「売り込み」ではなく、真にお客様にお役立ちがしたいと考えているスタンスも伝わる。その意味で、この比較表はDPにおいて極めて重要であり、必須の項目なのだ。

　最後に「6. 質問表」として、公開情報からはなかなか得られない、本当にお客様が困っていること、業界ならではの制約や、お客様固有の制約事項について、質問したい点をまとめておく。ここが「教えを請う」ための訪問ヒアリングの主旨であり、素朴な疑問も含めて、体面を気にせずにオープンマインドで質問したいことを列挙する。

　このDPをしっかりと準備して、この流れに沿って説明をすれば、お客様も色々と教授してくれることだろう。特許申請など、知財面での手続きが済んでいれば、ヒアリング先のお客様や有識者に対し、DPを訪問の事前に配布することで、提案内容・質問事項に適した担当者を調整して、ヒアリング当日に呼んでいただけることもある。

　先に紹介した、2時間近く説教に近い状態になってしまった顧客価値検証では、こうしたディスカッションペーパーを準備することなく、ソリューション案だけをもって行ってしまった。「教えを請う」ためには、然るべき礼節が必要になる。至らないながらも、お客様の立場に立ち、手に入る範囲の情報で考えてきたプロセスを誠実に伝えることで、お客様の共感を呼び込み、新価値創造の共創の契機をつくることがDPの目的だ。決して、プレセールス、「売り込み」のツールではないという点に留意して、DPを作成し、活用していただきたい。

— まとめ 電気機器メーカーB社事例

自社にとってはレガシーな技術の発想を異分野に導入し、お客様の諦めを覆す新技術方式を開発

シャイニングスター構想を、自社技術の強みと異分野からの技術発想の導入により、自社独自の事業価値に繋げていった実践事例について紹介をしよう。電気機器メーカーB社は、安心・安全な社会インフラの実現という創業理念のもとで、公共機関や企業における業務用のセキュリティ関連や通信システム等を手掛ける大手メーカーである。B社では、次世代の経営幹部を育成するために、「会社の中期計画を超える、新しいビジネスプランを自ら立案する」ことを目標に据えて、各事業部門から毎年本部長以上の役職からキーマンを人選し、部門横断で3名体制チームをつくり、約半年間で新事業をゼロから企画検討するという活動を実施している。そして、半年後の最終ビジネス提案会では、新事業テーマを事業計画書にまとめて、ボードメンバーに対してプレゼンテーションを行い、社長以下、ボードメンバーの実行承認を得られたテーマについては、その後は研修の枠を越え、実務として開発推進を行うというものだ。

本部長以上の高い役職のベテランがメンバーとはいえ、新事業開発に関しては経験がほとんどないため、JMACのコンサルタントが各チームにサポートメンバーとして参画し、検討方法のレクチャーとともにマーケティングリサーチ等の実務支援を行うやり方を採用した。

著者はこの活動の開始当初から何年にもわたり継続的に参画しており、その中から特に象徴的な事例を2つ紹介する。

1つ目の事例は、検討当時中国は、今日のようにアメリカと並ぶ超大国となる少し前の時代であったが、いずれは経済発展を遂げて大国にな

るにつれて、環境問題に対する意識が日欧米以上に高まるトレンドに着目し、そのときに必ず必要になる環境浄化システムに関する新事業を企画検討したものである。各事業部門のもつ強みの技術を棚卸して、検討した結果、主に半導体工場のお客様向けに提供してきた長年の自社技術の強みを活かすことで、非常に高効率に排煙や排気ガスを浄化することができる装置を実現できる目処が立った。

　新商品開発テーマとしては、トレンドに基づき、将来的にグローバルで大きな需要が生まれるシステムと言える。だが、事業計画の検討で競合動向や知財調査を進めていくと、たとえ技術開発に成功して、装置をつくることができたとしても、ビジネスとしては競合他社に勝てないことがわかってきた。工場からの排煙や、乗用車からの排気ガスを浄化する主流の技術は、先行企業が特許も商流もすでに押さえられており、そのままでは後発での参入余地がないことがわかったのだ。やはりB社にしかできない独自の事業価値がなければ、いくら技術をもっていて装置はつくることができたとしても、ビジネスとしては後発で勝ち目がない。

　そこで、「ひとひねり」を加えるべく、少し違う分野の技術も調査したところ、環境浄化とはまったく異なる医療機器・外科手術で用いられているある技術の発想を導入することで、既知の主流となっている技術方式の限界を超える、新技術方式が生み出せる可能性に気が付いたのだ。その技術を研究している大学・研究機関とコンタクトを取り、さらに検討を進めていったところ、その大学との産学連携により、新方式の環境浄化技術の実現の目処を立てることができた。この新方式の技術を起点とすることで、先行企業がひしめく厳しい市場で競争するのではなく、まずはB社の既存の顧客基盤を活かして公共機関向けのニッチ市場創出が可能になることがわかり、勝ち目のある事業計画を立案することができたのだ。こうして、B社独自の新しい事業価値を実現する計画は、最終プレゼンでボードメンバーから高い評価を受け、実施承認をいただけた。

　同じくB社で、もう1つの実践事例を紹介しよう。自社の事業ドメイン、安心・安全な社会インフラという観点で、トレンド分析を行った結

果、騒音対策に関する費用負担がますます増加し、様々なシーンで社会問題として顕在化するという点に着目した。防音壁で騒音元を完全に囲い込むことができればよいのだが、工事現場や、工場の生産現場、また学校や幼稚園の子供の声や、飛行場や鉄道沿線近くの住宅での騒音被害など、それができずに苦労しているところが多くある。

壁で囲い込めない場合、騒音を消すやり方として、ノイズキャンセルという技術がある。そもそも騒音は、空気を伝わる音波・振動エネルギーであり、波は逆位相の波をあてると打ち消し合うという科学原理を応用したものだ。身近なところでは、ノイズキャンセル機能付きのヘッドフォン等で昔から実用化されている。B社の技術の強みを活かせば、このノイズキャンセル装置は容易につくることができる。

だが、ここでも何のひねり・転がないままで装置をつくっても、昔からあるノイズキャンセル技術で先行する企業のブランド、顧客基盤に対して、後発参入で勝ち目はないだろう。そこで「ひとひねり」で、B社が公共機関向けに提供してきた強み技術の発想を導入することを考えたのだ。その技術は、公共用途向けでは特別なものではなく、どこもやっている技術である。だが、その技術的発想を民生品用途に導入することは、これまでどこも考えてこなかった。

こうして、従来からあるノイズキャンセル技術とは違う、新技術方式を考案したことで、輸送業に新規参入する企業のパートナーとなり、この技術を差別化の武器として一緒に成長する事業戦略を描くことができた。こちらのテーマも、ボードメンバーからは高い評価を受けて、実行承認をいただくことができた。

このように、異なる技術分野からの発想のヒントは、必ずしも社外にあるとは限らない。B社のように、異なる事業部門との横断メンバーで検討を行い、それがその事業分野では昔からあるレガシーな技術であっても、まったく違う事業への応用適用を考えることで、真の差別化に繋がる新技術方式となるのである。これらの実践事例からも、異質なもの同士の組み合わせこそが、イノベーションの可能性を生むのだ。

第 **3** 章

開発テーマを
ビジネスの価値に繋げる
「事業展開シナリオ」

section 1

筋のいい開発テーマが、なぜ事業に繋がらないのか？

　第1章から第2章にかけて、新事業開発のテーマを構想する方法論について述べてきた。ここまでは、あくまでも新事業のアイデアの構築である。どのような優れたアイデアがあったとしても、それが事業として成立しなければ意味がない。そこで、第3章では新事業開発テーマのアイデアを、ビジネスプランとしてまとめていくための方法論について述べていく。

》技術開発に成功しても、自社の勝ち筋・戦略的な事業展開のシナリオをつくれなければ、ビジネスとしての成功は望めない

　日本の技術力は依然として、世界でも一定の評価を獲得しているものの、残念ながらビジネス全体をプロデュースして、事業モデルとして成立させるマネジメント能力については決して評価は高くない。ここで言う事業モデルとは、キャッシュを生み出す仕組みのことである。序章で述べたように日本はこれまでボトムアップ型のものづくり現場の強みを活かして製造業で成功を収めてきたがゆえに、「よいものをたくさんつくれば、売れて儲かる」というものづくりの価値観に基づき最適化されてきた組織能力・業務フローが存在する。「よいものをつくる」ことに関しては今日でも一日の長がある。だが、右肩あがりの経済成長期が終わり、「よいものをたくさんつくっても、それだけでは売れない」時代になると、事業モデルを新たに構築するという点では、「よいものをつくる」ことに最適化された組織・業務フローがむしろ足枷となり、新事業展開のフットワークを重くしてしまっている。満足のいく「よいもの」

がつくれるようになるまで、積極的な市場展開を控えているうちに、ものづくりのレベルはまだ十分ではないが、先に市場展開を進めてきたフットワークの軽いライバルに市場を取られてしまうというのが、典型的な新事業開発の失敗パターンの１つであろう。

また、フットワークよく先行的に市場展開を行った場合でも、製品発売以降の事業戦略をあらかじめ詰めていなかったがゆえに失敗するパターンもある。性能やものづくりの品質では競合企業を上回る製品開発に成功していながら、事業としては市場シェアを取れず、収益があがらずに先行開発投資分を回収できない事態に陥るというのが、もう１つの典型的な失敗パターンである。

著者も新事業を開始したものの当初の目論見が外れて市場シェアが取れずに収益目標を大幅に下回ってしまい、どのようにして挽回するべきかというコンサルティングの相談を受けることがある。

新事業を開始したものの、うまくいっていない会社は、そもそも新商品の企画が競合他社と差別化できていないのではないかと思われるかもしれないが、決してそのようなことはない。企画自体は、自社の強みの技術を活かしたオンリーワンの技術開発に成功しており、差別化できる要素はきちんと存在している。

では、なぜ優れた企画があり、技術開発にも成功しているにもかかわらず、事業として成功できないのであろうか。このような会社に共通しているのは、ひと言で言えば自社の勝ち筋・戦略的な事業展開のシナリオが描けていない点である。

例えば、ある化学系の企業では、これまで曲げることができないとされてきた機能性素材にフレキシブル性をもたせて、世界で初めて量産化の技術開発に成功した。だが、この開発成果をいち早くキャッチした大手の競合企業は、従来製品の価格をあえて大幅に下げて、この企業の新規参入をブロックする戦略を取ったのだ。この企業では、残念ながらこうした競合の大手企業の動きに対する戦略的な打ち手をあらかじめ考えていなかった。あったのは、先行企業の既存製品よりも価格はやや高く

なるが、フレキシブル性という使いやすさの性能向上でカバーして市場シェアを獲得できるという、楽観的な見通しのみであった。まさに、「よいものをたくさんつくれば、売れて儲かる」という、製造業の古きよき時代のものづくりの価値観である。

だが、フレキシブル性という画期的な機能をもつ製品は、従来製品との価格差が1割増し程度であれば十分に売れたであろうが、従来製品の2倍以上の価格差となると、採用を検討していた顧客も従来製品を継続利用することになってしまった。結果として、ライバル企業の戦略的な価格戦略により、新規顧客を獲得することができず、当初の投資回収計画が大幅に目論見を外してしまい、新製品発売後、わずか1年で事業撤退に追い込まれてしまった。

この会社に限らず、商品を出した後の自社の勝ち筋・戦略的な事業展開のシナリオを描くことなく、「よいものをつくりさえすれば、きっと売れて儲かるはず」で市場進出し、投資回収の目論見が外れるケースは多い。

事業戦略が欠如しているかどうかは、その会社の新事業開発の事業計画書を見せてもらうとすぐにわかってしまう。自社の新事業開発における事業戦略が練られているかどうかをセルフチェックするために、事業計画書の基本要件について、述べていこう。

事業計画書は、図3-1に示すように、大きくは事業企画と実行計画の2つからなる。事業戦略が考慮されていない事業計画書に共通する特徴は、事業計画といいつつも、事業企画の部分には市場規模と収益見込みしか記載されておらず、記載内容の大半が開発の実行計画書になっているのだ。

例えば、ターゲット市場の規模は10億円/年で、その中で自社の見込み事業収益は2億円/年と、何の根拠もなく20%の市場シェア獲得という数字が出てくる。市場規模はどこの会社が調べても同じような数字が出てくるだろう。知りたいのは、潜在/顕在の競合各社がひしめく中で、何ゆえに自社が20%ものシェアを獲れるという結論になるのか、そのロジックであろう。自社は厳しい競争のなかで、どのようにして一定の

図3-1 ■ 事業計画書の基本要件

【事業企画】			【実行計画】	
新事業名/要旨	○○製品による○○サービス	実施意義	必要な開発項目 知財戦略 技術開発課題	○○分野 ── ○○制御基板開発 / ○○センサ高度化
新事業の目的/背景・事業スコープ	○○領域でのシェア拡大	ビジネスの狙い		△△分野 ── △△ミドルウェア開発 / ・・・
商品/サービス概要・提供範囲	・・・・	どこまでを提供範囲とするか	プロジェクト/メンバーミッション	・プロジェクト全体：○○事業への進出 ・△△氏：オープンソフト開発まとめ・基盤整備 ・◆◆氏：・・・
ターゲット	大規模オフィス／先進的／保守的／小規模オフィス	ビジネス全体の俯瞰	開発大日程	
		フォーカスエリア	内部/外部との連携計画	
ビジネスモデル 企業連携体制	company → customer	保守メンテで収益回収・・・	中間目標とマネジメント施策	
			事業化リスクの迂回案とそのジャッジポイント設定	中間目標 ・・・
事業背景 事業環境分析 市場規模	(億円) 1000 / 500 ／ 2010年 2015年	業界特性を考慮したKFSは○○である・・・	開発体制	(社内)・・・・ （協力会社）・・・・
他社類似品/サービス 競合他社状況	B社／A社／C社	競合との差別化○○・・・	開発中日程	テーマ名：○○の設計 10月 11月 12月
想定事業ライフサイクル 事業収益・投資回収計画	製品Z／製品Y／製品X（2015年～2018年、A市場・B市場・C市場） （億円）500／300 2010年 2015年	社内リソース（ヒト・モノ・カネ）投入に対すると期待りターン	直近数カ月の中間目標までの課題解決アクション	
			マンパワー/開発リソース割当計画	
			個人業務負荷の見積もり/予測	

第3章 開発テーマをビジネスの価値に繋げる「事業展開シナリオ」

ポジションを獲得できるのか。勝ち筋がどこにあるのかが経営トップが一番知りたいことだ。だが、その根拠は事業計画書のどこを探しても見当たらず、「よいものをつくれば、それは必ずたくさん売れて儲かる」と言わんばかりの計画書になっていることがある。

　事業企画において最低限必要なことは、まず自社の事業範囲の定義であり、その定義に基づくビジネスの合理的なターゲット設定を行うことだ。そして、ターゲットにおけるビジネスモデルと、将来的に事業環境が変化した際の競合他社の動向、ビジネスモデルに影響を与えるリスクの分析が必要になる。これらを踏まえたうえで、事業のライフサイクルが想定され、先行投資の回収計画が論理的に算出される。事業ライフサイクルが明確になることで、開発実行の際に求められるスピード感も自ずと明確になる。事業ライフサイクルが、例えば法改正直後が受注のピークになり、法改正から半年や1年後に新商品を発売しても時すでに遅しとなるような事業であれば、すべての開発要素が完全に揃わなくても、法改正と同時に最低限の営業活動ができるだけの開発を済ませて、早期に市場展開することが成功の鍵であろう。
　事業企画の部分でこれがロジカルに導出されていれば、先に述べた新事業開発の失敗パターンである、満足のいく「よいもの」がつくれるようになるまで、積極的な市場展開を控えているうちに、フットワークのいい競合に市場を席巻されてしまうような実行計画にはならないだろう。
　逆に、当分の間は市場黎明期が続き、事業ライフサイクルが長いものに対し、拙速で完成度の低いものを提供してしまうと、失敗するリスクが高くなる。このような場合は、市場が成長期になった際に、一気に事業展開ができるように、スモールスタートながらも長年の技術蓄積による顧客の囲い込みを進めていくビジネスモデルを段階的に構築することが成功の鍵になるだろう。もう1つの失敗パターンである、先進的な技術開発に成功したものの、その強みを活かして競合の参入障壁を高くするビジネスモデルが構築できずに市場シェアを奪われるという失敗リスクを避けるのだ。

図3-2 ■ 事業企画の実現可能性検証はなされているか

	事業企画には何を記載するべきか		アウトプット
1. 新事業名/ 事業企画の要旨	□□技術を活かした□製品による △△ソリューション提供	なぜその事業を提案するのか？ 社会・会社にとっての意義	・世の中のトレンド・市場成長性 ・自社のビジネスとの適合性
2. 新事業の目的/ 事業スコープ	△△後処理装置市場への進出 □□技術の用途展開事業となる	ビジネスとして成り立つ理由・ 本当に儲かるのか？	事業展開の意義
3. 商品/サービス概 要・提供範囲		システム、もしくは商流全体の、 どの部分を提供するのか？	システム構成図/ サプライチェーン図
4. ビジネスターゲット		ターゲット分野のうち、どこのセグ メントをターゲットにするのか？な ぜそこにフォーカスするのか？	・ビジネス全体俯瞰図 ・市場セグメンテーションと フォーカスエリアの設定
5. ビジネスモデル 企業連携体制		どのようにしてキャッシュを生 み出すのか？	・ビジネス協業体制図など
6. 事業背景 事業環境分析 市場規模		市場規模推移、ニーズ動向、業 界特性など、市場攻略のための 成功の鍵（KFS）はなにか？	・マーケティングリサーチ結果 ・事業展開上のネックと、 そこに対する対処策
7. 他社類似品/サービ ス、競合他社状況		競合にどのように差別化を図るの か？勝ち筋はどこにあるのか？	・製品ポジショニングマッ プ競合技術との優位 ・知財戦略
8. 想定事業 ライフサイクル/ 事業収益・ 投資回収計画		どれだけの期間・どれだけの規模の 投資・リソース投入が必要で、それ はいつまでに回収する計画か？ 途中段階でのGO/STOPのジャッ ジポイントはどこなのか？	・事業展開シナリオと投資 回収計画（NPV/IRR等） ・開発ロードマップ 基礎技術検証、生産設備 製品リリース展開計画

　すでに事業計画書の社内規定フォーマットにこれらの記載項目がある
という場合も、上の図3-2に示す質問項目に明確に答えることができる
かどうか、チェックをしていただきたい。これらの太字の質問項目にす
べて答えることができるだろうか。自信をもって答えることが難しいと
ころが、まだ検討が十分ではなく、記載されていることの実現可能性の
検証（フィジビリティスタディ：Feasibility Study、以降F/Sと記載）、
裏付けが不十分なところである。

　いくら起承転結のストーリーがある優れた開発テーマを立案できたと
して、先行技術開発に成功しても、キャッシュを生み出し、それが自社
へと還流する事業モデル構築することができなければ、研究開発テーマ

の枠を越えず、新事業開発テーマとは呼べないであろう。技術開発に成功することと、事業開発に成功することとは、別次元の問題であり、イコールではないということを認識することが極めて重要だ。技術開発に成功さえすれば、事業開発は成功したのも同然であるという、暗黙の了解として存在している事業計画書になっていないか、見直すことが第一歩となる。いくら要素技術開発・量産化に成功し、「よいものをたくさんつくる」ことができるようになったとしても、事業戦略がなければ事業としての成功確率は極めて低くなるということを、社内の共通認識にしておかなければならない。

≫ 事業戦略の重要性をマインドセットするための「温故創新」の事業振り返り分析

　新事業開発の成功確率を高める際の事業戦略の重要性を説明してきたが、長年の成功体験により組織に定着してきた「よいものをたくさんつくれば、売れて儲かる」という価値観から脱却することは、決して容易なことではない。いくら筋のいい新事業開発テーマでも、事業戦略が不在なままでものづくりに走ってしまうと、たとえ技術開発に成功しても、事業としての成功確率は低い。競争環境のなかでなぜ自社が勝てるのか。勝ち筋の検討は、企画と同じくらいの、いやそれ以上に入念な検討を加えるべきなのである。

　だが、著者のこれまでのコンサルティング経験からも、むしろテーマアップ後の事業の戦略的な展開や事業モデルの検討に十分な工数をかけるべきであるという認識をもつ企業は極めて少ない。新事業開発テーマの企画にはたっぷりと時間をかけるのだが、その先の事業計画の策定にはあまり時間をかけずに、社内の規定のフォーマットを埋めるだけで済ませてしまうのだ。新発想の企画テーマが出てくるようになれば、あとは先行技術開発に成功するかどうかが最大の関心事になってしまう。それはほとんど開発計画書であり、事業計画書ではない。新事業開発の成功確率を高めるためには、事業戦略が必須であるということをマインドセットしなければならない。

　既存事業という安定収益がある企業においては、どうしても危機意識

の醸成が難しく、「これまでのやり方や考え方を今さら変える必要はない」となりがちである。この危機意識がない状況というのが、実は最も危険な状態なのである。今は受注や業績が好調でも、外部の事業環境は確実に厳しくなっており、環境変化に対応するチャンスを逃がしてしまうためだ。

　第3章で事業戦略構築の方法論を述べていく前に、社内に事業戦略の必要性をマインドセットをするための1つのやり方を紹介しておこう。

　著者は、具体的な中身の検討に入る前に、これからはやり方を変えていくべきであるという検討メンバーの危機意識のベクトルを合わせるマインドセットを行っている。

　その際、マクロの事業環境変化から「業界全体として向かっている方向性に向けて、他社ではすでにそうした戦略に転換している。貴社もそれに合わせて従来までの事業戦略を変えるべきである」と大上段に構えて一般論を述べたとしても、それにより危機意識が醸成され、行動が変わるということは決してない。

　業界で一般的に言われている戦略を、自社が取ったところで、結局はどこも同じような戦略を取り横並びになることに、どこまで意味があるのか、腑に落ちないためだ。

　そもそも、業界の一般論を述べて、社員のマインドが変わるのであれば、こんなに簡単なことはない。

　自社が本当に取るべき一般論ではない、固有の戦略の基本方針とは何か、それをロジカルに提示しなければ、納得感は得られない。

　そこで、短いスパンの経営状況の変化ではなく、会社の創業から現在に至るまでの事業の推移を時系列に並べ、事業の栄枯盛衰の経緯を1枚にまとめたマップを作成し、その中で従来までの戦略をどのように見直すべきか、事実関係をもとに分析することで、その会社にとっての固有の解を議論して導くのだ。

　このマップの最上部には時間軸を取り、まず事業に影響を与えた外部の市場環境変化、大きな法改正や出来事、事件などを時系列に並べていく。その下に競合企業の大きなインパクトのあった動き、画期的な商品

投入やM&A、合併等を並べていく。そして、その下に自社の主要な商品、技術開発の経緯を時系列に並べ、最下部に自社の業績の推移（売上高、利益、出荷量）を並べる。この図のイメージを図3-3に示す。

　長いスパンの時間軸で事業の変遷を見ていくと、近年では堅調な業績推移であったとしても、過去には浮き沈みがあることがわかる。浮き沈みの変化が激しいところに着目し、その要因が何であったのか、分析をしていくのだ。業績が急激に悪化しているところでは、何が要因で、その要因に対処するには、どのような戦略があればよかったのか。逆に業績が急激に回復しているところでは、市場が好況だったためで、競合も同じように好業績であり、自社に特別な戦略があったと言えるのだろうか。競合が悪いのに、自社だけが業績回復しているのであれば、それはどのような事業戦略、開発が効を奏したのであろうか。

　事実関係のもとでこうした議論をすることで、業界の流行の戦略や一般論ではなく、自社が本当に取るべき戦略が見えてくる。また創業以来、脈々と受け継いできている、自社の大切な価値観もあらためて言語化することができる。今日の会社の存在意義とは、単純にキャッシュを生み出して儲けて、株主に利益を還元するだけのものではない。株式会社の概念ができて間もない頃は、「会社は株主のもの」というシンプルな構造であった。だが、今日では会社は株主だけではなく、従業員、地域社会・国、サプライヤーやパートナー企業など、より多くのステークホルダ（利害関係者）のために存在していることに異論を挟む人はいないだろう。否定してはならない大切なその会社の価値観、越えてはならない一線というものが存在する。経済的な合理性だけでは存在することができないのが、今日の会社なのだ。新事業開発の事業戦略を考えるうえで、その会社がその会社である所以を押さえることは極めて重要である。

　このマップをJMACでは、過去を知ることで、新しい事業価値創造の考え方・自社が取るべき基本戦略を見出すということで、温故知新にかけて、「温故創新マップ」と呼んでいる。

　ある制御機器メーカーで、この温故創新マップで自社事業の変遷を分析した際には、業界全体が不況で競合が落ち込むなか、自社だけが急激

図3-3 ■ 温故創新マップ

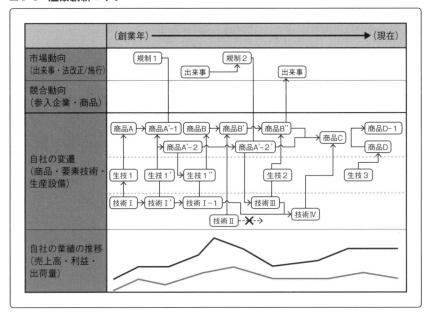

に業績があがったタイミングがあった。その要因を分析したところ、自社製品がすでに法改正に対応しており、最も早く新規格に対応したブランドを構築することができたことが主要因であるとわかった。だが、その2年後には利益率が大幅に悪化し、売上増も急ブレーキがかかっていた。その要因を分析したところ、競合企業が利益率よりもシェア確保優先の戦略で安値を売り文句に大規模な営業攻勢をかけられていたにもかかわらず、高い価格でも売れていたときの成功体験を捨てられずに自社は高価格製品としてのブランドを維持する戦略を取ったゆえに他社に顧客をかなり奪われてしまっていたことがわかった。

では、どのような戦略があればそのような事態を防ぐことができたのか、さらに議論を進めたところ、その当時は、技術的には競合企業はまだキャッチアップしきれておらず、自社製品の優位性が際立っていた。その先行者メリットを活かし、目下の利益率よりも、競合のキャッチアップを防ぐべくシェア拡大を重視して、競合の安値攻勢を潰す戦略を取っていれば、市場シェア1位の座をそのまま守れた可能性が高かったこ

とがわかってきた。この企業では、技術的には先行しておきながら、後からやってきた競合に市場シェアをもっていかれる失敗パターンを、この商品に限らず、他の商品でも何度も繰り返していることが明らかになったのだ。

　次の新事業開発においては、この失敗の轍を踏まないように、市場が伸びている最もよいタイミングを逃がさないように、シンプルな最低限の機能を搭載した価格の安い標準機をまず市場にスピード展開し、普及させておく。このようにして、競合が後から安値戦略で入り込もうとしても付け入る隙を与えないようにし、その間、自社の強みであるハイエンドの機能をつくる技術力を活かし、早いスピードで追加オプション、もしくは改造・ヴァージョンアップを行うことで競合を圧倒的に引き離す戦略を取ることにした。この戦略に基づき、最初からフルスペックの商品を時間をかけてつくる計画を、根本的に見直したのだ。

　産業用の生産設備を手掛けるメーカーで、この温故創新マップをもとに、今後の事業戦略の見直しを行った際には、業績は右肩上がりであるのだが、従来の事業戦略のままでは将来は危ないと気付くことができた。この会社では創業当初は様々な生産工程の装置を幅広く手掛けるラインナップ拡充の戦略を取っていた。だが、あまりにも急激に手を広げ過ぎたため、利益率が急激に悪化していったことから、ある時期を境に戦略を180度転換し、利益率の低い装置からは次々と撤退し、選択と集中を進めていった。当時のこの戦略は的中し、それ以降から今日に至るまで、売上・出荷数ともに急激な右肩上がりを続けてきている。その一方で、ここ数年は売上・出荷数こそは大幅に伸びてはいるものの、利益率の減少があまりにも顕著であることに気が付いた。この要因をさらに議論し、分析を進めたところ、IoT/AIの時代となり、単一工程での生産効率のよさではなく、全体工程での生産効率をお客様が求める中で、様々な工程を手掛ける競合が、工程全体のトータルパッケージ提供を売り文句に、ハイエンド製品の工場のお客様を奪っていることがわかった。依然としてコスト・供給量が重視される汎用製品の工場のお客様からは多くの注

図3-4 ■ 温故創新マップを用いた分析イメージ

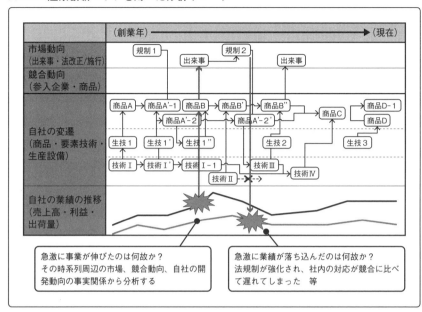

文をいただいているが、利益率の高いお客様からの受注が急激に減っていたのである。ハイエンド製品も市場で普及するにつれ、コスト・供給量重視に切り替わる。それに対し、今すでに汎用製品となっているものは、市場が成熟に向かうにつれ、生産量は減少していく。今でこそ業績は好調だが、ハイエンド製品の工場のお客様を競合に取られるということは、数年後には自社のビジネスの顧客基盤が消えていくことを意味するのだ。

そこで、かつての自社の勝ち筋の戦略であった、ある工程に特化するという戦略を根本的に見直し、全体効率に大きく寄与する工程について、M&Aによりラインナップ拡充を図る戦略に切り替えることにした。現在、業績が絶好調であり、キャッシュも余裕がある段階で、危機感をもつことができたがゆえに、M&Aによる業容拡大という事業戦略の選択肢を増やすことができたのだ。

このように、自社の目下の業績が好調であると、それがゆえにこれまでの事業戦略を見直さなければならないという危機意識をもつのが難し

くなる。「よいものをたくさんつくる」ことで「売れて儲かった」時代であれば、「よいものをたくさんつくる」ことに、開発も営業も工場もスタッフも、前を向いて全力疾走していればよかった。だが、そのような時代は終焉し、これからの時代に合った事業戦略を入念に検討しなければ成功は望めない。そのような危機感を醸成し、業界の一般論ではなく、自社が本当に取るべき固有の戦略の基本方針をマインドセットするために、温故創新マップをぜひ活用いただきたい。

>> 戦略とはそもそも何か？

　新事業開発の事業戦略策定の方法論にあたり、戦略という言葉の意味を明確にしておく必要がある。戦略という言葉は、ギリシャ語で「将軍の技術」という意味の「stratēgia」に由来し、古くは6世紀頃から専門用語として使われていたとされている。もともとは戦争に由来する言葉であるが、なぜこのような専門用語が生まれたのかというと、牽制に用いる外交軍事力も含め、軍事力というのは有限であるからである。最上の「将軍の技術」とは、有限である貴重な自国の軍事力を一切消耗することなく、目的を達成することであり、個々の戦闘において勝利することではない。

　個々の戦闘での巧拙は「兵士の技術」であり、こちらは今日では「戦術」という言葉になっている。「戦略」と「戦術」は混同しやすいが、「戦略」の最善策とは、戦争を起こして武力衝突で貴重な自国のリソースを消耗するのではなく、そもそも戦争にならないようにして、リソースを消耗させずに、戦争の理由である政治目的を達成することなのだ。

　この「戦略」という言葉が、今日的な意味で軍事のみならずビジネスの世界でも本格的に使われ始めたのは、アメリカがベトナム戦争での敗戦から学んだことが契機であるという。ベトナムは南北に長く、日本と同じくらいの広い国土をもつ。アメリカ軍は当時から世界最大の軍事力をもち、それを広いベトナムの地に万遍なく展開していた。それに対し、ベトナム軍は地下のトンネルや森林を用いて、神出鬼没に出現し、アメリカ軍をゲリラ戦で各個撃破していった。

図3-5 ■ 戦略とは何か

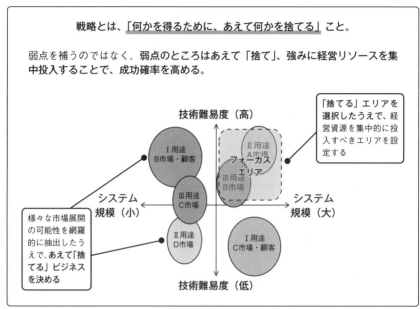

　ベトナム軍がアメリカに比べて圧倒的に劣る軍事力・リソースを選択と集中で最大限に活用したのに対し、アメリカ軍は兵站が伸びきっていたために、各個撃破されてしまった。

　戦略の鍵となるのは、「何かを得るために、あえて何かを捨てる」ということである。ベトナム北方はあえて捨てて、南方に軍事力を集中させる等、有限であるリソースを最大限に活用するためには「捨てる」ことが必要であった。

　著者は仕事上、様々な企業の事業計画書を見せてもらうが、残念ながら中期の開発戦略や営業戦略と言いながらも、「捨てる」ということがなされていない。例えば、前回の中期事業計画では、欧米市場展開に注力する方針であったが、今回新たに策定された次期中期事業計画では、中国・東南アジア市場に注力すると書かれている。では、これまでやってきた欧米市場は「あえて捨てて」、さらに手強い中国市場に経営リソースをまわすのかと質問をすると、開発人員も営業人員も事業部予算も前回の中計から大きく拡充されていない状態で、「いや、欧米市場は撤

退しません。欧米に加えて、新たに中国・東南アジア市場も攻めるのです」というのだ。

　人も、モノも、金も、時間も、経営リソースは有限である。何か新しいことを始めるためには、これまでやってきた何かを捨てて、必要なリソースを確保しなければならない。兵站が伸びきってしまい、リソースが分散してしまっては、本来ならば勝てていたはずの市場でも負けてしまうだろう。この「捨てる」ということが、戦略を考えるうえでの基本であることを、よく覚えておいていただきたい。

≫ 戦略的な事業展開のストーリー構築のポイント

　事業戦略検討の具体的な個々の手法説明に入る前に、戦略がきちんと練られた事業計画に仕上げていくためのポイントについて述べておこう。戦略がきちんと存在している事業計画書とは、戦略をストーリーとして経営幹部に理路整然と説明ができるようになっているということである。

　戦略をストーリーで語るとは、図3-6に示すように、「市場」「売る仕掛け」「裏付けとなる自社の強み」で説明することである。まず「市場」について、どのような理由でその市場をターゲットにしたのか、ビジネス提案理由と自社がそこに取り組むべき意義がどこにあるのかを最初に述べる。次に「売る仕掛け」として、魅力的な市場であればあるほど、厳しい競合企業との競争が待っている。こうした競争環境のなかで、どのようにして参入のきっかけをつくり、シェアを拡大するのかを述べる。最後に「裏付けとなる自社の強み」として、「売る仕掛け」を実行できるとする根拠として、自社のどのような強みを活かし、どのようにして競争力を維持し続けることができるのかを述べる。

　事業計画書には多くの記載項目があるが、この極めてシンプルな「市場」「売る仕掛け」「裏付けとなる自社の強み」をストーリーとして経営幹部に説明できるようになれば、自社が勝てるための筋道が通った事業計画になっていると言えよう。

　そして経営幹部が、新事業開発の推進リーダーに期待するのは、事業計画書のフォーマットの欄を期限までに埋めてくることではなく、自社

図3-6 ■ 戦略ストーリーで語ることが出来るか

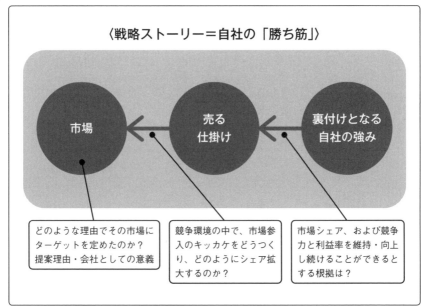

の勝ち筋をきちんと見極めているかどうかだ。既存事業の事業計画はすでにお客様が付いており、あらためてシビアに自社の勝ち筋を問われることはないかもしれない。だが、新事業開発は、お客様を獲得できるかどうかも未知数である。いくらシャイニングスター構想が素晴らしく、面白い着眼のテーマであったとしても、そもそも自社の勝ち筋が見えない事業計画に対して貴重な経営リソースを投入する意思決定を経営者はしてくれるだろうか。

著者は、新事業開発に限らず既存事業においても、この戦略ストーリーの構築を、部長に昇格された方を対象にした研修プログラムで提供している。エレクトロニクスメーカーや商社、医薬系、食品系など、様々な業種の企業でこの戦略ストーリー構築研修のプログラムを展開してきたが、研修を受ける前に、各部門の事業計画書を見せてもらっている。すると、戦略ストーリーが欠如している事業計画書には、企業の特性により、いくつかの典型的なパターンがあることがわかってきた。

「市場」「売る仕掛け」「裏付け」のそれぞれに関連した項目はあるの

だが、それらが一貫したストーリーとして繋がっていない。独立している事業計画である。このような事業計画は、大企業で機能部署ごとの縦割りが強い会社で散見される。「市場」についてはマーケティング・企画部門、「売る仕掛け」は営業部門、「裏付け」は開発部門が内容を取り纏めるといった分業で策定されており、部門間で膝を突き合わせた議論が足りていないため、それぞれの内容が繋がっていないのだ。

　また開発力に定評があり、技術シーズ起点でこれまで業績を伸ばしてきたような会社では、「市場」「裏付け」はあるが、「売る仕掛け」がどこにも見当たらない事業計画になっていることがある。これまで高い開発力で「よいもの」をつくればお客様・市場に受け入れられてきたという社内の成功体験が、「売る仕掛け」について十分な検討を行わないことを許容する社内風土をつくってしまっているのだ。

　反対に、マーケティングや広告宣伝が巧みで、要素技術はその時に必要なものを外部調達することでやってきた会社では、「市場」「売る仕掛け」はあるが、競争力を維持できるとする「裏付け」が希薄な事業計画になっていることがある。市場に新規参入するところまでは成功事例も多く、そのため世間的にも目立つのだが、その一方で単発ヒット商品に終わることが多く、発展性がない。そのため、高い知名度とは裏腹に、会社の売上規模はそれほど大きくならないのだが、前年の売上規模を維持するために、腰を据えて「裏付けとなる自社の強み」を蓄積することよりもますます新商品のスピード展開のほうが優先されてしまうのだ。

　すべての項目がぎっしりと数字や文字で埋まり、一見すると、十分な情報収集がなされているように見える事業計画書があっても、その内容を「市場」「売る仕掛け」「裏付けとなる自社の強み」の順でシンプルな戦略ストーリーとして語ることができなければ、まだ実現可能性の検証（F/S）は十分であるとは言えない。むしろ、記載内容の情報量は少なくても、戦略ストーリーが繋がっている事業計画書のほうが、実行の際の成功確率は高くなるであろう。

　著者は以前、事業会社の事業計画部に所属していたため、大型の投資案件等については実務担当者として経営トップに事業計画を個別に直接

図3-7 ■戦略ストーリー欠如のパターン

ターゲット市場、販売目標、技術開発項目が列挙されているが、
それぞれの内容間の脈絡がなく、ストーリーとして繋がっていない

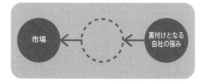

技術の強みを活かした開発アイディアはあるが、
どのようにしてそれを市場展開するかが不明

市場参入の可能性はあるものの、
そこで競争優位を維持できる根拠がない

レポートする機会が多かった。その際 経営トップが事業計画書のどこを見ているか、印象的なことを言っていたことを今でも覚えている。「事業計画書は、リトマス試験紙のようなものだ」という。特にリスクが高い新事業開発においては、「そこに書かれた数値計画・投資回収を本気でその通りになると信じている経営者などいない。では、何を見ているのかと言えば、起案責任者がどれだけ悩み抜き、考え抜いてきたかを見る。事業計画書というリトマス試験紙を通して、会社の大切な経営リソースを投資するに足るかどうか、人を見るのだ」という。

新事業開発の事業計画書が経営会議で否決されると、「我が社の経営者は、すぐに儲かるものにしか投資をしようとしない」と嘆く人もいるが、経営は博打とは違う。戦略ストーリーはシンプルだが、それを構築するまでにはうまくストーリーが繋がらず、試行錯誤を繰り返す苦しい過程を経なければならない。事業計画書というリトマス試験紙で、それは容易に見透かされてしまうのだ。

section

2

開発テーマをビジネスプランにするための起点「ビジネス俯瞰図」の策定

　新事業開発のテーマアップで、いくら魅力的なシャイニングスターを構想できたとしても、厳しい競争環境下においてビジネスで自社が勝てるという筋道が立っていなければ、新事業開発の成功確率は極めて低くなる。事業計画書において、戦略ストーリーをもたせることがポイントになると述べた。では、いよいよ戦略ストーリー構築の具体的な方法論について、述べていこう。

≫ ビジネスの全体像を俯瞰したマップが戦略検討の必須ツールとなる

　事業戦略を練るにあたり、まずはビジネスの全体像を把握しなければならない。先に述べたように、将軍の技術である「戦略」とは、自社の貴重なリソースを消耗することなく、目的を達成することである。つまり、最上の戦略とは戦わずして勝つことだと言える。ビジネスの全体像を把握したうえで、「あえて捨てる」ビジネスの領域を設定し、自社の経営リソースを集中的に投入する領域を設定することで、最小限のリソースで新事業立ち上げを狙うのだ。

　ビジネスの全体像を俯瞰して、1枚のシンプルなマップにまとめたものを、JMACでは「ビジネス俯瞰図」と呼んでいる。ビジネス俯瞰図のうえに、自社のリソースを集中させ、ビジネスの基盤を構築すべき領域を定義したものをビジネスの「フォーカスエリア」と呼んでいる。

　ビジネス俯瞰図とフォーカスエリアは、戦略ストーリーを経営幹部に説明する際、最初の「市場」についての説明で、どのような理由でその市場をターゲットにしたのかを、ビジュアルを用いて端的に伝えるため

図3-8 ■ 戦略ストーリー構築のための3つの手法

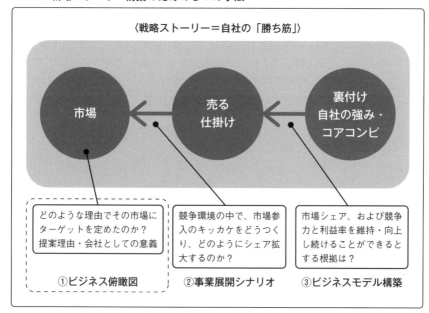

の有効なツールとなる。

　ビジネス俯瞰図とはどのようなものなのか、具体的な策定イメージをもとに説明していこう。例えば、自社が新事業開発テーマとして、今後ますます環境に対する意識が高まり、これまで先進国に適用されてきた厳しい環境規制が、途上国を含めた全世界の当たり前の価値観になる時代がくるというトレンド仮説を洞察した。だが環境対策には膨大なコストがかかるため、経済発展のブレーキなるという理由から、経済的にまだ余裕がない途上国のお客様は、環境対策投資を「諦め」てきた。この「諦め」要因を覆す、ひとひねりのあるシャイニングスターを構想できたとしよう。これまで、トレードオフ関係であると考えられてきた環境対策における、環境性と経済性とを自社の保有技術の強みを活かし、新技術方式で両立化する環境創生のソリューションを考案したとする。この環境性と経済性とを両立化する、自動車や工場から排出される排気ガスや排煙を圧倒的な低コストで無害化する技術を先行開発し、これを事業展開する際の、ビジネス俯瞰図の策定イメージを次の図3-9に示す。

このシャイニングスターは、従来は乗用車や工場から空中に排出される排気ガスを浄化しようとすると、還元触媒の原理を用いた大掛かりで高価な装置が必要になることが多かったところを、還元触媒も不要となり、メンテナンスも容易な新しい技術方式を考案できたとしよう。まずはこの従来よりもランニングコストが大幅に下がる技術が求められるビジネス用途を、できるだけ網羅的にリストアップしていく。

真っ先に思い付くのは、今度もますます環境規制が強化されていくディーゼル車の排気ガス浄化、人体や周辺環境にとって有害とされる微粒子や有害なNOxと呼ばれる窒素酸化物を浄化する用途だ。その他にも、工業振興が著しい中国や新興国における、工場からの排煙、PM2.5等の有害物質の浄化事業もあるだろう。まだ環境規制がない用途でも、新しいウィルス出現による集団感染防止ソリューションの需要が高まりそうだ。多くの人が集まり集団感染リスクの高い大会議室やコンサートホール、商業施設などの屋内空間におけるウィルスや雑菌の滅菌浄化事業もビジネスとして考えられる。また、ニッチなビジネス用途としては、農業や水産・畜産分野においても、環境浄化ソリューションの潜在需要があるかもしれない。例えば、植物工場や養殖場では病気の元になる雑菌が混入すると、構内の植物や魚が一斉にやられてしまうリスクがあり、植物工場では半導体製造におけるクリーンルーム並みの厳しい管理をしているところもある。半導体のような付加価値の高い製品と違い、野菜や魚は単価が安いため、環境浄化に多くのコストをかけることができないというお客様の諦めに対して、経済性と環境性を両立するソリューションは提案余地があるだろう。さらにニッチなものでは、公共用途でのビジネスもあるかもしれない。少子高齢化で地方都市の過疎化が進むなか、人口・税収減により都市インフラの維持コストが高くなり過ぎてしまい、上下水道設備のインフラ維持が困難な地方自治体に対し、低コストで水質を浄化するソリューション提供は潜在ニーズがあるだろう。公安・防衛分野では、今後ますますテロ対策強化が求められるなかで、化学兵器によって汚染された公共空間を速やかに除染し、現状復帰させるための特殊装置の研究開発が防衛省や警察・消防で進められている。

図3-9 ■ ビジネス俯瞰図の策定イメージ

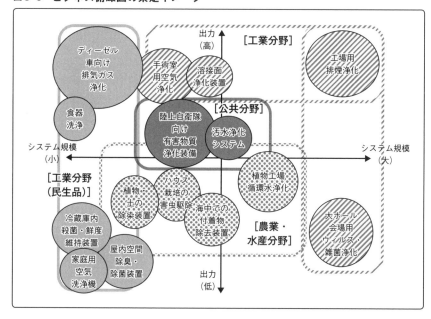

　このように、環境浄化ソリューションというと、すぐに排ガス規制強化が思い付くことから、乗用車や工場向けを考えてしまうが、それに留まらず非常にニッチな用途も含めて、ビジネス展開の可能性が存在するものはできるだけ網羅的に抽出することがポイントになる。

　まずはビジネスの規模の大小や、成長性が高いか低いか等は気にせずに、業種・業態やターゲット顧客も限定せず、提供するソリューションに価値を感じてもらえる用途であれば、できるだけ多く抽出する。

　自社の新事業というからにはこのような小さい市場は狙わないだろう、または自社の既存事業の業態や顧客からあまりにも遠く離れた分野になるため、リストアップしてもそこに進出することは経営判断としてありえないと思ったとしても、それを含めてビジネスの全体像として把握しておくことが、このビジネス俯瞰図の最大のポイントになる。

　ビジネスの全体像を把握したうえで、その中から何を「捨て」て、何を「得る」のかは、その次に考えればよい。だが、最初の段階で自社の

ソリューション提供の可能性を限定してしまっては、戦略を策定する際の選択肢が限られてしまう。乗用車や工場といったわかりやすい市場用途だけではなく、植物工場や陸上自衛隊の特機・除染システムといったニッチな分野まで、視野を広げてビジネスの全体像を俯瞰することが重要になる。

　自社がやるはずもないビジネスについて情報収集を進めても、遠回りをするだけで、時間と労力がもったいないのではないかと思われるかもしれない。だが、不確実性が高い事業環境下では、戦略の価値は、その選択肢・オプションの多さで決まるのだ。この数理的な証明は、金融工学においてリアル・オプションという手法で広く実践され、その有用性が認められている。数理統計に詳しい方は、事業計画書の数値計画を策定する際にも役に立つので、ぜひリアル・オプションの専門書を一度読まれることお勧めしたい（注5）。本書の主旨から外れるため、ここではリアル・オプションの理論に関する詳しい解説は割愛するが、オプションの少ない事業計画と、オプションの多い事業計画とでは、後者のほうが投資対象としての経済価値が大きくなるのである。

　提供ソリューションの価値が認めてもらえる可能性があるビジネスをできるだけ多く抽出し、1枚のマップ上にプロットしてビジネスの全体像を俯瞰した図を作成する。これが事業戦略検討の際の社内の共通言語、作戦地図となる。次の図3-10で、作戦地図を用いた検討のイメージを示す。ここでは、提供するシステムの規模の大小を横軸として、右に行くほどに大型システムが必要になるビジネスをプロットし、縦軸には、技術的な要件として求められるシステムの出力性能の大小をとり、上に行くほどに高性能・高出力が求められるビジネスをプロットする。円の大きさで市場規模の大きさを表現する。これをもとに、自社の経営リソースを集中的に投下すれば市場参入し、勝てる確率が最も高いビジネス領域・自社のビジネスのフォーカスエリアを設定するのだ。

　例えば、自社が得意とするビジネスは、冷蔵庫やエアコン等の白物家電製品に搭載する小型モジュール・汎用製品を大量生産するものであっ

図3-10 ビジネスのフォーカスエリア設定の検討イメージ

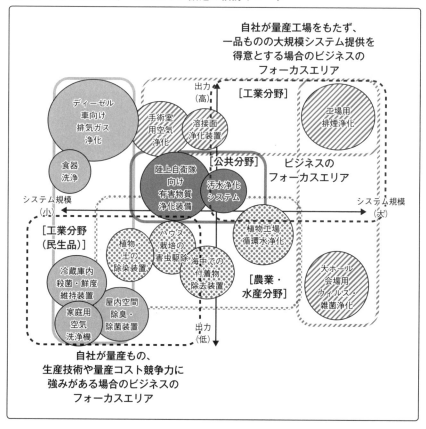

たとする。様々な事業展開が考えられるが、システム規模が小さく、なおかつ、突出した高性能よりも、コストパフォーマンス重視で、中〜低性能の汎用部品でお客様が満足するビジネスから展開したほうが、市場参入の成功確率が高く、既存の経営リソースも併用することで早期の参入が可能になるだろう。すると、ビジネスのフォーカスエリアは、ビジネス俯瞰図上の左下あたりにプロットされているビジネス群、家電製品に内蔵し、殺菌や鮮度維持を可能するモジュールビジネス展開や、家庭菜園や農家向けの害虫駆除や土壌の除染装置ビジネスとなる。

逆に、自社が得意なビジネスは、高い開発力を売りにして大規模な一品もののシステムを大きな工場や商業施設に納入するものであったとし

よう。すると、既存の経営リソースを活用し、市場参入のリスクが少なく、なおかつ市場競争力を維持できる、自社ビジネスのフォーカスエリアは、ビジネス俯瞰図の右上あたりにプロットされているビジネス群、工場の排煙の浄化システム提供や、公共向けの上下水道や汚染水の浄化システム提供になる。

このようにしてビジネス俯瞰図を用いて、自社のビジネスのフォーカスエリアを明確にすれば、どのような理由でその市場をターゲットにしたのかについて、経営幹部に対してもわかりやすく、ロジカルに説明することができる。そして、実際にフォーカスエリアを自社ビジネスの勝負の土俵にして、新事業を展開するほうが、事業化の出口に至るまでの成功確率も高くなるのである。

≫ ビジネス俯瞰図の策定は、縦軸・横軸の設定がポイント

ビジネス俯瞰図の検討ステップを図3-11に示す。ビジネス俯瞰図の策定では、縦軸・横軸をどのようなキーワードによって引くかが最大のポイントになる。この軸の引き方によって、それぞれのビジネスがプロットされる場所がまったく変わってきてしまう。

では、どのようにしてビジネス俯瞰図の軸を考えればよいだろうか。ビジネス俯瞰図の目的は、自社の経営リソースを最大限に活用しながら効率的に事業展開ができるように、自社の得意とするビジネススタイルとの適合性が高い領域を明確にすることである。

また、自社が得意なスタイルと事業ドメインにおけるトレンドとが合致しているかどうかも明確にする必要がある。時代が期待する役割と、自社の得意部分とが合致していなければ、お役立ちはできないためだ。

そこで、まず検討しなければならないのが、新事業開発の事業ドメインにおいて、自社の強みとは何であるのかを言語化して、キーワードとしてあげることである。先のビジネス俯瞰図の策定イメージ（図3-9）では、自社のものづくりの強みが最も効率的に発揮されるビジネス領域を明らかにするために、横軸に提供するシステム規模の大小、縦軸に装置出力の大小を取ったが、自社の強みを表現する軸のとり方はものづく

図3-11 ■ ビジネス俯瞰図の検討ステップ

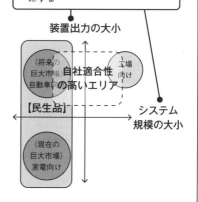

ビジネス俯瞰図では、以下を表現できる"軸の引き方"が重要

- 自社のビジネススタイルとの適合性が高いところはどこか
- なおかつ
- 世の中のトレンドと整合しており、将来有望なターゲットはどこか

＜検討ステップ＞

① まずは事業ドメインの周辺で考えられるビジネスを公開情報（市場レポート、白書等）からリストアップする

② 自社の強みを決めているパラメーターが何かを考え、その大小が表現できるキーワードを決め、軸として設定する

③ リストアップしたビジネスを軸の上にプロットしていき、プロットできないビジネスが出てきた場合は、軸を修正する

④ プロットしたビジネスを顧客・業界特性の違いがわかるように産業分野別などで色分けする

ものづくり面での優位性で考える場合
・小型汎用品よりも、業務用の中〜大型装置が得意
・性能では、技術的難易度の高いハイパワー品が得意
⇒システム規模・装置出力の大小を軸にする

り面だけに限らない。強力な営業チャネルが存在していたり、または、資本力の差によるファイナンス能力が市場競争力に直結している場合もあるだろう。縦軸は装置出力の大小のままで、マーケティング能力や営業力の発揮しやすさを横軸に取り、右にいくほどに公共用途・官需主導、左に行くほどに民生用途・民需主導として、俯瞰図を描くこともできる。ひと言で自社の強みといっても、多くのパラメーターがあり、どれを採用すればよいのかわからなくなる。

そこで、自社の強みのパラメーターのうち、事業ドメインにおけるトレンドと合致しているものを軸のキーワードに設定するとよい。検討イメージの環境創生ソリューション事業では、新興国・途上国を含め、全

世界で環境浄化は当然の価値観となるトレンド仮説を前提とした。このトレンドに合致するのは、既存の技術の限界・壁を越える技術革新である。そうなると、自社の強みを説明する多くのパラメーターのうち、開発力やものづくりの強みに関連するキーワードを軸に採用することで、今の自社の実力が発揮しやすいビジネス領域と、そこから伸ばしていかなければならない領域拡大の方向性が明確になるだろう。

　実際のコンサルティングの現場でも、ビジネス俯瞰図の検討では、何度も軸を引き直してはビジネスをプロットし直し、腑に落ちる俯瞰図になるまで試行錯誤を繰り返すことになる。本部長以上の役職の方、事業戦略策定の実務経験が豊富なベテランの方をメンバーとして新事業開発の検討をすることがあるが、そのような手練れであってもビジネス俯瞰図を1回のトライで描けることは極めて稀である。先に紹介した新任の部長以上の方を対象とした戦略ストーリー構築の研修で実施する際には、最低でも3回はビジネス俯瞰図を練り直し、仕上げていくプログラムにしている。

　このように、実際に自分の手と頭を動かして検討するとなると、非常に難しく、苦労の多い検討になるのだが、このビジネス俯瞰図の軸設定の議論プロセスそのものが、自社の本当の強みとは一体何であるのか、その市場において自社が存在する意義とは一体何であるのか、新事業開発の大義を言語化することにも繋がる。

　経営トップや経営幹部は、新事業開発で儲かるか、儲からないかも重要であるが、合理的に考えればリスクの高い新事業にそれを求めるよりも、既存事業の競争力強化・原価企画に経営リソースをまわしたほうがはるかに効果的であることは承知している。新事業開発は、こうした経済的な合理性よりもむしろ、自社こそがその事業に取り組むべきであるという大義のほうが重要になる。本当に強い企業とは、成長市場で最も儲けている企業ではなく、環境変化に柔軟に対応することができる企業であり、時代の変化に合わせた新しい役立ちが、企業の存在価値を持続的なものにするためだ。

　腑に落ちるビジネス俯瞰図が描けた暁には、経営幹部から「現業が忙

しくて大変な時期に、このような新事業になぜ我が社が取り組まなければならないのか」と質問された際にも、自分達なりの回答を返すことができるようになるだろう。

注5：大野薫，『モンテカルロ法によるリアル・オプション分析—事業計画の戦略的評価』，2012

section 3

「ビジネス俯瞰図」から事業展開のシナリオを練り上げる

　ビジネス俯瞰図を策定し、自社のビジネスのフォーカスエリアを設定した。フォーカスエリアは自社の強みを発揮しやすく、新事業の最初の取っ掛かりとして、事業基盤を構築する際の戦略的なターゲットとなる。では、フォーカスエリア以外のビジネスはすべて「捨てて」しまうのかと言えば、そうではない。フォーカスエリアで展開できる身の丈から少し背伸びをした程度のビジネスで終わってしまっては、新事業と呼べるだけの大きな収益事業にはならないだろう。フォーカスエリアはあくまでも新事業開発のスタート地点であり、ここを足掛かりとして事業を段階的に拡大・発展させていくシナリオを描くことが重要になる。

　次にこの事業展開のシナリオの描き方を述べていこう。

魅力的な新事業提案とは、足元の手堅い短期的な収益確保と中長期的な発展性・夢のあるビジネスとを両立させること

　自社の得意とするフォーカスエリアが、今後 大きな成長が望める将来有望な市場と合致していることは稀である。事業展開を経営幹部にそのままプレゼンすると、おそらく「確かに手堅いビジネスだが、小ぢんまりとして面白くない。もっと大きな夢のあるビジネス構想にならなかったのか」という指摘が入ることだろう。かといって、例えば10年越しで実現するような壮大なビジネス構想をプレゼンすると、今度は「夢があって面白いテーマではあるが、あまりにも世の中の先を行き過ぎており、飛躍し過ぎている。もっと自社の今の強みを活かした現実的なビジネス構想にできなかったのか」という指摘が入ることだろう。

　手堅くいくと面白くないと言われ、飛躍するとやり過ぎだと言われる。

図3-12 ■ 新事業開発の経営意思決定におけるジレンマ

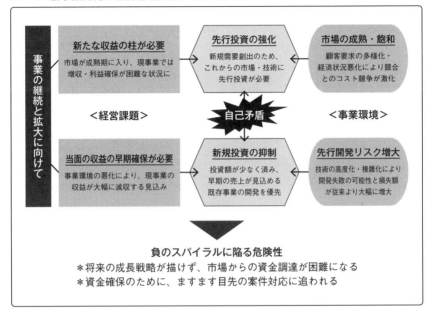

一体どうすればいいのかとなるが、つまるところ経営幹部が期待する魅力的な新事業開発の提案とは、足元の手堅い短期的な収益確保と、中長期的な発展性・夢のあるビジネスとを両立させることなのである。

　この期待は、経営者の側に立って考えれば無理もないことがわかる。現業がかつてほどの大きな成長が望めない中で、持続的な成長を望めば、まだこれからの市場・技術に対してリスクを取って先行的に投資を行う必要がある。だが、そもそも現業の収益基盤が揺らいでいる状況で、収益があがるのは当分先になるうえ、そもそも本当にそのような市場が立ち上がるのか、技術開発に成功するのかもわからない新事業開発に先行投資するよりも、より確実に目先の収益を確保できる現業に優先的に経営リソースをまわしたい。株主からの期待も、近年ますます資本を増やすことを重視した短期志向となり、将来の事業の種に投資するよりも、目先の業績改善を優先する考え方が強くなっている。

　経営者も、資本増殖を何よりも最優先すべきという、株式市場からのプレッシャーにさらされて、かつてのように時間をかけて強い新事業・

図3-13 ■ 事業展開シナリオにより、短期収益確保だけでなく、中長期の拡大・発展を描く

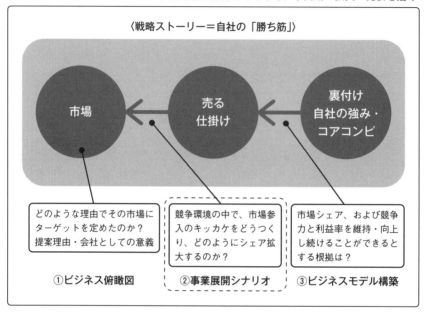

産業を創出し、高い配当で資本家に還元するよりも、目先の資本を増やすことが要求されている。遠い将来に芽が出る新事業への先行投資よりも、現業の利益率を少しでも上げるための投資が優先されるのは、当然の成り行きだ。だが、短期的には資本金は増えるが、将来の事業の種を蒔かなければ会社の事業者としての実力は確実に低下していく。資本家と事業家との間に美しいWin-Win関係があったのはもはや過去の話であり、この自己矛盾に、かつてないほど今日の経営者は頭を悩ませている。

この状況は誰が悪いわけではなく、世界中でどの企業もそうなってしまっているのだ。「我が社の経営陣はわかってくれない」と嘆いても、状況は何も変わらない。そこで、フォーカスエリアのみの手堅いビジネスだけで終わるのではなく、フォーカスエリアはあくまでも橋頭堡として、そこから将来有望な市場へと拡大してゆく、シナリオを提示することが重要になる。JMACではこれを「事業展開シナリオ」と呼んでいる。事業展開シナリオが策定できれば、厳しい競争環境下で、いかに自社がリスクを最小化しながら、さらなる事業拡大に必要な強みを段階的に獲

得し、大きな事業に育てていくことができるのか、それをシンプルに説明することができるようになる。戦略ストーリーにおける「売る仕掛け」、つまり競争環境のなかで、どのようにして参入するきっかけをつくり、シェアを拡大するのかを、事業展開シナリオの一枚絵でわかりやすくプレゼンするのだ（図3-13）。

≫ パラダイムシフトの前には、必ずミニ・パラダイムシフトが存在する

　これまでの世の中やビジネスの常識を覆す、壮大なビジネス構想が実を結び、新しい大きな市場が立ち上げる前には、必ずと言っていいほど、パラダイムシフトの前のミニ・パラダイムシフトとでも呼ぶべき、今の常識の一部だけを少し変えたものが登場している。

　例えば、今は光ファイバーによる高速インターネットが家庭に広く普及している。だが、90年代後半の頃は、インターネット自体は広く知られていたものの、家庭からインターネットに繋げるためには、固定電話の回線経由で、非常に低速で高価な電話料金が発生していた。技術的にはその当時から光ファイバーによる高速データ通信は確立していたが、その敷設に膨大なインフラ投資が必要となることから、大企業の業務用回線利用に限定され、家庭用に普及するかは不透明であった。

　ここで、ADSLの登場でミニ・パラダイムシフトが起こったことが、光ファイバーによる高速インターネットの普及というパラダイムシフトに繋がっている。ADSLは既設の電話回線を利用することで、光ファイバーを敷設しなくとも、条件付きで高速通信ができるというものである。条件付きというのは、電話会社とは別に接続サービス事業者との契約や専用モデム装置が必要になり、また回線が混み合っているときは大幅に通信速度が低下することがある。今の光ファイバー接続に比べると、随分と品質も安定しないうえに、手続きも煩雑ではあるが、それでもこのADSLがなければ、今日の家庭で光高速インターネットが当たり前になるようなパラダイムシフトは起こり難かった。

　ADSLの登場で最もインパクトがあったのは、条件付きの高速通信というよりも、これまで接続時間に応じて通話料が請求される従量課金で

あったインターネットが、いくら繋いでも料金は同じ、定額課金となったことだ。これにより、時間を気にせずにインターネットに繋ぎ放題となったことで、インターネットはコンピュータ・マニアの趣味から、生活の便利な手段として使えるものという認識が一気に広まった。

定額課金になる前は、ネットショッピングでリアル店舗よりも安いものを見付けることができたとしても、あれこれ商品を悩んでいるうちに長時間ネットに繋いでしまうと、その間の電話料金で相殺されてしまう。高額な電話代が発生してもインターネットに繋ぎたがるのは、ごく一部のマニアか、業務用で必要性に迫られたときくらいであったのだ。

定額制により、気軽にちょっとしたことでもインターネットを利用できるようになり、その便利さの認識が広がったことで、住宅の新築や建替えで、ADSLよりさらに便利な光ファイバーを敷設することが当たり前に生活者に受け入れられていく土壌となった。定額制のADSLが登場しなければ、果たしていきなり電話の世界から、光データ通信の世界へと飛躍できただろうか。

情報通信に限らず、自動車ではEVの前に、ハイブリットカーが登場したことで、内燃機関から電動モーターへのパラダイムシフトが進んだ。アミューズメント分野では、コンピューター・ゲームの世紀をつくったファミコンというパラダイムシフトの前に、ゲームウォッチという時計に簡易なゲーム機能を付けたものが大ヒットするというミニ・パラダイムシフトが起こった。このようにパラダイムシフトの前には、今までのやり方をそう大きく変えることなく、究極の理想形ではないが、今よりも便利になるミニ・パラダイムシフトが起きている。

このミニ・パラダイムシフトを意図的に仕掛けていき、最終的に目指すシャイニングスター構想が世の中で受け入れられ、普及していく土壌をつくり出すことが、事業展開シナリオの目的となる。では、事業展開シナリオとはどのようなものなのか、今や世界中の人達のライフスタイルに欠かすことができない、スマートフォンというパラダイムシフトを実現した、Apple社のiPhoneの開発事例をもとにわかりやすく説明していこう。

図3-14■i-Phone開発事例をもとにした事業展開シナリオのイメージ

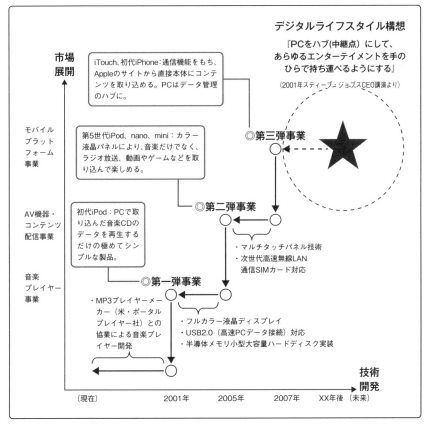

　事業展開シナリオは、図3-14に示すように、横軸に「技術開発」と時間軸を取り、縦軸に「市場展開」を取る。そして、一番右上に最終的に実現したいシャイニングスター構想を取り、そのシャイニングスターに至るまでにどのようなステップを踏んでいくのかを、わかりやすく一枚絵にしたものだ。

　今でこそ、外出先のどこにいてもスマートフォンさえあれば、音楽だけではなくゲームや映画、ドラマ放送、書籍や雑誌まで、気軽にいつでも楽しむことができるのが当たり前のライフスタイルになっている。このライフスタイルを創り出す構想を、Apple社はいつからもっていたのだろうかというと、時を遡ること2001年まで戻ることになる。当時の

CEOのスティーブ・ジョブス氏がMacWorld Conference and Expoの基調講演において述べた「デジタルライフスタイルの提案」で、すでに今日の当たり前になったライフスタイルの構想をもっていたことがわかる。そこで、スティーブ・ジョブスは、家のパソコンを中継点として、「あらゆるエンターテイメントを手のひらで持ち運べるようにする」ライフスタイルの提案を行った。

2001年当時は、自宅のテレビやパソコン、据え置き型の専用ゲーム機で楽しんでいる映画やゲーム等などの手の込んだコンテンツを、外出先で楽しむという話は、まさに夢のような話であった。「あったらいいな」と潜在的には皆思っていたが、自宅で据え置きの専用ＡＶ機器やゲーム機で楽しむものと、「諦めて」いたことである。まさにこれこそが、シャイニングスター構想といえる。

だが、今でこそ、世界の時価総額トップの常連企業となっているApple社も、2001年当時は経営が非常に苦しかった。MicrosoftとIntelにより、パソコン事業の世界シェアは完全に奪われ、Appleの当時の主力事業であったMacintoshパソコンは、DTPやWebデザイナー等のニッチ市場で辛うじて一定のシェアをもっている状況で、資本力も優秀な技術者も不足しており、「デジタルライフスタイル」実現の一連の新事業開発に先行投入できる経営リソースは限られていた。

いかに優れたシャイニングスターであっても、このような状況で、事業展開の戦略なしに新事業開発を進めたとしたら、競合のライバル企業に簡単に潰されてしまったことだろう。

そこで、限られた経営リソースを、ビジネスのフォーカスエリアとして音楽プレイヤー事業に集中させることにした。究極の理想のソリューションは、「あらゆるエンターテイメントを持ち運ぶ」ことであるが、その中でも音楽に着目し、MDやCD等のメディアを何枚も持ち歩く必要がなく、ハードディスクで音楽を持ち運べる音楽プレイヤーの開発に着手した。だが、このコンセプトは目新しいものではなく、当時からApple以外にもMP3プレイヤーと呼ばれた同様の音楽プレイヤーを手掛ける会社は多く存在しており、むしろ後発であったAppleは何らかの強

みがなければ、市場で成功しなかっただろう。

　Appleの強みは、パソコン市場でのシェアは低かったが、Macintosh
はクリエイター向けのハイエンド機では定評があり、スタイリッシュな
イメージがあった。そして何よりも技術的な強みとして、パソコン事業
で長年、ハードウェア開発だけでなく、各種アプリケーションやOS、
音楽や映像の圧縮フォーマットまですべてのソフトウェア開発を自前で
やってきたことにより、ハードとソフトが連動した直観的な操作ができ
るユーザー・インターフェース（I/F）を作り込むノウハウがあった。
この自社の強みが活きるのが、音楽プレイヤー事業であったのだろう。
また、事業をスピード展開するために、MP3プレイヤーの開発ノウハ
ウをもつポータルプレイヤー社のエンジニア陣を雇用し、開発を委託し
た。

　ご存じのように、iPodは大ヒット商品となり、パソコン事業に加えて、
音楽プレイヤー事業は大きな収益の柱となり、傾いていた業績を急回復
させることになる。だが、新事業開発の最初のきっかけであるビジネス
のフォーカスエリアのみの事業で満足していては、今日の世界時価総額
トップの常連であるAppleはなかっただろう。Appleがやりたいのは音
楽プレイヤー事業ではなく、それを足掛かりとして「あらゆるエンター
テイメント」を持ち運ぶデジタルライフスタイルを実現することである。

　そこで、第二弾事業として、カラー液晶を搭載し、音楽だけではなく、
ミュージックビデオや、簡単なゲームやスケジュール帳といったアプリ
ケーションを楽しめる、ポータブルAV機器事業を開始した。ここでも
ポータブルDVDプレイヤーや、PDAと呼ばれた携帯情報端末で、先行
する競合企業は多数存在していたが、ここでもAppleならではの強みと
して、自前の音楽データ圧縮フォーマットを活用したiPod顧客基盤を
そのまま囲い込むことができたのだ。汎用のMP3フォーマットでは、
購入した楽曲はそのままでハードウェアを別メーカーのものに変えても
再生ができてしまう。だが、Appleは自社のコンテンツ配信プラットフ
ォームであるiTunes上で購入した楽曲は、Apple製品上でしか再生でき
ないようにすることができたのだ。こうして、世界中のiPod顧客基盤

第3章　開発テーマをビジネスの価値に繋げる「事業展開シナリオ」

をそのまま第二弾事業にシフトさせることができた。

　2007年頃になると、技術も成熟していき、フルカラー液晶のコストも大幅に下がり、全画面液晶のタッチパネルのI/Fが現実的なものとなった。また、通信インフラも高度化し、携帯電話で高速なデータ通信が可能となり、Wi-Fi規格が普及を始めて、無線データ通信を気軽に導入できるようになる。そこで満を持して、第三弾事業として、モバイルプラットフォームとしての携帯電話機器事業、iPhoneを展開する。2015年に発売されたiPhone5は、スティーブ・ジョブスが2001年に描いたビジョンの「手のひらの小さなデバイス」の到達点であったと述べている。

　実に15年近くもの年月をかけて、図3-15に示す「デジタルライフスタイル」の壮大なシャイニングスターの事業を実現したのだが、その間すでに普及しているCDウォークマンにCDを何枚も持ち運ばなくてもよく、CDショップに行かなくても自宅でインターネットで楽曲を１曲から購入できる便利さが加わったミニ・パラダイムシフトを仕掛けることで、短期的な収益も確保している。

　その次には、普及した音楽プレイヤーにカラー液晶を付けて、音楽以外の映像コンテンツやアプリケーションを楽しめるようになる便利さが加わったミニ・パラダイムシフトを仕掛けている。

　このようにして、足元の手堅い短期的な収益確保と、中長期的な発展性・夢のあるビジネスとを両立させてきたのだと言えよう。これこそが、事業展開シナリオ構築の目的となる。

　事業展開シナリオ構築の際に、留意しなければならないポイントがある。図3-15に示すように、ミニ・パラダイムシフトのそれぞれの事業で、自社ならではの強みが一貫して発揮されている点だ。段階的にシャイニングスター実現を目指す事業展開シナリオを構築できたとしても、途中のミニ・パラダイムシフトの事業でつまずき、そこで志半ばで終わってしまっては本末転倒になってしまう。特に最初のミニ・パラダイムシフトである第一弾事業で失敗すると、その後の挽回は極めて難しくなる。Appleの場合、最初のミニ・パラダイムシフトを仕掛けた際には、長年

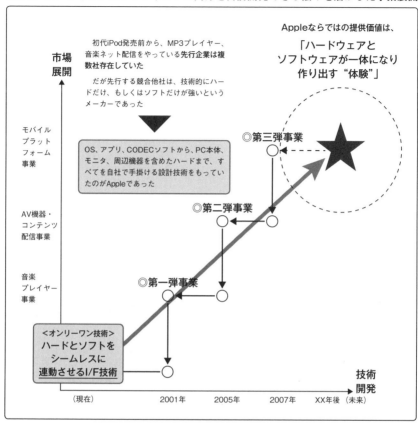

図3-15■ハードウェアとソフトウェアの両方を自前開発できる強みを活かした事業展開

のパソコン事業の低迷により、新事業開発に割くことのできる経営リソースは限られていた。そのうえ、音楽プレイヤー事業の競合には、MP3プレイヤーやインターネット音楽配信サービスのベンチャー企業だけではなく、当時のAppleでは経営リソース面で正面から戦えば勝ち筋は到底ないように思える、SONYやパナソニックといった日本の大手家電メーカーが存在していた。そのような中で、Appleならではの強みとは、長年のパソコン事業で培ってきたソフトウェアとハードウェアの設計能力により、操作していること自体が「気持ちいい」とすら感じる、デザインも含めたユーザーI/Fであったと考える。Windowsパソコンでは、OSなどの基本ソフトウェアはMicrosoftが、パソコン本体はDellやHP

等のメーカーが手掛けていた。そのため、ソフト処理とハード処理が完全に連動して、ストレスなく動くI/Fを実現するのは、極めて難しい。このAppleならではの強みは、第一弾、第二弾事業だけでなく、シャイニングスター構想の実現に至るまで一貫している。第三弾事業で携帯電話に進出した際には、Google社がライバルとなり、アンドロイドOSを無償で公開するオープン戦略で対抗してきたが、やはりソフトとハードを作り込むところが別々となると、ハードとソフトがシームレスに連動してスムーズに動作する、「触っているだけでも、楽しい」ユーザーI/FはAppleだけのものであった。

　このように、新事業開発の事業ドメインにおいて自社の強みとは一体何であるのかを明文化しなければ、事業展開シナリオにより、参入する際のリスクを低減できたとしても、収益を拡大・維持することは難しくなる。温故創新マップや、ビジネス俯瞰図の軸の設定検討において、一貫してこだわり続けるべき、自社の本当の強みとは何であるのかを議論し、事業展開の起点とすることが、ミニ・パラダイムシフトの仕掛けの成否に大きく効いてくるのだ。

≫ 狙いたいビジネスターゲット（ゴール地点）と起点とするビジネスターゲット（スタート地点）を設定し、複数のルートを検討する

　具体的なイメージをつかんでいただくため、Apple社の事例を用いて、事業展開シナリオとはどのようなものなのか述べてきた。では、いよいよこの事業展開シナリオの策定方法を、先の検討サンプルイメージの「環境性と経済性を両立する環境創生事業」のシャイニングスター構想、還元触媒や吸着フィルターといった消耗品を使用せずに、メンテナンスフリーで経済的な環境浄化システムの「あったらいいな」をもとに、具体的な検討の進め方を述べていこう。

　仮に、自社は量産工場をもたず、一品ものの大規模システム提供を得意とし、また、技術的には難しいハイエンド製品の開発力に強みがあるとする。すると、自社にとってのビジネスのフォーカスエリアは図3-16に再掲したビジネス俯瞰図の右上のエリアになり、工場用排煙浄化システムが最も自社のビジネスのスタイルや得意分野にマッチしている。確

図3-16 ■ ビジネス俯瞰図から、ゴール地点とスタート地点を決める

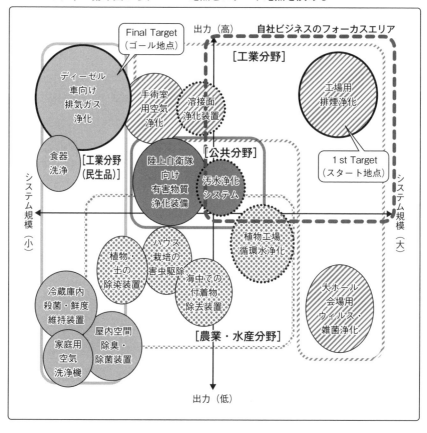

かに、工場排煙の浄化は新事業開発の最初の取っ掛かりとしては、自社にとって最も市場参入のハードルが低く、成功確率が高くなるエリアではあるものの、既設の設備でも業務が回っているなかで、追加投資をしてまで新しいソリューションが求める需要はそこまで大きくはなく、限定的な市場である。せっかくひとひねりの効いた新技術開発に成功しても、工場用排煙浄化や、その周辺事業として植物工場の循環水浄化システムや溶接工程の前処理装置といった周辺ビジネスへと横展開をしたとしても、フォーカスエリアだけの事業展開で終わってしまっては、大きな収益事業に育てることには限界があるだろう。新事業開発というよりも、身の丈での新製品開発に近く、経営幹部からも「夢がない」と指摘

されてしまうかもしれない。

　そこで、より大きく事業を育てることができる分野として、やはり花形産業の自動車市場に進出したい。ここで大きなシェアを獲得することを、新事業開発の最終目標・ゴール地点として設定したとする。だが、ビジネス俯瞰図から、フォーカスエリアにある最初の取っ掛かりとなるビジネス、つまりスタート地点から、ゴール地点であるディーゼル車向け排気ガス浄化システムへは、かなりの距離があることがわかる。いくら低コストと高効率の浄化性能を同時実現する画期的な先行技術開発に成功したとしても、これまで自動車業界で何らの実績もない自社が、いきなりカーメーカー各社のドアを叩いたところで、車載システムに求められる高度な安全性や信頼性を確保できるのか。そもそもこれまで一品ものの大型システムを得意とし、グローバルでの量産工場をもっていない自社は、相手にすらされないだろう。

　先の光ファイバー通信や、スマートフォンの普及事例で述べたように、画期的な新技術・ソリューションによるパラダイムシフトの前には、必ず今の製品・やり方を少しだけ変えて便利にしたミニ・パラダイムシフトが存在している。これはBtoCビジネスであっても、BtoBビジネスであっても同様だ。段階的にミニ・パラダイムシフトを仕掛けていきながら、最終的に目指すビジネスに到達する事業展開のシナリオを描く必要がある。では、どのようなミニ・パラダイムシフトを仕掛けるのか、その検討方法を述べていこう。

　まず、最終的なゴール地点のビジネス、ここではディーゼル車の排気ガス浄化システムで求められる要件を分解していく。乗用車に搭載するシステムにするためには、まず小型軽量・低コストでありながら、厳しい高い信頼性・耐久性の要求をクリアしなければならない。ここは自社が自動車業界の経験がない会社だとすると、高信頼性・耐久性の試験方法・設備等の開発環境がないため、開発のハードルは極めて高くなるだろう。またバスやトラックなどの排気量の大きい自動車では、大流量の排気ガスを高速で浄化する基本性能が求められる。ここは、これまで大型の高出力装置で培ってきた技術の蓄積が活かせるため、開発ハードル

図3-17 ■ ゴール地点で求められるソリューション要件を分解する

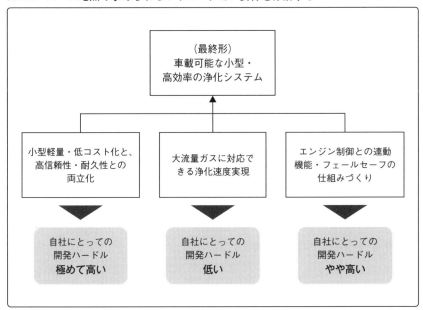

は低いものとする。さらには、エンジンのオン・オフに対応して、自動で浄化システムが稼動・停止するようにする必要があり、不測の事態が生じた際にはシステムを強制的に緊急停止できるようにする等のフェールセーフの仕組みも必要になるだろう。システム側にインテリジェントな制御をもたせる技術は、BtoB工場向けではやってきているが、BtoBtoCの一般消費者向けの制御技術開発は、自社にとってはややハードルが高いだろう。

　理想は、これらの要件のすべての開発が完了してから、市場展開を開始することだが、それはあまりにも開発リスクが高すぎる。開発に成功したとしても、市場で何ら実績のないシステムを、人の命を乗せて運ぶ自動車でいきなり採用してくれるお客様はいないだろう。

　そこで、すべての要件が高い水準で達成されなくとも、このうちのどれかがある程度の水準まで達成されていれば、現状のシステム・やり方を大きく変えることなく、便利になる市場用途を考えるのである。

　例えば、工場用の排煙浄化システムや大ホール会場のウィルス浄化シ

ステムでは、小型・軽量と車載にも耐えうる高信頼性・耐久性までは求められない。システム運用も、業務用としてプロの社員が使用するため、乗用車で求められるようなシビアなフェールセーフ機能や連動制御も求められないだろう。これまでのシステムの運用を変えることなく、従来の還元触媒や空気清浄フィルターの交換といったメンテナンスの手間や費用が要らなくなり、保守運用に関する費用を低減できる経済的なシステムを提供することができれば、お客様の保守人員不足という諦めの要因を覆すソリューションとして提案余地が大いにありそうだ。ここは第一弾のミニ・パラダイムシフトを仕掛ける候補になるだろう。

　先のAppleの事例でいえば、いきなり「あらゆるエンターテイメントを手のひらで持ち運ぶ」ソリューションは、開発ハードルが高い。何よりも斬新すぎるソリューションにユーザー側が付いてこられずに失敗する確率が高くなる。そこで、まずは携帯音楽プレイヤーに大容量ハードディスクを搭載し、CDやMDカセットの持ち運びを不要にして便利にするという、ユーザーにとってわかりやすいミニ・パラダイムシフトを仕掛けた。

　次に、小型・軽量化と低コスト化が実現できれば、冷蔵庫や家庭用の据え置き空気清浄機に展開できる。ここでも、フィルターの掃除や消耗品の交換が必要ない経済的なシステムがあれば、従来までのやり方を大きく変える必要はなく、家事の省略によるQOL向上に繋がることだろう。ここは第二弾のミニ・パラダイムシフトを仕掛ける候補になりそうだ。このようにして、分解したそれぞれの要件でミニ・パラダイムシフトの可能性を検討しながら、段階的に自社の実力を引き上げ、現時点での身の丈からは遠い距離にある、最終的に目指すソリューションの最終形に至るまでの事業展開を検討していくのだ。

≫ 成功確率をあげるために、複数パターンのシナリオを検討する

　ビジネス全体像の俯瞰が十分に検討されていれば、フォーカスエリアのスタート地点から、最終目標とするビジネス・ゴール地点に至るまでのミニ・パラダイムシフトの候補となるビジネスは1つではなく、複数

出てくる。スタート地点からゴール地点に至るまでのシナリオは、できるだけたくさんあったほうがよい。複数の事業展開シナリオがあるということは、スタートからゴールに至るまでの新事業開発の推進過程で、業界規制が自社に不利な方向に変わる等、事業環境が自社の望まない方向へ向かってしまった場合に、迂回できるルートが存在していることを意味する。大規模災害や事件の発生、マークしてこなかった新興企業の躍進、急な法改正等の開発開始当初は想定しきれなかった不測の事態が起きて、事業計画通りに進まない状況になったとしても、軌道修正ができるのだ。

　先のAppleの事例は、事業展開シナリオとはどのようなものかをわかりやすくイメージしてもらうために取り上げたが、これはあまりにもうまく行き過ぎた事例である。著者が実際にコンサルティング支援をしてきた企業では、現在は新事業として立ち上がり、収益事業となっているものでも、最初に描いた事業展開シナリオ通りに万事順調に展開していったものはほとんどない。新事業開発の着手時点は、複数の事業展開シナリオの中から、ベターなものをメインシナリオとして進めていくのだが、推進過程では予期せぬ困難にぶつかることがある。その際に、ゴール地点・新事業を諦めるのではなく、メインシナリオの事業化リスクを迂回できる次善のシナリオに切り替えるのだ。

　未来のリスクを予知し、ゼロにすることは人間にはできない。著者の経験上、当初の事業展開シナリオ通りにゴールまでうまくいった例もあるが、それは極めて稀なケースである。むしろ、複数の事業展開シナリオをもっていたことで、事業開発の推進過程で不測の事態が生じた場合も、次善のシナリオへの切り替えを含めて、経営陣のGO/STOPの適切な判断を下してもらい、リスクの影響を最小化し、新事業の芽を摘み取らずに済んだケースのほうが多い。

　「環境性と経済性を両立する環境創生事業」における事業展開シナリオの複数検討イメージを図3-18に示す。事業展開シナリオの1つとして、工場用排煙浄化システムの事業からスタートし、途中のミニ・パラダイムシフトとして、公共分野の陸上自衛隊向けの有害物質浄化装備にビジ

ネス展開するシナリオが考えられる。なぜ、陸上自衛隊向けの装備かと
言えば、自動車業界の門を叩くために、自社に圧倒的に不足しているの
が、車載可能な小型・軽量で、なおかつ高信頼性・耐久性を実現する開
発ノウハウ・実績である。工場向けの据え置き設置の大型装置をいくら
やっていても、車載装置へはいきなり飛躍できないだろう。その点、陸
上自衛隊向けの装備は、普段は基地に保管しておき、有事にはそれを車
に積んで化学兵器によるテロや事故、自然災害等で汚染された現場に向
かい、そこで現状復帰を行う使い方になる。つまり、基本的には据え置
き装置であるが、車で現地まで可搬することが求められる。また陸上自
衛隊の装備は、国防という性質からも極めて高い信頼性・耐久性が要求
され、車載に必要な開発対応力を磨くことができる。その一方で、小型
軽量・低コスト化については、自動車業界ほどの厳しい要求はこないだ
ろう。このように、陸上自衛隊向けの有害物質浄化の特殊装備提供とい
うビジネスを展開することができれば、国家予算のなかで先行開発を進
めて、自社の開発力を高めることができる。

　また別のシナリオとしては、大ホール会場用のウィルス・雑菌浄化シ
ステム提供で、集団感染のリスクを減らせる安心・安全な空間づくりの
ビジネスを途中のミニ・パラダイムシフトにすることも考えられる。な
ぜ、このビジネスに事業展開するかと言えば、自社が自動車業界に出て
行くためには、小型・軽量のモジュールの大量生産が可能な量産工場の
グローバル体制を構築しなければならない。だが、これまで一品ものの
システムを納品するスタイルの自社が、ゼロから新規投資で量産体制を
整えるというのはあまりにも無理がある。コンサート会場や国際会議場
等の大きな屋内会場施設や、大規模商業施設向けにシステム提供する際
には、サブコンである業務用の空調設備メーカーとの協業が必須となる。
この中で業務用の空調だけでなく、家庭用のエアコンや冷蔵庫もつくっ
ているメーカーと協業し、包括的なアライアンスを組むことができれば、
パートナー企業のもつ家電製品のグローバルの生産体制・既存の経営リ
ソースを活用し、途中に家電製品向けのミニ・パラダイムシフトを仕掛
けることで、ファブレスの形態で車載品事業へと進出することができる

図3-18■ゴール地点へ至るまでの複数の事業展開シナリオを検討する

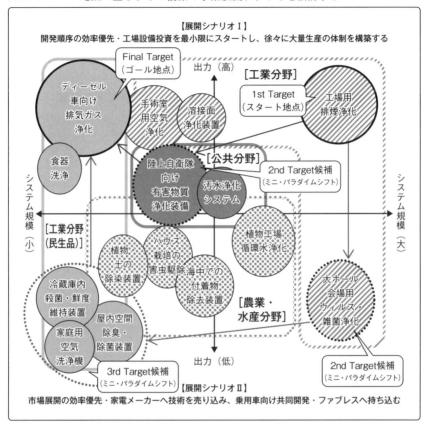

だろう。

　さらに別のシナリオとしては、植物工場などの農業分野に進出し、そこから農機・トラクター等への採用を目指し、そこから建設機械に展開していくというシナリオも考えられるだろう。

　このようにして、図3-18に示すように、できるだけ複数の事業展開シナリオを検討していくのだ。先に述べたように、新事業開発の推進プロセスでは開始当初は予期できなかった困難にぶつかることがほとんどである。その際の迂回策とするためにも、あらかじめ最低でも3パターン以上の事業展開シナリオを検討していただきたい。ここでは各シナリ

オの質はあまり問わずに、ゴールに至るまでのロジックが通っているものであれば、すべて可能性としてあげておくことがポイントになる。あらゆる事業展開シナリオの可能性を検討したうえで、その中からどれをメインシナリオとするかは、最後に評価すればよいのだ。

≫ シナリオのメリット/デメリット評価と、メインシナリオの決定

このようにして、複数の事業展開シナリオを出し尽くしたうえで、図3-19に示すような、各シナリオのメリットとデメリットをまとめた表にする。この表をつくって整理をしていくと、さらに追加の事業展開シナリオが考案されることもある。そして、メリットとデメリットの両面から、事業展開シナリオに優先順位を付けていき、優先順位の高い事業展開シナリオから、F/Sを行っていく。

この優先順位付けの際には、「売る仕掛け」としての定性的な評価に加えて、事業収益についても試算をしておく。だたし、この時点では、販売管理費等の社内間接費の配賦経費はまずは除いて、キャッシュフローベースで試算する。事業展開シナリオの検討段階では、まだビジネスモデルと、それに基づくビジネスの推進体制、内作/外作の切り分け等も確定していないため、まずは社外にキャッシュアウトする先行投資等の費用と、売上としてキャッシュインする金額との差分によるシンプルな計算でよい。ビジネスモデルを検討し、事業モデル、すなわちキャッシュを生んでそれが自社に還流していく仕組みが検討できたうえで、事業損益（Profit and Loss statement、以降はP/Lと表記する）は詳細に計算する。新事業開発におけるP/L計算の考え方は、第4章の最後「新事業開発における数値計画策定の考え方」で説明する。

事業展開シナリオの優先順位を付けるにあたり、「売る仕掛け」としての筋のよさもあるが、開発リスクに対してどれだけのリターンが見込めるかどうかを、粗い計算でもいいので定量的に押さえておく必要がある。なぜならば、開発リスクを最小化しようとすると、自社にキャッシュインする金額は減るという、トレードオフが発生するためだ。例えば図3-18の「Ⅰ 公共分野・特機事業での技術的な実績で参入する」シナ

図3-19 ■ 事業展開シナリオの評価

事業展開シナリオ	内容	シナリオの妥当性評価 メリット	シナリオの妥当性評価 デメリット	結論
Ⅰ	公共分野・特機事業での技術的な実績で参入	技術開発の効率を優先し、特殊なニッチ市場で、車載に求められる厳しい要件に対応できる開発能力を獲得する	車載に求められる要件に対応できる開発力を、国家プロジェクトのなかで開発費をもらいながら、効率的に蓄積していくことができる可能性がある	要素技術の開発面では、効率的に進めることができるが、量産体制の獲得には至らない。ライセンス提供などのビジネスモデルが必要になる	◎
Ⅱ	家電メーカーとのアライアンスで、ファブレス形態で量産能力を獲得	市場展開の効率・スピードを優先し、アライアンス先の経営リソースを活用することで早期に自動車産業に参入を図る	グローバル量産体制の構築を、アライアンス契約のなかで、最短で実現できる可能性がある	いずれのビジネスにおいても、アライアンス先のメーカーがプライムベンダとなり、自社はその下請け的な位置になり、利益確保が難しくなる	○
Ⅲ	農業分野での実績で農機に進出し、建機メーカーと共同開発契約	普通乗用車向けのビジネスの手前で、建設機械向けのビジネス展開を狙い、ニッチな農業分野から展開する	競争過多のビジネスを避けて、強力なライバル企業がいないニッチ市場で、自社のペースで事業展開を進めることができる	建設機械メーカーと共同開発に成功し、ここで実績があっても、乗用車に参入するための売る仕掛けにはならない可能性が高い	×
	…				

図3-20 ■ リスクが最も少なく、リターンが大きい事業展開シナリオから優先する

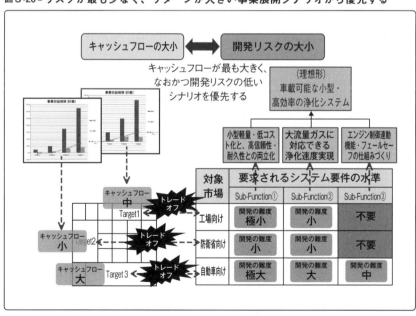

リオでは、自社の開発リスクを段階的に下げることはできるが、ニッチな防衛省向け装備提供ビジネスで大きなキャッシュインは望めないだろう。対して、「II 家電メーカーとのアライアンスで、ファブレス形態で量産能力を獲得」するシナリオでは、BtoBでの産業用大型システムが得意な会社が、BtoBtoCの民生品に挑戦するのは、開発リスクが極めて高い。だが、キャッシュインでは、エアコンや冷蔵庫等の家電製品に標準採用となれば、かなりの売上高が期待できるだろう。

　優先順位を付ける際には、図3-20に示すように「売る仕掛け」としての筋のよさの評価が高く、さらに開発リスクが最も少なくなり、事業の生み出すキャッシュフローが最も大きくなるシナリオが優先される。検討イメージでは、複数の事業展開シナリオを検証した結果、これまで自動車業界で何らの実績もない自社が、ビジネスの主導権を握るためには、やはりダントツの技術開発の成功により、自動車業界の興味を引くことが肝心であると考えた。また、公共入札案件はこれまで多くの実績があり、防衛省向けの営業チャネルも存在していることから、図3-19の複数シナリオのなかでも「I 公共分野・特機事業での技術的な実績で参入する」事業展開シナリオを最優先のシナリオとしたとしよう。

　これをメインシナリオとした場合の、事業展開シナリオの構築イメージを図3-21に示す。最終的には世界的に大きな需要を見込むことができる自動車向けの排ガス浄化事業を目指すが、その前にミニ・パラダイムシフトとして公共分野のニッチで防衛省向けの有毒ガス除染装置事業を展開する。防衛産業向けに実績があることは、高い技術力と、企業としての長期信頼性を証明する、ある種のステータスであり、これを自動車業界参入のドアノックに用いて「売る仕掛け」とする戦略だ。

　メインシナリオとして選択した理由には、こうした「売る仕掛け」としての筋のよさに加え、開発リスクを最小化しつつ、事業のキャッシュフローを最大化できる点があげられる。工場向けの据え置き大型産業装置を得意とする自社が、生産規模もコスト供給・信頼性要求も桁違いのものが求められる自動車車載製品の開発に、開発環境も品質確保のノウハウもゼロの状態から挑戦するというのは、あまりにもリスクが高い。

図3-21 ■ 事業展開シナリオの構築イメージ

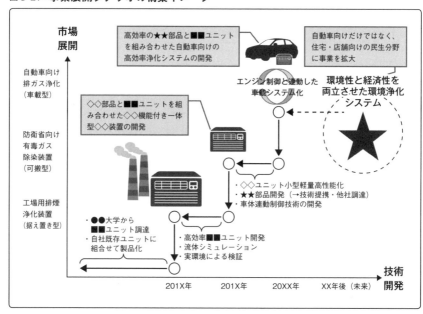

そこで、有毒ガス除染装備というミニ・パラダイムシフトという段階を経るのである。テロや災害発生時に有毒ガスで汚染された空間は、いつどこに現れるかはわからない。普段は自衛隊の基地にあるが、有事の際には、これを特殊車両に積んで現地まで運搬し、その場で空間を浄化する使い方になる。つまり、工場向けの据え置き装置から、いきなり車載装置という開発リスクの高いところに挑戦する前に、人が持ち上げて車両で運搬できる小型・軽量さ、輸送時の信頼性を確保する可搬装置の開発ノウハウを蓄積することができるだろう。

研究開発費に関しても、国民の安心・安全確保のための公共用途では国家予算からの拠出により、自社で開発環境構築のための設備投資負担の軽減が期待できる。ニッチ市場であるため、装置としての需要、売上規模・キャッシュインは大きくない。だが、それ以上に車載装置開発に向けた膨大な自社の先行投資・キャッシュアウトを相殺し、トータルでは最大となるキャッシュフローを生む可能性が高い事業展開シナリオだ。

各事業展開シナリオのメリット/デメリットの評価表やキャッシュフ

ローの試算結果は、メインシナリオに選ばれなかったものも、あえて経営幹部への事業計画プレゼンテーションの際に提示するとよい。それにより、メインシナリオの説得力・納得感を高めることができるだろう。

市場展開スピードを優先した事業展開シナリオと、開発効率を優先した事業展開シナリオ

　理屈上は、このような視点から、複数立案した事業展開シナリオのメリット/デメリットの評価を進め、「売る仕掛け」の妥当性があり、なおかつ、開発リスク（持ち出し）とキャッシュフロー（見返り）のバランスが最もよい事業展開シナリオをメインシナリオとして選択する。理屈上は確かにこの通りだが、困ったことに実務で検討を進めていると、どの事業展開シナリオも、理想的な事業展開シナリオとは言えず、明確に甲乙を付けられないことがよく起こるのだ。

　開発リスクを低減することができるが、キャッシュフローは極めて少ない。もしくは、キャッシュフローは大きいが、開発リスクも大きい。リスクが少ない割にはキャッシュフローが大きいが、「売る仕掛け」としてはあまりにも無理がある展開になっている等、メリット/デメリットを評価すると、すべてが優等生で誰が見てもナンバー1の事業展開シナリオとはならないのが現実である。どの事業展開シナリオも、甲乙つけ難い場合に優先順位を判断するポイントについて述べておこう。

　事業展開シナリオのゴール地点となるビジネスでは、開発自体は拙速であったとしても、市場展開のスピードを優先するべきなのか。もしくは、段階的な開発ステップを踏んでいくために、最終的なゴール地点に至るまでの時間は多くかかってしまうが、自社の技術水準の着実な向上・ノウハウ蓄積を優先するべきなのかによって、甲乙付け難い複数シナリオの優先順位を判断するのだ。

　例えば、法改正・規制緩和の施行時期がすでに決まっており、このタイミングを逃がしてしまうと、大きなシェア・収益を確保できなくなるような場合は、前者のゴール地点に至るまでの市場展開のスピードが最短となる事業展開シナリオを優先する（図3-22）。

図3-22 ■ メインシナリオ決定の考え方①

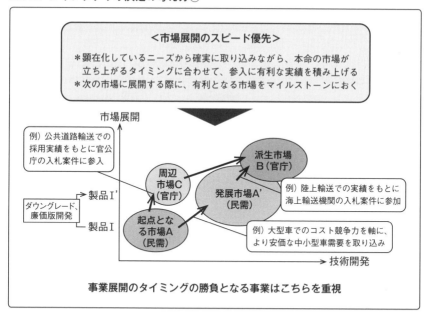

図3-23 ■ メインシナリオ決定の考え方②

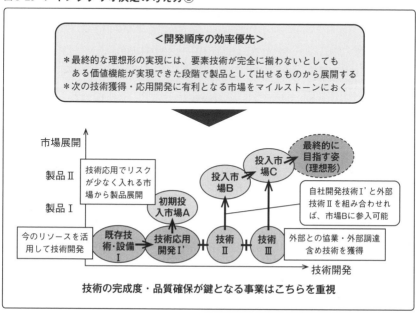

技術的な新規性が極めて高く、画期的な技術開発に成功できたとしても、お客様のほうで現行のやり方を抜本的に変えていくには、マインドセットを含めて時間がかかるような場合、後者の自社の技術水準が着実に向上し、ノウハウが蓄積できる事業展開シナリオを優先する（図3-23）。

　市場展開のスピード優先の場合は、途中ビジネスでの実績が、次に狙うビジネスにおいて、営業的に有利な実績となるかがポイントになる。例えば、実績が重視される市場に展開したい場合、ビジネス規模は小さくてもよいので象徴的な実績としてアピールできるJICA・国際協力機構等の公共入札案件に参画し、ビジネスの実績をつくる。ここでは技術開発は必ずしも、自前主義にはこだわらず、開発業務のアウトソーシングや、既に技術を保有する企業との業務提携・M&Aも視野に入れて割り切る必要がある。

　逆に、開発順序の効率優先の場合は、途中ビジネスの実績が営業展開に有利になるかどうかという考えは割り切って捨ててしまう。それよりも、無理なく、技術的なノウハウ・経験が効率的に積みあがっていくかを考える。例えば、東レの炭素繊維は、今でこそ新規製造される航空機の多くで構造体として採用されており、1兆円規模の大きなビジネスとなっている。だが、炭素繊維の最初の事業化は、高級スポーツ用品、ゴルフクラブやテニスラケット、釣竿といった嗜好性の高いレジャー向け事業であった。レジャー用品事業での実績が、まったく業界の違う航空機メーカー向けへの営業で直接的に、有利に働いたとは思えない。だが、技術蓄積という点では、釣竿等の様々な方向から強い力が加わる製品で、炭素繊維の航空機構造体に求められる極めて厳しい耐久性、品質水準に繋がる技術ノウハウはかなり蓄積が進んだのではないだろうか。

　開発リスクが最小で、かつリターンも大きく、「売る仕掛け」も筋が通っているという、都合のよいシナリオが存在しない場合は、開発順序の効率優先か、それとも市場展開の効率を優先させるべきかを考え、メインとなる事業展開シナリオを選択する。

図3-24 ■ 中長期の大きなビジネス構想と短期的な目先の収益確保とを両立

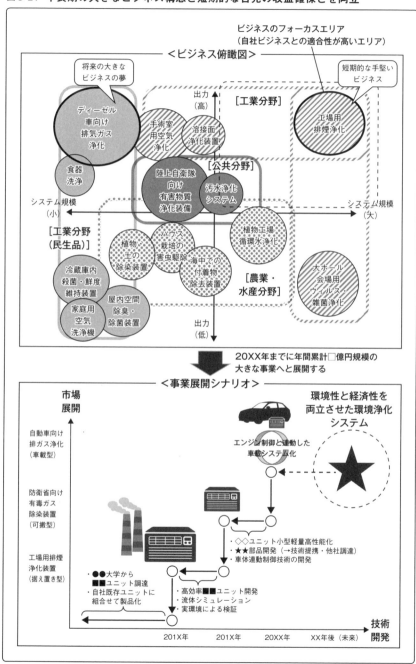

こうして事業展開のメインシナリオを決定し、事業展開シナリオの一枚絵にする。そして、ビジネス俯瞰図とともに提示をすることで、中長期の大きなビジネス構想と、短期的な目先の収益確保とを両立させることを、新事業開発の事業計画プレゼンテーションの際に提示するのだ。こうしてビジネス俯瞰図から作戦を立てて、事業展開シナリオを策定したイメージを図3-24に示す。

≫ 経営のジャッジポイントを設定する

　最終的なシャイニングスター構造を実現するためには、中長期にわたる先行開発投資が必要になるが、まずは自社ビジネスのフォーカスエリアで、営業チャネルも存在し、開発・製造ノウハウも既に蓄積されており、既存の経営リソースを活用しながら、リスクを最小限にスタートできる工場用の排煙浄化システムから事業展開を行う。

　だが、フォーカスエリアで自社の身の丈ビジネスで終わってしまっては、会社経営からすると物足りない。ビジネス俯瞰図と、自社ビジネスのフォーカスエリアの説明だけで終わってしまうと、「確かに手堅いプランだが、新事業というよりも、新製品開発ではないか」という指摘がくることだろう。

　そこで、事業展開シナリオを提示し、あくまでもフォーカスエリアでのビジネスは、新事業を立ち上げるための最も自社にとってリスクの少ない最初の契機であり、ここをスタート地点として、より大きなビジネスへと戦略的に展開していくことを説明するのだ。そして、この事業展開シナリオはどのようにして検討したのか、複数の事業展開シナリオのメリット/デメリット評価表、キャッシュフローの試算結果も提示し、メインの事業展開シナリオの妥当性を説明する。

　これにより、最終ゴールとする夢のある大きなビジネス構想と、目先の手堅いビジネス・早期の収益化とを両立したプランであることを提示できる。そして、経営幹部から新事業開発の実行承認をもらうのだが、この際に重要な点が1つある。それは、どの段階までの実行を承認してもらうかという点だ。最終ゴールのビジネスに到達し、成功を収めるま

図3-25 ■ 事業展開シナリオの構築イメージ

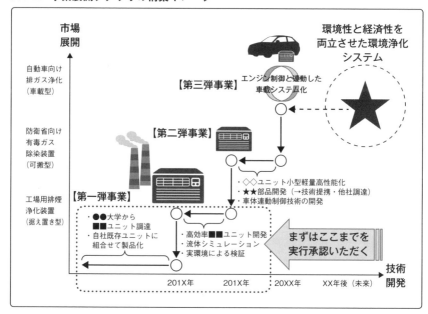

でには、長期の時間がかかる。

　そこで、まずは第一弾事業の工場用排煙浄化システム事業開発と、第二弾事業の防衛省向けの除染装備の先行研究開発について、経営幹部に実行承認をいただく。第二弾以降の事業展開については、本格展開をする前に、もう一度、事業計画をプレゼンし、経営会議で稟議いただくものとして、あくまでも第一弾事業と、第二弾事業に向けた先行開発の実行承認までの実行承認をもらうのだ。

　なぜ、最初から最終ゴールに至るまでの長期の事業展開シナリオすべての実行承認をもらわないのかと言えば、新事業開発は、実は始めることよりも、止めることのほうがはるかに難しいためである。長期の遠い先の未来を予測することができる人間などはいない。予期せぬ外部環境の変化や、技術開発やパートナー企業とのアライアンスの不発等により、当初の事業展開シナリオの通りに万事順調に進められるとは限らない。そこで、本格的に事業展開をする前に、改めて新事業開発のGO/STOPを経営陣にジャッジしてもらうポイントを「自ら上申する」のである。

図3-26 ■ GO／STOPの経営のジャッジポイントを設ける

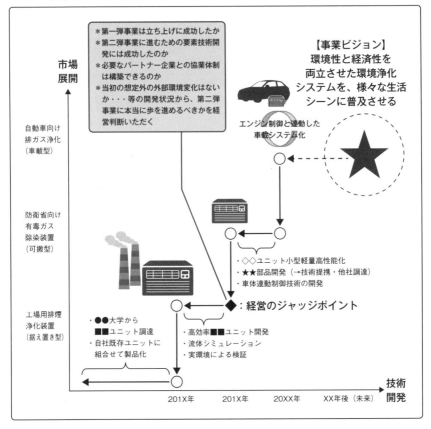

> **メインシナリオに経営リソースを集中しつつ、予期せぬ事態が生じた際には、柔軟にバイパス案へと事業展開を変更する**

　事業展開シナリオが第一弾事業の早い段階で大幅な軌道修正が必要であることがわかってきたにもかかわらず、開発を継続しなければならないとなると、最も不幸なのは新事業開発のプロジェクトリーダーやメンバー達である。もはや成功する可能性は低い状況で、これまでの業務に戻ることもできないとなると、会社でのキャリアを無駄に費やしてしまうかもしれない。

　そのような事態に陥ることを避けるためにも、事業展開シナリオの途中で、新事業開発をこのままのシナリオで継続するのか、軌道修正して

図3-27 ■ 事業環境変化に応じて事業展開シナリオを切り替える

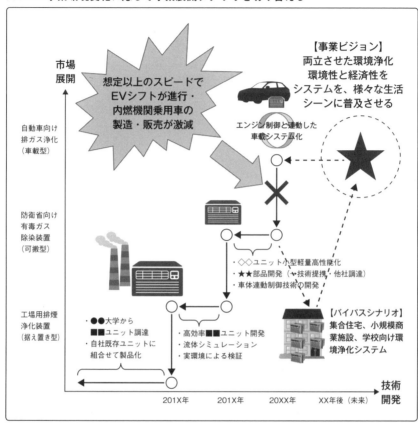

次善の事業展開シナリオに切り替えるのか。もしくはいったん開発を終了させるのか、そのジャッジをしてもらうポイントを、最初に自己申告しておくのである。ジャッジポイントの設定イメージを図3-26に示す。

検討サンプルイメージではディーゼル車の排ガス浄化を最終ゴールのビジネスとして設定しているが、今後の世界的なEVシフトにより事業環境は不透明である。新車の製造販売において、期限を決めてガソリン車、ディーゼル車等の内燃機関エンジンを禁止する国が出てきているものの、充電インフラ整備の遅れや、充電時間の問題は未解決だ。そもそも「Well-to-Wheel：井戸から車輪まで」という考え方でトータルでの燃費削減を考えると、結局は化石燃料を燃やして発電し、送配電網で伝

送するロスなどを考慮すると、内燃機関エンジンとEVとで環境負荷は
ほとんど変わらないという根本的な問題もある。EVシフトが確実に進
んだとしても、内燃機関エンジン車もボリュームゾーンとして残り続け
るというのが現実的な見方だ。

　だが、先の未来がどうなるのかを予測できる人はいない。電池技術の
革新や、太陽光発電やカーボンオフセットの再生可能エネルギーによる
発電が一気に普及する可能性もある。ジャッジポイントを設定し、その
時の事業環境によっては、ディーゼル車向け排ガス浄化装置をゴールと
する事業展開シナリオを柔軟に見直すことが、結果として、新事業開発
の成功確率を高めることに繋がる。

　EVシフトが想定以上に急激に進み、もはや内燃機関エンジン車は当
初のような大きなビジネスが望めない市場になっていたとしよう。その
場合は、例えば、第二弾事業のために先行開発してきた小型化・軽量化
の開発成果を、モビリティ市場参入に展開するのではなく、工場向けの
実績を活かして集合住宅や小規模商業施設向けに環境浄化システムとし
て展開する迂回シナリオに切り替える等の軌道修正を行うのだ。

　事業環境の不確実性が増す中で、本当に強いビジネスプランとは、環
境の変化に柔軟に対応できるプランだ。ビジネス俯瞰図と事業展開シナ
リオを活用し、新事業開発の経営幹部へのプレゼンの際の説得力を増す
だけではなく、実行の際に不測の事態が生じた際の軌道修正にも活用を
していただきたい。

section 4

キャッシュが自社に還流する
ビジネスモデルを構築する

戦略ストーリーにおいて、ビジネス俯瞰図で「市場ターゲット」を明確にして、そこに対して「売る仕掛け」を事業展開シナリオで検討する方法について述べてきた。適切なターゲッティングを行い、事業展開シナリオで市場参入をすることができたとしても、そこが有望な市場だとわかれば、いずれ多くの競合企業との競争にさらされる。せっかく新規参入ができたとしても、利益が出せずに数年のうちに事業撤退とならないように、競争優位を維持するための「裏付けとなる自社の強み」を構築する、ビジネスモデルの検討方法について述べていく。

≫ビジネスモデルとは

近年の新事業開発においては、商品企画そのものよりも、ビジネスモデルにますます注目が集まっている。JMACが国内企業の開発部門を対象に実施した「新たな価値創りに関するアンケート」調査結果（注6）からも、「新事業開発の成功のために今後の重視する項目」で「ビジネスモデルの工夫で収益源を確保すること」が回答企業の3割以上に及んでいることからも、その傾向は顕著である。

注目されているビジネスモデルであるが、実はビジネスモデルという言葉には共通の「定義」というものがなく、経営学の専門家でも様々な考え方が存在しているというのが実態なのだ。

ジョアン・マグレッタによれば、ビジネスモデルとは「どうすれば会社がうまくいくかを語る筋書き」であるという（注7）。また、ビジネスモデル論の専門家として知られるアラン・アファーによれば、ビジネス

図3-28 ■ 自社の利益を確実なものとする、ビジネスモデルを構築する

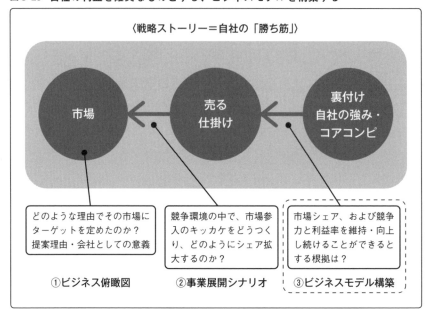

　モデルとは端的に言えば、「儲かる仕組み」であるという。その他には、マーケティング・コミュニケーション戦略を具現化したものをビジネスモデルとするケースもあれば、グローバル・サプライチェーンをビジネスモデルとするケースもある。

　人によって様々な意味合いでビジネスモデルという言葉は解釈されてしまうため、ビジネスモデル構築の方法論を述べる前に、本書におけるビジネスモデルの定義を最初にしておきたい。

　新事業開発の手引書である本書では、ビジネスモデルとは「事業開発のリスクに見合うだけのリターンが自社に淀みなく還流するための、自社の強みによって裏付けられた仕組み」とする。著者はこれまでのコンサルティング経験のなかで、新事業開発に挑戦し、見事に市場参入を果たしたものの、先行企業からの締め出しや、後発企業からのキャッチアップにより、一番のおいしい果実を他社に持っていかれてしまい、先行投資を回収できなくなるケースを見てきている。誰も通ったことのない荒れた道を、リスクを取って最初に苦労して切り拓いてきたにもかかわ

図3-29 ■ 本書におけるビジネスモデルとは

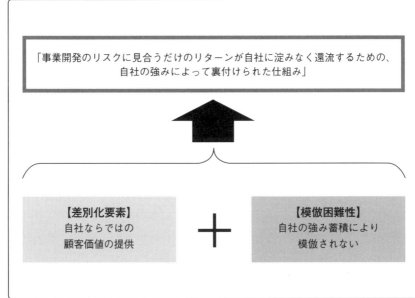

らず、道がある程度整備された後、楽に入ってきた競合企業にやられてしまうのだ。新事業開発という大きなリスクに挑戦するからには、リスクに見合うだけのリターンが得られる仕組みを構築し、参入までの多くの苦労が報われる状況をつくり出さなければならない。

そのために大切なことは、自社ならではの強みにより、他社とは一味違う顧客価値を提供する差別化された要素が備わっていることである。さらに、自社の強みの蓄積によって、その独自の価値提供に他社が容易には追従することができない模倣の困難さが備わっていることも重要だ。キャッシュを生み出す仕組みは、事業モデルという言葉で区別し、本書では、事業モデルに差別化要素と模倣困難性が備わって初めてビジネスモデルとなると定義しておく。

》事業展開のボトルネック

ビジネスモデル構築においても、「何かを得るために、あえて何かを捨てる」戦略的な思考が必要になる。ビジネス俯瞰図では、本命の市場

にいきなり挑戦するのではなく、あえて別のビジネスの切り口を選択して、まずはそこに経営リソースを集中させるフォーカスエリアを設定した。事業展開シナリオでは、複数の展開パターンのなかから、メインシナリオを選択した。ビジネスモデル構築でも、差別化要素と模倣困難性を備えるために、総花的に経営リソースを投入してしまっては、リソースが中途半端に分散して失敗するリスクが高くなってしまう。

そこで、戦略的な思考で「あえて何かを捨てる」のだが、この何かを考えるうえで大切になるボトルネックの概念について説明しておく。

本書におけるビジネスモデルの定義とは、「事業開発のリスクに見合うだけのリターンが自社に淀みなく還流するための、自社の強みによって裏付けられた仕組み」とした。リターンが自社に「淀みなく還流する」ためには、自社の提供する顧客価値が途中でのロスが少なく、最大限お客様に伝わらなければならない。

例えば、戸建て住宅用の建築資材は非常に多くの問屋を経由して最終的なお客様である施主に届けられる。全国流通のために複数の問屋を経由するうちに、工場出荷時点の一次卸問屋への販売価格から、最終的には何倍もの価格になっていることがある。これはかなり極端なケースではあるが、お客様に自社の価値を届けるまでには大なり小なり、様々なところを経由して、当然そこでは都度費用が発生する。

費用が発生するのは、社外の代理店や流通問屋等だけではなく、社内の各間接部門を経由する際にも同様だ。間接部門は固定費であるため、金額換算しにくいが、実際には社外よりもむしろ社内の様々なところを経由することにより、多くの時間と費用が発生している。これらの時間と費用は、納期や販売価格を押し上げて、本来ならばより多くを提供できたはずの顧客価値を減らしてしまう。

こうした社外、社内を問わずに、自社の提供する顧客価値のロスとなる要因に繋がるものを、「事業展開のボトルネック」として捉えることが何よりも重要になる（図3-30）。特に社内において存在する事業展開のボトルネックは、聖域化していることが多く、社外のボトルネックよりもむしろ社内の聖域を打破することができなければ、顧客価値を最大

図3-30 ■ 事業展開のボトルネックとは

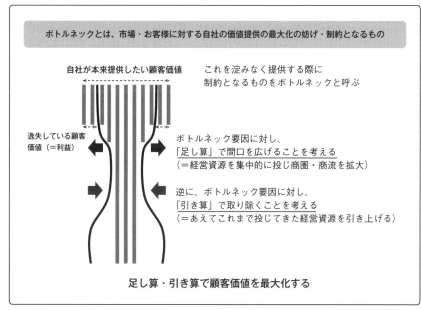

化することができない。

　事業展開のボトルネックは、自社の提供する顧客価値を、蛇口から出る水の流れとしてイメージしてもらうと捉えやすい。優れた新事業開発テーマで豊富な水量・顧客価値があっても、それを流している蛇口が狭いと水は少しずつしか出てこない。

　例えば、お客様の需要はあるのに、工場の出荷検査・最終調整の人員が整わないために、少量しか出荷できないケースや、グローバルで需要があるのに、海外での営業体制や現地の代理店網が不足しており、本格展開できないケース等だ。ここは顧客価値を最大化するためにも、経営リソースを投入して「足し算」で商流を拡大することでボトルネックを解消したい。

　また蛇口は広くても、配管の内部で様々な詰まりが生じており、水が出にくくなっていることがある。例えば、出荷検査の体制は十分に整っているように見えても、品質クレームを恐れて出荷検査を何重にも行い、重複検査が増えて過剰品質になっているケースや、それほど多くの需要

が見込めないエリアに営業拠点や保守メンテナンス拠点を固定費として構えてしまい、固定費が増大してコストアップとなるケース等だ。ここでは、顧客価値を最大化するためには、投入してきた経営リソースを引き上げて、検査項目や検査人員削減や営業・保守拠点の統廃合等による「引き算」を行う必要がある。

この事業展開のボトルネックを解消するための経営リソース投入の「足し算」と「引き算」を考え、自社の提供する顧客価値を最大化するのである。その際、経営リソースは有限で、貴重である以上は、ここでも戦略的な思考が必須になることは言うまでもないだろう。限られた経営リソースのなかで「足し算」するためには、「あえて何かを捨てる」ことによる「引き算」でその余力を生み出さなければならない。

≫ビジネスモデルの検討ステップとポイント

この事業展開のボトルネックの概念と、「足し算」「引き算」をもとにビジネスモデルを検討するステップを図3-31に示す。最初に実施するのは、主流となっている既存の事業モデルの把握である。新事業開発では、自社にとっての新市場に打って出るケースもあれば、既存市場に向けて新しい価値提案を行う場合もあるが、いずれのケースでもまずは既存のスタンダートな事業モデルを整理して、シンプルな図にまとめる。

例えば、航空機用のジェットエンジンの製造・販売の新事業開発を狙うとした場合、その整理イメージを図3-32に示す。まずエンジンメーカーにとっての直接のお客様はボーイングやエアバス社といった完成機メーカーで、そこに対して提供する価値は高品質・低価格でジェットエンジンである。ユナイテッド航空やサウスウエスト航空、JAL、ANAといった航空各社は、完成機メーカーのお客様となる。これらの関係を図3-32に示す凡例の記号、フォーマットを用いながら、1枚のシンプルな図にまとめていく。

そして、この既存の事業モデルの整理図を見ながら、先ほど説明した事業展開のボトルネックを考えていくのだ。航空機用のジェットエンジン事業では、完成機メーカーは世界でもボーイング、エアバスの上位2

図3-31 ■ ビジネスモデルの検討ステップ

ステップ	説明
既存事業の現状把握	自社が参入を検討している業界について、既存の事業モデルの構成要素を書き出し、モデル図に表す。
ボトルネックの抽出	既存事業のモデル図から、事業展開をする上でボトルネックとなる項目を抽出する。
ボトルネック解消のための基本戦略の検討	ボトルネック解消をするための、基本戦略を検討する。その際、既存の事業モデルを変えて、**何に注力して、何を捨てるのか（足し算要素、引き算要素）**を検討する。
ビジネスモデルの構築	基本戦略を実現するための事業モデルの基本構成要素を、モデル図にし、**そこに差別化要素と模倣困難性が備わっているのかを確認する**。差別化要素と模倣困難性が見当たらない場合は、足し算・引き算要素を再考する。

図3-32 ■ 既存の事業モデルを整理する

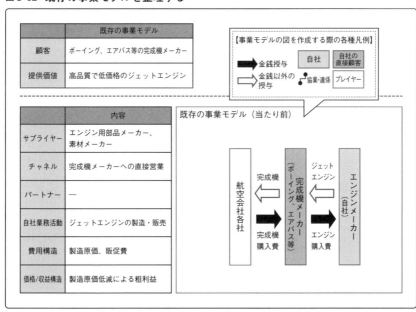

社が圧倒的なシェアを誇り、ロッキード・マーティン、ユナイテッド・テクノロジーズを合わせて上位4社で市場の大半を占めている。これらの上位数社に嫌われてしまうと、ジェットエンジン市場では仕事がほとんどなくなってしまうことから、装備品メーカーに対する完成機メーカーの支配力は大変強い。そのため、仮に自社が高い開発力をもっていたとしても、結局は価格を横並びにされてしまい、高い開発力を発揮する余地がない。そうすると、事業展開のボトルネックは、完成機メーカーのあまりにも強い市場支配力にありそうだ。

　次に検討するのが、このボトルネックを解消するための基本戦略、「足し算要素」と「引き算要素」を明確にすることだ。「引き算要素」「足し算要素」は、「顧客」「提供価値」「サプライヤー」「チャネル」「パートナー」「自社業務活動」「価格/収益構造」「費用構造」のそれぞれの観点から、既存の事業モデルでこれまでは「当たり前」だと思われてきたことを、あえて天邪鬼のような発想で、本当に今後もそうだろうかという疑いの目で見ていくことで検討する。

　例えば、「顧客」について考えると、既存の事業モデルではエンジンメーカーにとってのお客様は完成機メーカーであるのが「当たり前」である。ここをあえて天邪鬼に考えると、ジェットエンジンの最終的なユーザーは、航空機を利用するビジネスマンや旅行者だ。完成機メーカーだけをお客様と捉えてきたが、完成機メーカーの顔色ばかりを窺っていては、原価低減のプレッシャーだけがますます強くなり、提供価値を最大化できないかもしれない。いっそのこと、最終ユーザーが最も喜ぶサービスを提供することで、「自社のエンジンが搭載されていると、その航空会社の利用客が増える」ことが考えられないだろうか。

　「価格/収益構造」も、エンジンの製造販売による単純なモノ売りだけでは、ものづくりの強みがあっても、厳しい価格競争により、競合と横並びの価格にされてしまい、利益の確保はますます厳しくなる一方だ。ここも天邪鬼に考えて、自社のものづくりに自信があるのであれば、品質の安定度合いに応じた月額の使用料金という形で、モノの売り切りではなく、サービス収益とすることはできないだろうか。これなら、もの

図3-33 ■ ボトルネック解消の足し算・引き算の検討視点

視点		既存の事業モデルの「当たり前」を疑ってみる
誰に	顧客	今のお客様は、今後も本当にお客様なのか？ 自分達を食べさせてくれるのだろうか？
何を	提供価値	これまで付加価値とされてきたものは、本当に今後も付加価値であり続けるだろうか？
どのように 提供して	サプライヤー	材料・商品の仕入れ元に対しての関与は、これまでのままでいいのだろうか？
	チャネル	販路や提供手段は、本当にこれしかないのだろうか？
	パートナー	これまで競合と考えてきた会社は、本当に競合だろうか？ 有力なパートナーとして組み込める可能性はないのか？
	自社業務活動	企画、営業、物流、製造など、自社バリューチェーン上で聖域化してしまっているところはないだろうか？
どのように 稼ぐか	価格／ 収益構造	製品・サービスや収益モデルの工夫はないか？ 最初損をしてでも得を取るような可能性の見落としはないか？
	費用構造	自社のコスト構造を工夫できないか？ 付加価値の対価を自らの常識範囲で限定していないか？

づくりの能力をモチベーション高く最大限に発揮することができる。

　このようにして、それぞれの視点ごとに、既存の事業モデルの「当たり前」を疑っていくのだ。ボトルネック解消のための基本戦略を立案するための「足し算要素」「引き算要素」の検討視点を図3-33に示す。

　次にボトルネック解消の基本戦略を反映して、新しい事業モデル図を描いてみる。この整理図を見ながら、「差別化要素」「模倣困難性」が備わっているかどうかを確認する。この2つがなければ、いくらキャッシュを生み出す事業モデルとしては成立していたとしても、本書の定義ではビジネスモデルとは言えないため、もう一度、ボトルネック解消の検討視点から「足し算要素」「引き算要素」を見直す。1回の検討で、「差別化要素」「模倣困難性」が備わったものが検討できることは稀であり、ここでは何度も試行錯誤を繰り返すことになる。「差別化要素」が見当たらない場合は、経営リソース投入が分散されており、突出した強みが見出せない状態にある。よって、「引き算要素」をさらに検討し、あえ

て捨てるべきものを再考するのだ。「模倣困難性」が見当たらない場合
は、従来の事業モデルの常識ではここまではやらないようなもの、つま
り先行してそこに取り組んでノウハウを先に蓄積することができれば、
競合が容易にキャッチアップできなくなるものがないか、「足し算要素」
をさらに検討する。これら検討ステップを検討フォーマットにまとめた
ものを、図3-34に示す。

≫ ビジネスモデルのケーススタディ

　検討ステップとフォーマットだけでは、実際の検討イメージがつかみ
にくいかと思うので、ケーススタディをしてみよう。取り上げる題材は、
GE（ゼネラル・エレクトリック）社の航空機向けエンジン事業だ。GE
の民間航空機向けエンジン事業は、今日でこそ圧倒的なシェアと完成機
メーカーを凌ぐ利益率を誇り、GEの産業機器事業を代表する大きな柱
となっているが、1970年代、民間航空機市場への参入当時の市場シェ
アはごくわずかでしかなかった。当時のGEでは、軍事用の航空機エン
ジンでは市場シェアがあったが、民間航空機では先行するP＆W（プラ
ット・アンド・ホイットニー）社が圧倒的なシェアをもち、GEはかな
りの後塵を拝していた。このような状況で、先行する競合よりも「よい
ものをたくさんつくる」ことは当然重要ではあるが、それだけで市場シ
ェアを逆転することは困難である。その理由として、先に説明した通り、
航空機市場は、完成機メーカーの支配力が非常に強いという特徴をもつ
市場であることがあげられる。

　完成機メーカーは、巨大な軍事用市場を背景にもち、航空宇宙産業で
技術的なイニシアティブを握る欧米企業が圧倒的な競争力をもち、ボー
イング社とエアバス社2社の売上規模が圧倒的に大きく、上位数社の大
手企業だけで市場全体の売上規模の大半を占めている。そのため、必然
的に完成機メーカーのサプライヤーへの支配力は強くなる。つまり、価
格や採用メーカーの決定権は完成機メーカーが握っている完全なピラミ
ッド構造であり、エンジンメーカーがいくら先行技術開発により、「よ
いもの」をつくっても、その付加価値を価格に転嫁することは難しい。

図3-34 ■ ビジネスモデル検討フォーマット①・既存の事業モデル・業界常識の分析

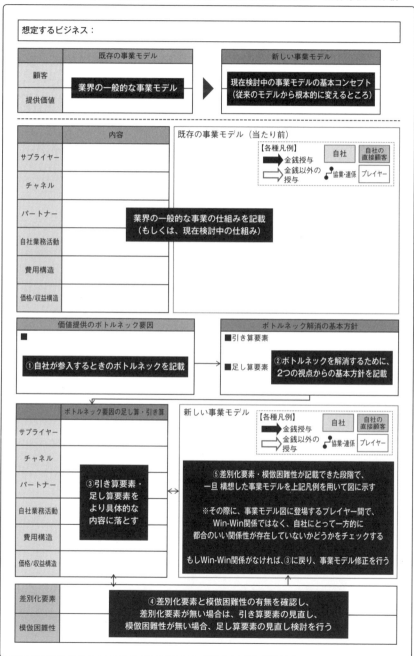

では、そのような状況で、GEはいかに市場シェアで逆転し、なおかつ、完成機メーカーの営業利益率（4～9％）を大きく上回る営業利益率（約19％）を実現することができたのだろうか。これを、本書のビジネスモデル検討ステップのフレームワークに沿って検討してみよう。

　まず検討すべきは、「顧客」「提供価値」を根本的に見直すことである。図3-35に示すフレームワークで、既存の常識的な事業モデルを整理してみる。その整理図を見ながら、せっかくの高付加価値開発の実力があっても、それをお客様に届けることができないボトルネック要因を考えると、完成機メーカーの強すぎる市場支配力であることは自明だ。いくら高付加価値のエンジン開発を行っても、その付加価値がエンジン価格に転嫁されず、自社に還流しない。そこで、あえて既存の事業モデルの常識を疑い、ボトルネックである「顧客」を変えることを考えるのだ。あまりにも強い完成機メーカーの支配力から脱却するために、GEは「顧客の顧客」に直接価値提供することを考えた。つまり、完成機の納入先である航空会社各社と直接ビジネスを展開することで、航空会社から完成機メーカーにGEのエンジンを「指名買い」させることができる。だが、航空会社にとって「高品質で低価格のジェットエンジン」が欲しいわけではない。それは完成機メーカーに任せておけばいい話である。そうなると、「顧客」を航空会社に変えるためには、「提供価値」も併せて根本的に見直さなければならないだろう。

　そこでGEが目を付けたのが、航空会社の困り事である、離発着の都度必要となるエンジン等の整備・保全にかかる膨大な保守メンテナンスの手間・ロスと、完成機購入のための莫大な初期投資負担である。離陸前の機体整備の遅れ等により、運行遅延が生じると、航空会社は大きな経済的損失を被る。例えば、エンジントラブルで丸1日フライトが遅れると、乗客の宿泊費・交通費はすべて航空会社の負担となる。また、遅延によりフライトをキャンセルする場合も費用を返還することになる。こうした運行遅延による航空会社の経済的損失は、米国内だけでも年間数千億円規模にものぼるとされている。エンジントラブルだけが遅延要

図3-35 ■「顧客」「提供価値」を根本的に変えることを考える

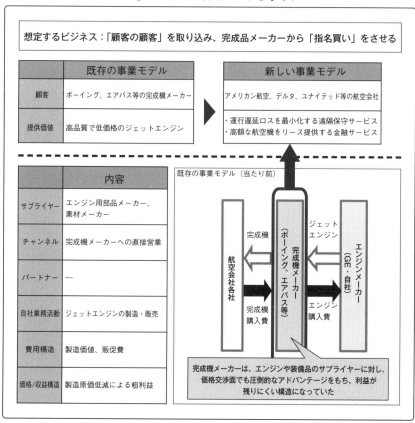

因ではないが、エンジン起因のトラブルだけでも大きく低減することができれば、航空会社は大きな経済効果が得られ、GE製エンジンを指名買いする動機になるだろう。

まとまったキャッシュがない航空会社にとっては、完成機の高額な購入のための先行投資は大きな事業リスクとなる。これをリース提供とすることでファイナンス支援を行えば、航空会社は事業運用の安定化において大きなメリットを受けることができるだろう。GEは金融機関からの信用が高い優良企業であるため、資金調達の金利も低く、この自社の強みを活かしたファイナンス会社を設立すれば、リース料金の面でも市場競争力があるサービスを提供できる。

このようにして「顧客」「提供価値」を根本的に見直し、ビジネスモデル検討の基本フォーマット①にまとめたものを図3-36に示す。既存の事業モデルが、完成機メーカーを「顧客」として、高品質で低価格のエンジン提供・よいものを納めることが「提供価値」であったのに対し、新しい事業モデルは、顧客の顧客である航空会社各社を「顧客」として、エンジン保守の効率化・特に運行遅延ロス削減、また完成機のリース提供によるファイナンス支援を「提供価値」とした。これら保守・金融サービスを受けるためには、当然のことながらGE製エンジンが搭載されていることが大前提となるため、完成機メーカーは、航空会社からGE製エンジンが搭載された完成機の「指名買い」を受けることになる。ここでの最大のポイントは、サプライヤーの見直しや、チャネル見直しといった細かい事業モデルの設計から入るのではなく、最初にボトルネックの観点から「顧客」を変えてしまうことを検討することである。ここを大胆に検討しなければ、先行する企業が市場で圧倒的な強さを誇るなかで、市場シェアを逆転することはできないだろう。

》》価値提供のボトルネック要因の解消検討

　従来の事業モデルから、「顧客」と「提供価値」を抜本的に見直した後、次に検討するのが、新しい「提供価値」の最大化の妨げとなるボトルネック要因である。GEの場合、従来から行っている完成機メーカー向けの高品質・低価格エンジン提供に加え、航空会社に保守メンテナンスと、金融リースのサービス提供を行うこととした。金融サービスはGECASというリース会社を設立し、別法人で事業展開することで対応できるが、保守サービスは専門業者の競合企業が複数存在するなかで、GEにわざわざ委託するメリットがなければならない。エンジンメーカーが自ら保守サービスも行う安心・安全をアピールするためには、ここはGEが自社で保守サービスのフィールドエンジニアを雇用し、自分たちで実施しなければならないだろう。すると、自社の保守メンテナンス人員を大幅に拡大しなければならないため、固定費が増大する。固定費の増大は、提供製品やサービスのコストアップに繋がり、お客様への価

図3-36■ボトルネック要因とその解消の基本方針を決める

①自社が参入するときの ボトルネックを記載	②ボトルネックを解消するために、 2つの視点からの基本方針を記載
価値提供のボトルネック要因	**ボトルネック解消の基本方針**
■保守メンテナンスを自社提供すると、多くの固定費がかかり、そこにエンジン開発にかかる膨大な開発費を乗せると、提供価格が高くなってしまう ■メーカーが手掛けるからこそのサービス価値を実現できなければ、そもそも自社の提供するサービスを選択してくれない	■引き算要素 　自社の業務活動範囲拡大（保守メンテナンス）に伴う、固定費の増大に歯止めをかけるべく、自社業務を外注化する ■足し算要素 　・GEの低い調達金利を利用したリース会社・GECAS設立 　・稼働補償によるメーカーならではの保守メンテサービス提供

値提供の大きなボトルネック要因となる。

　ここでポイントとなるのは、「価値提供」を見直すと、既存の事業モデルでは、自社でここまでやることはなかったはずの、まったく新しい業務が追加されるという点だ。新しい業務を追加するためには、当然マンパワー追加や追加投資が必要になる。「価値提供」を最大化することが目的であるのに、航空会社、完成機メーカーへのサービス、モノ提供がコストアップしてしまっては本末転倒である。そこで、「引き算要素」を考えて、社内のコスト構造を見直すのだ。ここでも戦略的な思考が必要になる。つまり、「何かを得るために、あえて何かを捨てる」決断をしなければ、新しいことを追加することはできない。

　GEが保守メンテナンスサービスという新しい業務を始めるために「あえて捨てた」のは、エンジン製品開発における自前開発へのこだわりである。エンジンの新機種開発には膨大な開発者のリソースと、開発投資が必要になるとされている。そこで、川上の素材開発は自前主義にこだわらずに外部企業に任せ、川下の中型機体向けのエンジン開発も、フラ

ンスのSnecma社と協業し、合弁法人（CFM International ）で対応することとした。このように、まず「引き算要素」を考えて、自前開発を外に「任せる」ことで、GE本体を身軽にすることを考える。この「引き算要素」があるからこそ、保守や金融サービスといった、新しい業務内容の追加にまわせる経営リソースが生まれるのである。

　もう１つ、保守メンテナンスやリースといったサービス業を手掛けるにあたり、価値提供の大きなボトルネックとして考えられるのが、サービス業を専業とする競合の存在だ。メーカーが手掛けるサービス業としての付加価値がなければ、お客様からそもそも自社のサービスを選んでいただけないだろう。「足し算要素」として、メーカーならではのサービス提供を考える必要がある。GEでは、リース業は自社の低い調達金利を活用し、保守メンテナンス業では、製品設計を完全に把握しているメーカーにしかできないサービスとして、ジェットエンジンの稼働補償をする料金体系との連動を考えた。

≫「差別化要素」と「模倣困難性」の確保

　次にこの「引き算要素」「足し算要素」の詳細を、サプライヤー、チャネル、パートナー、自社業務活動、費用構造、価格/収益構造の視点から検討する。例えば、パートナーでは「引き算要素」の自社業務の外注化の基本方針実現のために、膨大な開発費・開発体制が必要となるナローボディ機体向けのエンジン開発をすべて自前で開発するのではなく、Snecma社との協業を選択した。また基礎研究から非常に多くの時間・費用と、開発体制が必要になる素材開発についても、有力な外部企業との共同開発を選択した。こうした「引き算要素」で自社のコスト構造をスリムにする一方で、「足し算要素」として、メーカーにしかできないメンテナンスサービスを実現するために、M&Aにより航空機整備の企業を自社に取り込んでいる。
　一通り各視点で事業モデルの詳細化を検討した後に、その事業モデルに「差別化要素」と「模倣困難性」が備わっているかどうかをチェック

図3-37 ■ 事業モデルの詳細に落とし、差別化要素・模倣困難性の有無をチェックする

	ボトルネック要因の足し算・引き算	
サプライヤー	【足し算要素】保守メンテナンス会社のM&A取得	
チャネル	【足し算要素】完成機メーカーへの直接営業に加え航空会社へのサービス事業の営業	
パートナー	【足し算要素】・GECAS（リース会社）設立　・素材メーカーとの共同開発 ・（仏）Snecmaとの中小型エンジンの合弁法人（CFMInternational）設立	**③引き算要素・足し算要素を具体的な内容に落とす**
自社業務活動	【足し算要素】ジェットエンジンの製造・販売に加え、サービス事業（航空機整備受託） 【引き算要素】素材自前開発、ナローボディ向けエンジン自前開発	
費用構造	【足し算要素】製造原価、サービス提供にかかる固定費発生（整備エンジニア雇用等）	
価格/収益構造	【足し算要素】・遠隔保守による稼働補償金体系・サービス業収入（航空機整備料）	
差別化要素	遠隔監視の仕組み（Industrial Internet）による効率化された遠隔保守による、稼働補償によるジェットエンジンの料金体系（製造業の強みを活かした保守サービス実現）	
模倣困難性	・GEの信用力を活かした低金利によるファイナンスリース提供 ・遠隔監視（Industrial Internet）のリアルタイムモニタリングによるお客様の運行業務効率化ノウハウ蓄積	

④差別化要素と模倣困難性の有無をチェックし、差別化要素がない場合は、引き算要素を中心に追加検討し、模倣困難性がない場合、足し算要素を中心に見直し検討を行う

する。「差別化要素」がない場合は、「引き算要素」の検討が足りていないことが多い。なぜならば、差別化は競合他社よりも「安くてよいこと」をやっているときにのみ、お客様は差別化要素と見なすためである。非常に「よいこと」をやっていても、その分「高い」となると、それは差別化要素とは見なされない。

　GEの場合、保守メンテナンスまでやってくれるのは確かに「よいこと」だが、その分だけ提供コストが「高く」なっては差別化とは言えない。そこで、GEは「引き算要素」として、社内開発体制のスリム化として、素材開発やナローボディ機体向けのエンジン開発はアライアンス戦略で外部の開発体制を最大限に活用することを考えた。さらには「足

し算要素」として、Industrial Internetと呼ぶ遠隔監視の仕組みを構築することで、着陸する前に上空でのエンジンの状況をリアルタイムで把握し、陸上で必要な整備体制や部材をあらかじめ整えておく仕組みを考えた。飛行中のエンジンの使用状況がわかれば、機体が着陸してから点検を行い、必要な整備体制や部材を考えるという従来までの時間のかかる保守メンテナンスのやり方を抜本的に変えることができる。これにより、バッファをもたせた人員体制や整備部材を抱える必要がなくなり、GE社内の固定費・変動費の削減に繋がるだけではなく、エンジン稼働時間に応じた料金をいただく、稼働補償型のジェットエンジンの料金体系を実現することができた。航空会社だけではなく、完成機メーカーにとっても「安くてよいこと」を実現したのだ。

　こうして、「差別化要素」があっても安心はできない。その事業モデルが成立することがわかれば、当然 競合他社も同じ事業モデルを真似てくるだろう。業界のガリバーであるP&W社も、同様の事業モデルを模倣してくることは容易に想定できる。そこで、「模倣困難性」が重要になる。本書で言うところのビジネスモデルは、事業モデルに「差別化要素」と「模倣困難性」の両方が備わったものである。
　「模倣困難性」がない場合は、「足し算要素」が中途半端になっている場合が多い。GEの場合、企業そのものの高い信用力を活かした低金利のリース提供は、他社に真似できない要素であるが、調達金利は時代によって変動するため、これだけでは競争力を維持することは難しい。そこで、Industrial Internetの遠隔保守の仕組みでお客様の運用実態の生のデータを蓄積できることによる運用効率化のノウハウを自社に蓄積すれば、お客様の基幹業務システムに入り込むことができる。競合は事業モデルだけを模倣できたとしても、同様のサービスを提供することは困難となる。自社だけの門外不出のノウハウとするためには、保守メンテナンスは協力企業に外注するのではなく、自社で自ら実施しなければならないだろう。すると、「サプライヤー」として、保守メンテナンス会社をM&Aにより、自社に完全に取り込むという「足し算」が必要にな

ることがわかる。

このように、いったん「引き算要素」「足し算要素」を検討して、「差別化要素」「模倣困難性」の有無をチェックすると、「引き算要素」「足し算要素」でまだまだ詰めの甘い部分が見えてくる。ここでは、行きつ戻りつを繰り返しながら、「差別化要素」と「模倣困難性」が確保できるまで粘り強く検討を重ねることがポイントだ。

≫ギブ＆テイクの共存関係の確認

最後に、「引き算要素」「足し算要素」で削除、追加された各プレイヤーを図に示し、お互いのギブ＆テイクの関係を図3-38に示すように整理する。ここでポイントになるのは、「与えるもの」の大きさに対して、「得るもの」が小さいプレイヤーが図のなかに存在していないかどうかをチェックすることである。あるプレイヤーとあるプレイヤーとの1対1の関係では、「与えるもの」と「得るもの」がバランスしていなくてもよい。複数のプレイヤー間のやり取りの中で、トータルでバランスをしていればよいのだ。これは図にしてみなければ、決してわからない。

だが、トータルでも自社の持ち出し、「与えるもの」ばかりになっている不公平なプレイヤーが事業モデル図上に存在しているとなると、これは成立しない可能性が高いことになる。自社にとってのメリットが少ない事業モデルに乗っかってくれないのは、当然のことだからだ。このような場合は、また「足し算要素」「引き算要素」の見直し検討が必要になる。GEの場合、あまりにも強い完成機メーカーによるサプライヤーのコントロールから脱却すべく、リース業と保守サービス業で「顧客の顧客」である航空会社を直接顧客にするという事業モデルを考えたが、完成機メーカーの顔を一方的に潰してしまうような事業モデルは果たして成立したであろうか。稼働補償で経済的に安心して採用できるジェットエンジンという、直接的なメリットが大きいからこそ、完成機メーカーもこの新しい事業モデルに「乗って」きたのである。

成功しているGEのジェットエンジン事業の事例になぞらえて説明してきたため、これまで説明してきた手順通りに検討すればビジネスモデ

図3-38 ■ ギブ＆テイクでWin-Win関係になっているかをチェックする

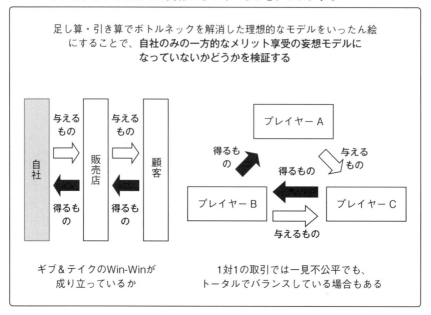

ルができあがるかのように思えてしまう。「差別化要素」と「模倣困難性」がなくてもよいので、事業モデルの絵をひとまず描かなければならないケースでは、手順通りに検討すればそれらしい絵は描ける。だが、新事業開発の成功確率を高めるためには、「差別化要素」と「模倣困難性」にこだわらなければならない。実際の検討の場面では、その両方を備えるために、「引き算要素」「足し算要素」を何度も見直すことになる。事業モデル図まで検討を進めたが、Win-Win関係が成立せずに、初最の「新しい事業モデル」のコンセプト自体の見直しにまで戻って検討しなければならないこともある。だが、これからの新事業開発は、序章で示したようにビジネスモデル構築が成功の大きな要因を占める。ぜひ諦めずに、粘り強い検討を重ねていただきたい。

注6：日本能率協会コンサルティング，「新たな価値創りに関するアンケート」調査，2015
注7：ジョアン・マグレッタ，「ハーバード・ビジネス・レビュー」，2014年4月号

図3-39■ビジネスモデル検討結果のまとめイメージ

価値提供のボトルネック要因	ボトルネック解消の基本方針
■保守メンテナンスを自社提供すると、多くの固定費がかかり、そこにエンジン開発にかかる膨大な開発費を乗せると、提供価格が高くなってしまう ■メーカーが手掛けるからこそのサービス価値を実現できなければ、そもそも自社の提供するサービスを選択してくれない	■引き算要素 　自社の業務活動範囲拡大（保守メンテナンス）に伴う、固定費の増大に歯止めをかけるべく、自社業務を外注化する ■足し算要素 ・GEの低い調達金利を利用したリース会社・GECAS設立 ・稼働補償によるメーカーならではの保守メンテサービス提供

	ボトルネック要因の足し算・引き算
サプライヤー	保守メンテナンス会社のM&A取得
チャネル	完成機メーカーへの直接営業に加え航空会社へのサービス事業の営業
パートナー	・GECAS（リース会社）設立 ・素材メーカーとの共同開発 ・(仏)Snecmaとの中小型エンジンの合弁法人（CFM International）設立
自社 業務活動	・ジェットエンジンの製造・販売に加え、サービス事業（航空機整備受託） ・素材自前開発、ナローボディ向けエンジン自前開発
費用構造	製造原価、サービス提供にかかる固定費発生（整備エンジニア雇用等）
価格/ 収益構造	・遠隔保守による稼働補償金体系 ・サービス業収入（航空機整備料）

新しい事業モデル

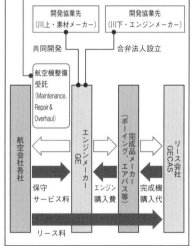

遠隔でエンジンを監視し、「着陸する前に整備の準備ができる」ことで離陸までの整備時間を短縮、また稼働補償料金体系でメーカーにしかできないWin-Winのサービス実現

差別化要素	遠隔監視の仕組み（Industrial Internet）による効率化された遠隔保守による、稼働補償によるジェットエンジンの料金体系（製造業の強みを活かした保守サービス実現）
模倣困難性	・GEの信用力を活かした低金利によるファイナンスリース提供 ・遠隔監視（Industrial Internet）のリアルタイムモニタリングによるお客様の運行業務効率化ノウハウ蓄積

まとめ　部品メーカーC社、生産設備メーカーD社

事業展開シナリオを策定することで、リスクを最小化しつつ、従来からのビジネスモデルを越える新事業開発を実行承認

　リスクの高い新事業開発の成功確率を高めるためには、ビジネス俯瞰図で事業の全体像を把握したうえで、事業展開シナリオを策定することで、戦略的に開発リスクを極小化しつつ、柔軟に事業環境変化に対応するバイパス案を用意しながら、事業を大きくしていくことが大切であると述べてきた。実際にこれらの方法論を用いて、大きな新事業開発を実行していった事例をいくつか紹介していこう。

　部品メーカーC社は、効率的に熱を伝える部品を、主に自動車産業向けに提供している会社であり、パイオニアとしての長年の実績と生産技術の強みにより、高品質でコスト競争力のある部品は、顧客からは高い信頼を受けている。その一方でC社の収益構造は自動車産業に極端に依存しており、売上規模は安定的に推移しているものの、熾烈な価格競争で利益率の低下が経営課題であった。

　そこで、部品単品のビジネスから脱却し、機能モジュールとして高付加価値のソリューションビジネスを創出すべく、JMACの一連の新事業開発プログラム「シャイニングスター構想法」を導入し、特命プロジェクトチームで検討を行った。

　その結果、電気中心社会のトレンドに基づき、自社の長年培った技術の強みである熱マネジメントのノウハウに、ある外部の技術シーズの発想を「ひとひねり」として加えることで、従来は電気を消費してEV等の電動自動車の航続距離を減らしてしまう車載電気製品を、「使えば使うほどに、逆にEV航続距離が増えるという逆転の発想のソリューショ

ンを考案することができた。従来までのお客様の「諦め」を覆す、まさに「あったらいいな」のシャイニングスター構想である。そこに至るまでに紆余曲折で何度もテーマ見直しをしてきただけに、メンバーも喜び勇んで1ヶ月後の新事業開発テーマの最終の実行審議会に臨むべく、プレゼン資料のまとめをしている中、プロジェクトリーダーとコンサルティングを担当した著者の2名だけで社長室に呼び出された。そこで社長自らが告げたのは、「シャイニングスター構想自体は素晴らしく、まさに期待したアウトプットを出してくれた。だが、1ヶ月後のテーマ審議会では、このテーマの実行を認めることはできない」という、まさに晴天の霹靂の事前通知であった。テーマ実行は否決するが、決してこの活動自体の成果を認めていないわけではなく、プロジェクトリーダー、メンバーともに今後のキャリアで必ずプラスになる評価をしているので、落胆しないで欲しいというのである。

この検討がスタートしたのが2008年4月で、テーマの実行可否を決める最終審議会を11月に予定をしていたが、タイミングが悪く、その年の9月にリーマン・ショックに端を発する連鎖的な金融危機が世界中を襲った。その影響は自動車産業をはじめとする日本の主力産業を直撃し、全世界的な大不況に陥ったのはまだ記憶に新しいところだろう。

提案する新ソリューションは、これまでの単なる部品提供ではなく、システムとして機能させるためには乗用車のプラットフォーム自体に変更を加えて、機能モジュールを組み込まなければならない。つまり、従来はティア1メーカーにある意味、製造物責任を担ってもらっていたものを、ある機能に関してはティア1と対等の立場で、必要に応じてカーメーカーとも共同研究をしなければならない。これはC社の従来までのティア2メーカーとしてのビジネスモデルを抜本的に改革することを意味し、乗用車が求める極めて厳しいシステムの信頼性・耐久性確保のために、膨大な先行投資で品質検証環境を構築しなければならなくなるのだ。

リーマン・ショックの影響で、自動車産業に依存するC社の業績も大幅な下方修正を余儀なくされており、社長はこの新事業開発テーマのも

つ意味を正しく理解したうえで、この最悪のタイミングで大規模な先行投資を行うリスクは取れないという経営判断を下したのだった。

だが、当時の検討メンバーは、トレンド分析を行った結果、今は少数派の価値観かもしれないが、いずれ電気中心社会が必ず訪れることを確信しており、直近の業績が厳しくとも、今このタイミングで先行開発をスタートさせなければ、将来の事業環境変化に備えることができないと危機感を抱いていた。

そこで、最初からハイリスクのEV向け市場を狙うのではなく、まずは開発リスクの少ない市場から参入し、段階的に事業を大きく育てる事業展開シナリオを策定し、最小限の先行投資で短期収益をあげることのできる事業から展開していく提案とした。

具体的には、EVの手前のミニ・パラダイムシフトの事業として、シニアカーという市場がある。シニアカーは、構造としてはEVそのものであるが、高齢者の歩行補助福祉用具扱いのため、道路交通法では歩行者と同じ扱いであり、運転免許も不要で、歩行速度以上の高速は出せない仕様となっている。この市場から展開することで、車道を走る乗用車に求められる高い信頼性・耐久性の開発ハードルを大幅に下げることできると考えたのだ。開発リスクを最小化するだけではなく、シニアカーのトップメーカーはスズキやホンダであり、カーメーカーが乗用車のEV化開発に本格的に着手した際には、営業的にもシニアカーでの納入実績はプラスに働く。

開発ハードルの低いシニアカー向けの製品開発であれば、リーマン・ショックで休止させる予定の自社工場の既設製造ラインに数百万円の設備投資をすれば、生産試作までは十分に対応可能であることも判明した。最終的にはEV向けで大きなビジネスを創出する狙いだが、まずは短期的な収益確保を機能モジュール製品の技術ノウハウ獲得のためにもシニアカーから展開させて欲しいという事業計画をまとめ、最終プレゼンに臨んだ。その結果、新事業開発の実行承認をいただき、正式に開発のスタートを切ることになる。新事業開発への先行投資が厳しくなる状況下で、実行承認を得る決め手となったのは、事業展開シナリオにより開発

リスクを局所化しつつ、最終的にはEVという巨大市場参入に至るまでの自社の勝ち筋を提示したことであることは言うまでもない。

　最終製品を手掛ける会社の事例として、もう１社、工場の生産設備を手掛けるD社の事例を紹介しておこう。D社では、次の経営幹部育成も兼ねて、本部長以上の役職をメンバーとしてチーム編成し、自らが新事業開発テーマを企画立案するプログラムを展開している。

　検討を重ねた結果、もともとは製造装置向けに強みとして蓄積してきた自社の独自技術を高度医療分野に展開することにより、ある治療法において従来の課題を根本的に解決する画期的な医療システムが実現できることが判明した。性能は優れるが、あまりにも製造コストが高いという課題に直面したが、それも異分野の技術的発想の導入という「ひとひねり」を加えることで、先行技術開発は既設の設備・開発環境に追加・改造を加えれば実行でき、さほど大きな設備投資にはならない生産技術の新方式を考案し解決することができた。だが、このままでは「先行技術開発のアイディアとしては面白いが、ビジネスとしての実現可能性があまりにも低い」という経営判断が下される恐れがある。

　というのは、D社にとって医療業界はまったくの未経験領域であり、たとえ製品開発面では、自社の強み技術を活かしたものであり、先行開発投資の金額面でのリスクは比較的少ないからといっても、いきなり高度医療分野に何らの事業展開の経験値もないなかで進出するのは、リスクが高いと判断される可能性があったのだ。

　そこで、最終的には将来にわたり大きな市場拡大が期待される高度医療分野に進出することは諦めずに、そこに至るまでの「自社の勝ち筋」を改めて検討することにした。

　D社の従来の事業ドメインにおける産業装置と大きく異なるのが、医療現場で人体にかかわるものであるため、システムとしての信頼性確保に加えて、治療行為のプロセスにおける感染症等のリスクもメーカーが担保しなければならない点である。ここに関してD社は未経験領域であるがゆえに、ノウハウを持たないということが最大のボトルネックであ

った。また、技術開発に成功したとしても、その後の厳格な薬機法（医薬品、医療機器等の品質、有効性及び安全性の確保等に関する法律）に対応し、認定を受けるノウハウも持たない。そこで、医療分野におけるビジネスモデルとしては、最大市場である米国のある製薬メーカー向けに自社の技術をライセンスアウトすることとした。

　理想的なビジネスモデルの絵は描いたものの、これまで医療業界で何の実績もないＤ社が、米国の大手製薬メーカーにまともに相手にしてもらえる可能性は低い。たとえ商談が進んだとしても、足元を見られて対等なパートナー関係にはならず、期待した収益が得られない可能性もある。そのため、医療業界・高度医療分野向けのシステム提供にはあえてこだわらずに、事業ドメインを広く捉え直して、ビジネス俯瞰図を描き、事業戦略を練り直すことにした。

　あらためて市場調査を進めていった結果、Ｄ社の考案したシステムは、医療分野であっても、「治療」用途に行く手前の「診断・検査」用途においても、課題解決・お客様の諦めを打破できることがわかってきた。さらには、医療分野ではなく、これから成長が望めるアンチエイジング用途・美容分野においても、ある課題を根本的に解決できる手段になる可能性があることがわかった。工業分野においても、工場のなかで使用される消耗品としての用途もあることがわかった。医療分野では、「診断・検査」用途であっても、Ｄ社にとって厳しい品質基準や薬機法は極めてハードルの高いボトルネックとして存在することは変わらない。

　だが、美容分野であれば、このハードルは緩和される。実質的には化粧品も、医薬品と同様の厳しい品質管理を自主的に実施しており、Ｄ社の得意とする工業分野の用途もあったが、最終的にはやはり医療分野に出ることを考えると自社のノウハウ蓄積にも繋がることから、リスクとリターンのバランスで、最初の事業化の第一歩、「ミニ・パラダイムシフト」としては化粧品用途が好適であると考えた。そこで、実際にある欧州の大手化粧品メーカーの中央研究所に、自社技術のコンセプト提案を行ったところ、試作品ができれば業務用のハイエンド化粧品用途で、

実証試験を行っていただける言質を取り付けることができたのだ。

　こうして、まずは化粧品用途で第一弾事業を展開し、技術の実績を世に出しつつ、医療分野に繋がる事業ノウハウを蓄積し、第二弾事業では医療分野で「診断・検査」用途に展開、最終的には高度医療分野での「治療用途」に展開する事業展開シナリオを構築した。この事業展開シナリオをボードメンバーに向けた最終プレゼンにおいて提示することにより、D社にとって極めてハードルが高い医療分野への新事業開発提案は実行承認されたのだ。

　このように、シャイニングスター構想でいくら魅力的な新事業開発のテーマを企画立案することができたとしても、ビジネスとしての「自社の勝ち筋」が見えてこなければ、もともとリスクが高い新事業開発の実行承認をもらうことは難しい。仮に実行承認を得られたとしても、「自社の勝ち筋」がないままに見切り発車してしまうと、結局は成功確率が低いため、よほどの幸運に恵まれない限り、開発自体には成功してもビジネスとしての成功は望めないのではないか。ぜひ、ビジネス俯瞰図、ビジネスモデル検討、事業展開シナリオの検討を入念に行い、「自社の勝ち筋」を見極めていただきたい。

第 **4** 章

開発プラットフォーム構築の
考え方

section 1

不透明な事業環境下では、事業戦略を臨機応変に変更することが成功の鍵となる

　第3章では、事業展開の複数シナリオを立案することで、開発途中での事業環境の変化に迅速に対応し、軌道修正の意思決定が可能な事業計画にすることが成功確率を上げるために重要であると述べた。軌道修正の意思決定がいかに迅速であっても、現場側が急な開発方針の変更に対応できなければ、成功は望めないだろう。そこで第4章では、ものづくりの現場が対応するために設計・製造品質の確保と、迅速な軌道修正とを両立させる開発プラットフォーム構築の考え方について述べていく。

図4-1 ■ 第4章の位置付け

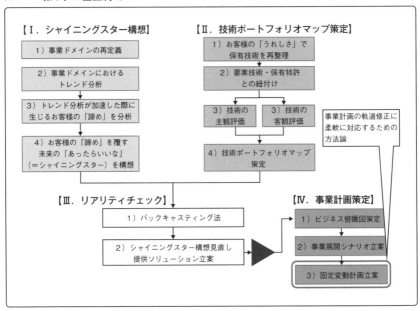

開発前提条件を「あえて確定させない」ことが事業環境変化に対応するポイント

　通常の新製品開発プロセスでは、開発スタートの前提条件として、顧客要件を確定させて製品仕様と出荷数量の見込みを確定したうえで、詳細設計に入る。当然のことだが、仕様や出荷ボリュームが未確定のままで詳細設計に入ると、途中で仕様変更や生産計画変更が生じ、設計や製造準備に手戻りが生じ、当初の目標としたコストや納期目標の達成が困難になるためだ。

　すでについているお客様へ新製品を届けるのとは異なり、新事業開発では、お客様がまだついていない状態で製品開発をスタートすることになる。この場合、開発の前提条件を確定させてから詳細設計に入るという通常の開発プロセスが正解なのだろうか。

　製品仕様と出荷数量見込みを確定させて、詳細な設計を行い、製品発売に漕ぎ着けたとしても、実際にお客様に導入する際には、想定していなかったお客様の設置環境や業務上の制約事項が見えてくる。結局は、お客様を獲得するために、仕様・構想設計段階まで手戻りしてやり直すことが必要になることが多い。

　つまり、新事業開発においては、すでにお客様がいる通常の新製品開発とは逆説的に、開発前提条件を「あえて確定させない」ことが、開発成功のポイントになる。

　仕様も数量もわからないのに、詳細設計をすることは不可能だと思われるだろうが、ここで言う「確定させない」とは、ターゲット顧客のすべての要件を満たす仕様を10、ターゲット市場のすべての目標シェアを獲得したときの出荷数量を10としたときに、10のうちの3〜4でも実現すれば受け入れてくれる確度が高いお客様がいるのであれば、出荷数は1〜2であったとしても、そこで製品開発に入ってしまうということだ。理想通り、万事が揃ってから開発スタートするのではなく、当初は完璧なものではなくとも、市場展開のスピード優先で、まずは製品をお客様に届けることを優先する。

　その結果、やはり残りの6〜7の仕様を実現することが重要であるこ

とに気が付くこともあれば、当初お客様に必要だと考えていた仕様が、自分達の思い込みであり、別の要件が存在していたことに気付くこともあるだろう。そして、新事業開発においては、後者の「よかれと思っていた自分達の思い込み」のほうが多い。そこで学習したことを、残りの8〜9のお客様に反映させて、受注確度を高めていけばよいのだ。

最初から10のお客様に対し、「自分達の思い込み」仕様が多分に含まれている製品を提案することと比べて、どちらが成功確率が高くなるかは自明だろう。

「Seize the fortune by the forelock.（幸運の女神の前髪をつかめ）」という英語の諺がある。日本語に直訳すると不思議な表現のように思えるが、これは、幸運の女神が覗き込んでくれているときに、すぐに手を伸ばしてその前髪を素早くつかまえなければ、起き上がって準備をしてから、幸運の女神の後ろ髪をつかまえようと後から追いかけたとしても、もはや決して追い付けないということである。

新事業開発においては、特にこの諺は真理をついている。新しい価値提供の提案に対し、興味をもってくれるお客様というのは、そうそういない。様々な事情が重なって、そのタイミングで、その提案を受け入れる余地が生じているのだ。

そこを「まだ製品は開発途上で、発売できるのはまだ先になります」として、十分な完成度になってから再度提案をしても、もはやタイミングを逸してしまうことだろう。当初 計画していたすべてを完成させてから市場展開するのではなく、提案を受け入れてくるお客様がいるのであれば、まずは仕様を絞ってでもスピード優先で市場展開する。

そして、そこで積んだ経験を活かして、場合によっては当初の開発計画で想定していた仕様とは異なるものであっても、より受注確度の高い仕様にしていくことで、製品の完成度を高めていくことが重要になる（図4-2）。

図4-2 ■ 開発前提条件は「あえて確定させない」でスタートする

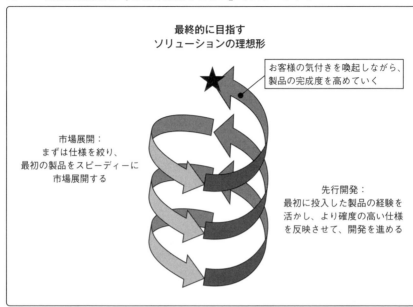

》臨機応変の事業戦略変更と、ものづくりの品質確保とはトレードオフ

　第3章でも述べた通り、マーケティングリサーチをいくら入念に実施しても、外部環境の急激な変化や予期せぬ出来事で、開発の前提条件が大きく変わることもある。開発の前提条件を確定させないことは、こうした急激な事業環境変化の際に、臨機応変に事業戦略を変更する際にも役に立つ。

　著者が新事業開発で支援した企業の事例で説明しよう。その企業では、「再生可能エネルギー発電システムの投資回収を劇的に早めることで、広く一般家庭に普及させ、低炭素社会実現・エネルギー問題解決に寄与するソリューション」の新事業開発のテーマ提案を行い、経営トップの承認を受けて新事業開発に着手することになった。開発着手当時の事業環境は、対象とした発電システムは非常に高価であり、初期投資分の元を取る前にシステム老朽化・更新タイミングがきてしまうため、経済的な面から一般家庭で普及が進まない状況にあった。そのお客様の「諦め」

要因に着目し、「あったらいいな」のソリューションを考案したのだ。だが、この企業ではBtoCの一般家庭向けの製品の経験値が少なく、家庭用のコンパクトで安価なシステムを完成させるのは多くの時間がかかるため、まずは大型で高価なシステムでも受け入れてくれるお客様を見付け、工場向けの産業用から展開することにした。

産業用は半年でスピーディーに開発・出荷し、お客様のもとで実運用に漕ぎ着けることができた。これにより、机上検討ではわからなかったお客様でのシステム運用上の課題やものづくりの課題も明確にすることができたのだ。

だが、新事業をスタートして3年目になると、予期しなかった事業環境の変化が起こる。経済成長著しい中国のメーカーが市場参入し、家庭向けのシステムの価格破壊が起こり、そもそも初期投資が高額ではなくなったのだ。これは、初期投資が高すぎるという「諦め」要因に着目したソリューション提供が、価値を失ってしまったことを意味する。この頃には、工場向けの製品がニッチであるものの安定収益となっていたため、事業戦略を大幅に軌道修正し、当初、目標としてきた家庭用の事業展開を断念し、産業用に特化する経営判断が下された。

産業用ではコンパクト化よりも、むしろより大型システムに対応できる仕様が求められていることがわかり、当初の計画とは真逆の大型化を目指した開発を進めていくことになる。結果として、この経営判断、事業戦略の変更が功を奏した。その後、法改正が行われ産業用市場での需要が急激に伸びた際に、大型システムでの先行実績をもつ企業として、大きな市場シェアを獲得することに成功したのだ。

結果から見れば新事業開発が成功した事例ではあるが、急激な事業戦略の転換でものづくりの現場に大きな混乱が生じた。コンパクト化開発を目指していたのが、ある日突然これまでとは真逆の大型化開発に変更されたのだから、無理もない。言うまでもないが、ものづくりの品質確保のためには「同じものを繰り返してつくる」ことが求められる。開発部門も、製造部門も繰り返しのなかでノウハウを積み上げていくことができる。調達部門も同じ材料をまとまった量で発注することでサプライ

図4-3 ■ 臨機応変の事業戦略変更と、ものづくりの品質確保とのトレードオフ関係

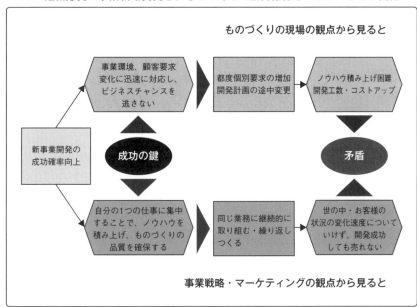

ヤーとの価格交渉を有利に進めることができる。それが、ある日急に真逆の開発方針になるのだから、ものづくりの現場にとってはインパクトが大きい。品質確保が困難になるだけではなく、開発の実務メンバーのモチベーションも大きく低下することになる。

だが、事業戦略・マーケティングの観点からすれば、もともとコストメリットが売りのソリューションが、コストでは勝てない状況に陥った際に、事業戦略の変更を迅速に意思決定したことは正解であった。ものづくりに成功しても、事業で成功できない・勝ち目のないものを市場に投入しても意味がない。

このように、新事業開発の成功確率を高めるためには、事業環境変化に応じて、事業戦略を臨機応変に変更することが重要であるが、その結果、ものづくりの現場ではノウハウの積み上げが困難となり、開発工数もコストも増大する要因に繋がるという矛盾を抱えることになる。こうした矛盾を精神論ではなく、いかにして合理的に解決していくかが、ポイントになる。

section **2**

迅速な事業戦略変更の意思決定に、ものづくりの現場が対応するための開発プラットフォーム構築

　マーケティングの観点からは、臨機応変に事業戦略変更することが新事業開発の成功確率を高めるが、その一方、ものづくりの観点からは、設計・製造品質確保が困難になるというリスクが高まる矛盾を抱えてしまう。そこで、この矛盾を解決するため開発プラットフォーム構築の基本的な考え方について、述べていく。

》製品単体の設計効率・コスト削減を追求する「個別最適」ではなく、事業戦略全体における製品群の「全体最適」を追求する固定/変動計画

　柔軟な事業戦略の変更に、ものづくりの現場が対応していくための、最もシンプルな対策は、「開発・製造部門の人員を増やす」ことだと思われるかもしれない。だが、人員を増やすことで、ものづくりの品質を確保しつつ、計画した納期通りに開発・製造を完了させることができるだろうか。そもそも開発という行為は、あらかじめ決められた設計手順に基づき製図や品質検証テストをこなすといった単純なオペレーションの遂行ではなく、様々な技術や生産における開発課題を解決していくことである。

　既存事業であれば、開発・製造といっても、従来までの製品の設計図面や部品表、QC工程表やテスト項目が存在しているため、図面や調達手配・製造工程が変らないものは単純オペレーションで対応する部分も多く、新要素の開発に伴う従来からの変更点・変化点について、課題解決を考えていくことになる。そのため、開発の一部を外注化することで開発スピードをあげていくことも可能であり、開発業務の委託をすることは一般的に行われている。

252

図4-4 ■ 開発のキャパシティは"頭数"ではない

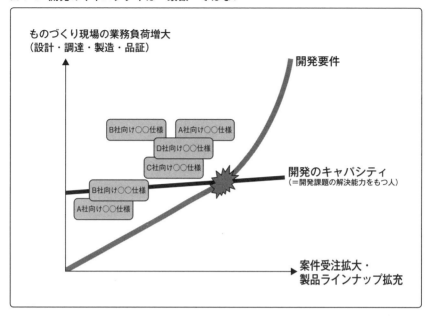

　だが、新事業開発における開発・製造とは、この従来からの流用が可能なものが存在していない。つまり、指示さえあれば決められたことを正確にオペレーションしてくれるような人員をいくら増やしても開発スピードはいっこうにあがらないということになる。開発スピードアップに必要になるのは、「開発課題を自らの頭で考えて解決できる能力をもつ人」なのだ。

　そして、こうした人材は今現在の会社の稼ぎ頭である既存事業でエースとして活躍していることが多く、まだ事業としてどうなるのかもわからない新事業開発に十分に回してもらえることは稀である。

　著者がこれまで支援してきた新事業開発でも、たとえ人材の層が厚い大企業であっても、ベテラン開発者はマネジャークラスを含めてプロジェクトに1〜2名程度で、後は新入社員や製品開発の経験のない若手が割り当てられることが大半である。

　こうした状況下で、事業戦略の変更の可能性に加えて、「女神の前髪をつかむ」精神で、スピード重視で営業提案を進めるとどうなるのか。

受注案件が拡大するにつれ、短納期でなおかつ品質確保を要求され、ものづくりの実務現場の負荷は極大化する。そして、「開発課題を解決できる人」の数の限界が、事業拡大の限界点となってしまうだろう。

　これを乗り越えるためには、開発プラットフォームをあらかじめ定義しておくことが重要になる。案件を受注してから、要件定義を行い、必要となる技術開発を行い、製品設計から製造準備・移管を進めるのではなく、共通的な機能モジュールを束ねたものをユニットとして用意しておき、要件の異なるお客様に対しても、ある程度まではユニットの組み合わせで幅をもって対応できるようにしておくのである。このあらかじめ開発されたユニット群を、開発プラットフォームと呼ぶ（図4-5）。

　開発プラットフォームで、なぜ開発スピードアップが実現するのか。雑誌をつくる際の編集作業を想像してもらうとわかりやすいだろう。週刊誌のような短納期が要求されるものでは、特集を組むたびにゼロから企画したものを都度個別に取材して記事を書いていたのでは、到底、納期に間に合わない。そこで、あらかじめニーズの高そうな記事をストックしておき、企画した内容に応じてストック記事の中から組み合わせて雑誌にするのだ。JMACでは、こうした開発効率化の手法を60年以上前からプログラム化してきた。今日ではモジュラー・デザインや開発プラットフォームと呼んでいるが、当時は編集になぞらえて「編集設計」と呼んでいた。

　では、この開発プラットフォームをいかに構想していくのか、その基本的な考え方について述べていこう。開発プラットフォーム構想では、製品“個別”の開発スピードアップや効率化を考えるのではなく、製品“群”の全体最適を考えることが重要になる。ここで言う製品“群”とは、今現在の開発済みの製品ではなく、法規制や業界ルール変更等の事業環境変化によるリスクや最初のターゲット顧客の需要が想定したほど存在しなかった場合に、ターゲットを変更する可能性に備えて必要となる製

図4-5 ■ 製品群共通仕様の技術・ユニットを先行開発し、都度開発・品質検証を不要とする

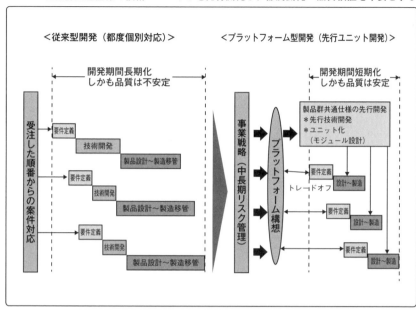

品のことだ。柔軟な事業戦略を実現するための選択肢上にある製品群である。

　わかりやすく例で説明していこう。例えば、新事業開発の事業計画目標・年100億円の売上を目指し、当初は少ない営業リソースで大きな売上をあげるために、製品単価の高い大型・大出力の装置を開発済であるとする。こうした大型・大出力装置を必要とするお客様は大手重工メーカーくらいであり、国内市場の場合、大手重工は数社しかなく、すべてに入り込むことができればいいが、そううまく事が進むとは思えない。もしも、大手重工からの受注を落としてしまった場合、50億円程度が未達になるリスクを補填するための次善の策、戦略オプションとして、国内市場の裾野が非常に広くボリュームが見込める自動車部品関連のお客様にターゲットを変更する可能性があるとしよう。だが、ここでは現実的な見積りでは30億円程度の補填しかできず、残り20億円は同じく国内の裾野が広い電子部品メーカーのお客様の獲得を必要とする。

　次善の策と言っても、重工のお客様が求める大出力とは仕様が異なり、

自動車部品のお客様が求めるのはより小型で、大出力よりも出力精度が必要であるとする。また電子部品関連のお客様においては、超小型・低コストの装置が要求されているとしよう。

このように、当初事業化のターゲットとしていた重工メーカーＦ社向けの仕様に加え、事業目標達成のための事業戦略の変更オプションとして、自動車部品関連ではＡ社仕様、Ｂ社仕様、Ｃ社仕様の３つ、電子部品ではＤ社、Ｅ社仕様の２つ、さらには新分野への将来的な備えとしてＧ社仕様と、全部でＡ〜Ｇの大きく７つの製品シリーズを揃える必要があるとする。事業計画達成のために、将来的に必要となる製品シリーズを明確したうえで、それらの製品群を横軸に取り、縦軸には製品を構成する要素（対応必要な規格方式、製品の実装技術方式、製品モジュール構造、生産技術方式など）を取り、製品群全体としての一覧表をつくる。

多くの製品シリーズをまともに開発しようとすれば、縦軸の項目数×製品シリーズ数分の開発要素が生じることになるが、先に述べたとおり、開発課題の解決能力をもつ人員は簡単には増やすことはできないため、これだけの開発要素をすべてやり切るのは物理的にも困難である。

そこで、この一覧表を見ながら、本当にこれらすべての開発要素を都度個別に開発することが、お客様の運用にとって本当に必要なのか、必然性の観点から精査をしていくのである。ある製品構成要素については、お客様の運用を考えれば、７種類もの開発をする必要はなく、むしろ１種類に統一されているほうが運用しやすくなるものが存在している。これがどういうことなのか、著者が開発プラットフォーム構築のコンサルティング支援を行ったある企業の例で説明しよう。

ある業務用の電気機器メーカーＩ社において、中長期でマーケティング・拡販の観点から、事業目標達成に必要となる製品ラインナップを分析したところ、全部で30種類必要であることがわかった。端末機器を定期的に充電するために充電器が標準で付属するが、これを端末種類ごとに30種類を設計しようとしていた。このバラエティがお客様の運用に本当に必要なものだろうか。お客様の運用を想像すると、同じお客様であっても複数種類の端末機器を購入するケースもあるだろう。そのと

図4-6 ■ 製品の個別最適化ではなく、製品群の全体最適化を考える

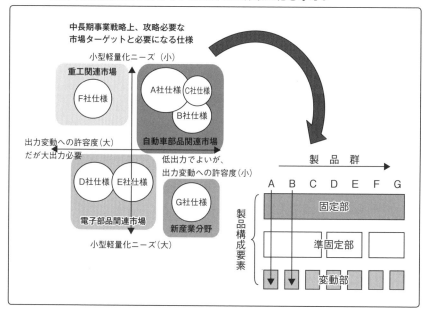

きに、同じメーカーの端末でありながら、充電器が機種毎に違うものを使用しなければならないのは、明らかに不便だ。

メーカーがお客様の購買時の選択肢を広げるために、「よかれ」と思い準備したバラエティが、お客様の運用時には必然ではないものが意外と多く存在している。

このような、お客様の運用にとって必然性が低いバラエティを探し、A～Gの共通仕様として定義していく。こうして製品群で見たときに必然性の低いバラエティを共通仕様としたものを、JMACでは「固定部」と呼んでいる。

ただし、ここで注意をしなければならないのが、バラエティには技術的な観点からは合理的な理由が存在しているということだ。開発設計部門にとっても、仕様のバラエティが増えることは、開発負荷が増大するため、これが共通化できるのであればそれに越したことはない。Ｉ社のケースでは、なぜ充電器のバラエティが発生してしまっていたかと言うと、充電器と電池をセットでパッケージとして提供しているサプライヤ

ーがあり、これを購入すればドライバや電池制御のI/F等を自社開発する必要がなくなり、その製品単体で見れば、短納期化とコスト削減に繋がるという合理性が存在していた。これを「バラエティ発生要因分析」と呼んでいる。お客様の運用の必然性の観点と、技術的な合理性の関連からのトレードオフ関係を、製品個別最適ではなく、製品全体最適の観点で見たときに「残すべきバラエティ」と「共通化すべきバラエティ＝固定部」を決めていくのだ。

「固定部」に対し、お客様の運用上、A〜Gのお客様ごとに都度個別に開発しなければならない「残すべきバラエティ」、必然性があるバラエティのことを「変動部」と呼ぶ。例えば、I社のコンサルティング事例では、機器を使用するための業界ごとの電波法の規制があり、それぞれのお客様の法規制に対応した周波数帯と伝送方式、それに付随するハード、ソフトの設計仕様は「残すべきバラエティ＝変動部」となる。このバラエティを固定部にしてしまうと、法規上、絶対に提供できないお客様が出てしまい、いくら営業努力をしようが事業計画目標を達成することは困難になるだろう。また、規制上の制約ではなく、業務上どうしても必要な機能や、操作画面仕様なども、その市場・お客様向けに拡販していくためには、必須のバラエティが存在していることがある。

このようにして、製品を個別ではなく、製品「群」として全体で俯瞰しながら、お客様にとって必然性の低いバラエティを削減し、固定部と変動部をあらかじめ定義をしていく。また、詳しくは後述するが、固定部と変動部を繋ぐためのインターフェース（I/F）を「準固定部」と呼び、新規に技術開発を行う要素を規定する。これをJMACでは「固定変動計画」と呼んでいる。

≫ 製品進化の主導権を自社が握るコア領域設定と内作/外作の考え方

JMACでは「固定部」をなぜ「標準部」とは呼ばないのか。それは固定部には寿命が存在するからである。「標準」と呼ぶと、品質標準や業務規定のように一度決めたものはよほどのことがない限り変更されないものというイメージをもってしまうため、あえて「固定」と呼んでいる。

新事業の立ち上げ当初、市場も黎明期の段階では有効であった固定部・変動部の定義も、市場が成長期〜成熟期に進むにつれて陳腐化していくことは容易に考えられる。製品ライフサイクルや外部環境の変化の早さにもよるが、遅くとも5〜7年以内には固定変動計画の再構築が必要になることだろう。

　このプラットフォーム自体の再構築がゆくゆくは発生することを考えると、プラットフォーム開発の考え方では、基本的には変動部のみを都度個別開発すればいいと言っても、変動部を本当に自社で設計・製造するというのは、中長期の事業戦略全体の最適化を考えた際に、果たして効率的と言えるだろうか。数年後に固定変動計画を抜本的に再構築する際には、「残すべきバラエティ」ではなく、「共通化すべきバラエティ」でもなくなっている可能性がある。つまりもはやものづくりの付加価値が存在せず、固定部としても変動部としても必要性がなくなり、開発プラットフォームから除外されることがあるのだ。

　ソリューション提供とは、お客様の気付きを喚起しながら段階的に理想形を目指す、スパイラルアップの考え方で進化させていくことは前に述べた。例えば、一般家庭向けの高速インターネット通信で、光ファイバーによるブロードバンド通信が当たり前になった今日では、市場黎明期にはたくさんのバラエティが必要であったADSL方式でインターネット網に接続するための固定電話回線に繋げるモデム装置はもはや不要だ。

　変動部を自社工場で設計・製造しなくなると、これまで工場の稼働を埋めていた仕事がなくなることを意味するため、固定変動計画を抜本的に見直す際に、フットワークが悪くなることがある。仕事がなくなった場合、工場のリストラが必要になるため、実行にあたっては各種の根回しや調整等で経営の意思決定が遅くなるためだ。だが、もはや今日では必然性が低い変動部を自社設計・製造し続けることで、新しい開発プラットフォームへの移行が遅れると、競合企業に致命的な差を付けられてしまうかもしれない。

　新事業開発の初期段階では、自社の売上規模も小さく、利益率も低いが、経営幹部からは早く売上規模を拡大し、事業単独で利益をあげて自

立するようにプレッシャーをかけられている。そのため、変動部も自社工場で内作し、売上・利益の足しにしたいという心理がどうしても働く。だが、お客様の気付きが喚起され、ソリューション提供も新しい段階に進み、市場が発展していくにつれ、家庭用ブロードバンド通信の黎明期では市場競争力の源泉であったが、光ファイバーが普及した今日では必要とされなくなったADSL接続モデムのように、当初の固定変動計画はいずれ陳腐化していく。

　ADSLモデムの設計・製造を自社工場ですべて手掛けていたとしたら、次の新しい開発プラットフォーム、固定変動計画に移行する際に、足枷となるだろう。それを考えると、短期的な事業成果で見れば変動部も内作としたい心理が働くが、中長期の事業戦略でリスクを低減することを考えれば、変動部は基本的にはすべて外作とすべきである（図4-7）。

　とはいえ、市場黎明期では変動部は「お客様にとって必然性のあるバラエティ」である。売れ筋であり、すべてを外作とするのはなかなかに勇気がいることだ。そこで、固定部の寿命におけるトータルでの変動部の需要を考え、需要が見込めるものは内作とし、需要が見込めないものは固定部への接続I/Fをオープンとして積極的に外作とする。

　それも中途半端に製造委託するのではなく、変動部のユニットは自由に市場競争できる環境を創り出し、グローバルで、安価な人件費と労働人口をもつ製造競争力のある新興国企業など、多くのサードパーティが市場参入する状況が理想的だ。変動部のユニットを様々な企業が設計・製造・販売し、エンドユーザーの選択肢が増えていけば、自社で変動部のラインナップを増やしていくよりも、加速的に市場発展が進む。確かに、変動部ユニットの設計・製造の売上・利益は自社には残らないが、変動部に接続する固定部のユニットの需要は黙っていても高まっていく。これが、開発プラットフォームを用いた国際分業サプライチェーンの事業戦略そのものになる。

　だが、ここでオープンに開示するのは、あくまでも現行の固定部との接続I/Fのみである。次世代の開発プラットフォーム構想、固定部については完全にブラックボックスとしなければならない。この点を徹底し

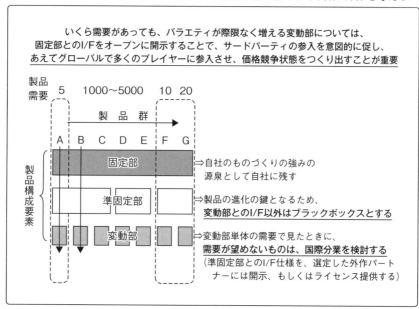

図4-7 ■ 需要を把握し、変動部のバラエティ数との兼ね合いから内作/外作を考える

なければ、たとえ変動部を外作としても次の開発プラットフォームへと移行する際に、結局は前の世代の変動部の存在が足枷となることに変わりはなくなってしまうためだ。変動部のほうがエンドユーザーに近い位置にいるため、ハンドリングを間違えると、変動部のほうが製品進化の主導権を握ってしまい、固定部がオプション装備のようになる、主従逆転の現象が起きてしまう。

お客様の半歩先を行く固定部の進化に開発リソースを集中させ、競合よりもむしろ、変動部を担うサードパーティが主従逆転を狙ってきたとしても容易に追従することができない、自社のものづくりの強み・コアとなる技術の蓄積を進めておく必要がある。

国際分業のサプライチェーンが構築されると、黙っていても市場での普及が進み、固定部の需要増で自然と儲かる仕組みができあがり、なおかつ固定部は変動部の設計・製造のように都度個別に開発リソースを要求しない。営業も工場も安心しきって開発の手を緩めてしまうかもしれないが、ここに大きな落とし穴が存在する。

ある名門企業も、エンドユーザーとの直接接点である変動部の開発を
パートナー企業へと委託し、自社の経営リソースが最小限で儲かる仕組
みを構築した。ここまではよかったのだが、中央研究所にあたる部門を
解散し、自社における先進的な技術の基礎研究や固定部の進化を考える
ことを止めてしまった。ここにきて、エンドユーザーとの直接接点をも
つパートナー企業が大きな力をもつようになり、市場をコントロールし
ていることに気が付いたのだが、主従逆転を許してしまったところから、
再び主導権を取り戻していくのは容易ではない。固定部の進化・開発の
手は決して緩めずに、常に製品進化の主導権を自社で握ることができる
かが、国際分業の戦略では最重要となる。

≫ 事業戦略変更とものづくり品質確保とのトレードオフ関係を切り離すための インターフェース開発が、開発プラットフォームそのものになる

　開発プラットフォームの基本的な考え方と、事業戦略の内作/外作に
おける考え方を述べてきたが、固定部と変動部とを繋ぐ準固定部が、開
発プラットフォーム構築における開発実務で最も重要となる。

　準固定部について解説していこう。固定部に対し、お客様の都度個別
仕様に対応するために変動部としてある機能モジュールを追加すること
を考えよう。既存の基本機能が3つで、ここに新規機能を2つ追加し、
既存機能の1つを変更するとしよう。その際に、新規の図面を起こすの
は3つということになるが、設計品質の検証工数がどれだけ増大するか
と言えば、単純に3つの設計変更・新規部分のみを検証すればよいとい
うわけではない。設計品質の検証項目は既存機能からの流用設計分を含
め、変更・新規の設計3×（既存流用2＋変更・新規3）の計15を検証
する必要があり、その分設計品質のテスト項目が増えて開発工数は指数
関数的に増大していく（図4-8）。その要因は、変更点に伴い、変化点が
生じてしまうためである。変更点とは「人が意識をして行うもの」であ
るが、変化点とは「人が意図せずに生じてしまう」ものであり、ある機
能を追加すると、システム全体としての挙動が意図せず変化してしま
う可能性があるためだ。この変化点により設計全体のバランスが崩れて
いないかを、すべての組み合わせでテストをしなければ品質を保証する

図4-8 ■ 既存機能との相互依存性が開発工数・品質リスクを極大化させる

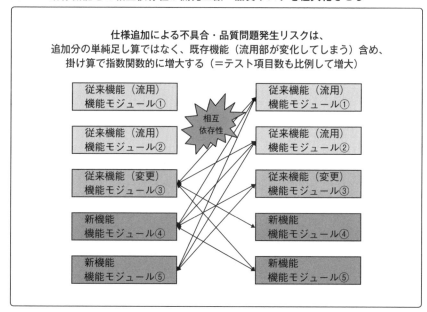

図4-9 ■ 機能モジュール間の相互依存性を断ち切るためのI/Fを設計する

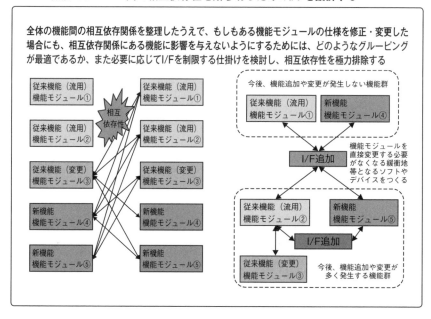

ことはできない。

　固定部・変動部の定義により、変動部が追加されていってもお客様の仕様ごとにすべての設計を都度個別に行う必要がなくなるとは言え、結局は品質検証のためにテスト項目が増大していくことには変わらないとすると、開発実務者の負担・開発工数はさほど低減することにはならないだろう。

　そこで「準固定部」を定義することが重要になってくるのだ。品質検証工数を指数関数的に増大させないためには、ある機能を追加し、変更点が生じたとしても、それが既存機能に変化点を生じさせないよう、機能間の相互依存性を断ち、独立性を保つように設計をすればよい（図4-9）。機能モジュールと機能モジュールの間に、どちらかの機能に変更が生じた際にも、もう一方の機能には影響が及ばないようにする緩衝地帯となるようなデバイスやソフトウェアを追加すればよいのだ。

　ただし、このデバイスやソフトウェアは、機能と機能とを完全に断ち切るものではなく、機能間の連動によりシステムとして成立するためのインターフェース（I/F）として機能しなければならない。

　具体的な開発を例に、この準固定部の開発イメージを説明しよう。装置操作画面でLCD（液晶ディスプレイ）を採用し、お客様の運用を考えた際に、必然性の高いバラエティとして４つの変動部を定義したとする。一方で、OS（オペレーションシステム）は複数のバラエティが存在すると、OSのヴァージョンアップや更新の際にお客様の保守メンテナンスが煩雑になり、複数OSでの開発工数も膨大になることから、固定部として全仕様で共通にしたいとする。だが、この時にLCDの追加をすると、LCDを動かすためのAP（アプリケーション）とMMI（マン・マシン・インターフェース）に変更が必要になる。そのときにOSに搭載されているドライバにAP、MMIの変更点に伴う変化点が生じてしまう可能性がある。動作のタイミングが合わずに、予期せぬ操作画面の停止や誤操作発生といった品質不安定に繋がることがあるだろう。

　そこで、APとドライバとの相互依存関係を断ち切り、APを追加した

図4-10 ■ プラットフォームの開発要素のイメージ

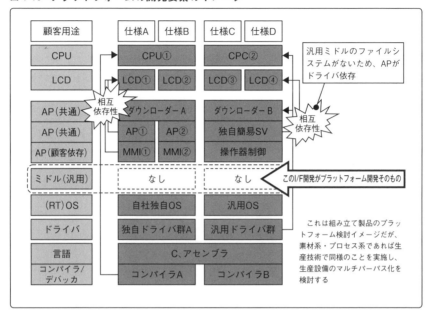

としても、ドライバに変化点が生じないためのI/Fとしてミドルウェアを新規に開発することを考えるのだ。このミドルウェアがAP追加により追加されてしまう余計な制御をカットし、OS上のドライバの標準機能で制御できる範囲のみに機能を限定すればよい。つまり、APが、AP②・③・④と順次追加されたとしても、OS・ドライバから見ると、AP①とまったく同じプログラムに見えるようにするのである。

　ソフトウェア開発の例で説明したが、ハードウェアの場合では、例えばある伝送装置に対して、様々な種類のアンテナを接続したいとするときに、あらかじめ複数のアンテナを装着できる取り付け口が複数あるモジュールを用意しておく。このI/Fモジュールに余計な電気信号をフィルタリングしてカットする機能をもたせることで、ノイズ対策等の理由で、アンテナを変更するたびに、伝送装置内部の配線や設計レイアウトを都度変更しなければならないという品質確保面での変化点を生じないようにするのだ。

　このような機能モジュール間の相互依存性を断ち切り、なおかつ、機

能間の連携によるシステムとしての動作は妨げないようなI/Fを新規に開発し、これを「準固定部」として定義する。この準固定部は、技術者の知恵とノウハウを活用して新規に開発が必要となるものであり、プラットフォーム開発とは、このI/F仕様と実装方法を開発することに他ならない。

　なお、化学や食品、素材、製鉄、型材などのプロセス産業の場合は、製品自体は設計がシンプルでバラエティは多くないため、製品群で固定変動計画をつくることはあまり意味がない。それよりも、製造工程が複雑でバラエティが多く存在するため、工程群で固定変動計画をつくり、多品種少量生産に対応可能な柔軟な製造工程を検討することになる。この場合の準固定部は、工程間の相互依存性を断ち切るためのマルチパーパス化のための生産技術開発となる。

補 足

新事業開発における
数値計画策定の考え方

　最後に、新事業開発における損益推移（P/L）や投資回収計画等の数値計画を策定する際の考え方のポイントについて述べておこう。数値計画策定には、管理会計の知識が必須となるが、これについては体系的にまとめられた多くの優れた書籍が出されているため、新事業開発をメインとする本書では詳細説明は割愛し、新事業開発で特に気を付けなければならない点に絞って説明する。

》新事業開発で求められるのは管理会計

　新事業開発における数値計画策定には、管理会計の知識が必須であるが、会社法や各国の法規制・税制、簿記といった膨大な量の知識を習得する必要まではない。会計には、株主に対して国際的な統一ルールのもとで正確に財務状況を報告するための「財務会計」と、国ごとの税制ルールに従って正確に納税するための「税務会計」と、会社の事業戦略の意思決定を行うための「管理会計」とがある（図4-11）。「財務会計」と「税務会計」は、「制度会計」と呼ばれ、会社の経理等の業務に携わる方は膨大な知識を習得することが必要になるが、新事業開発で必要になるのは「管理会計」である。

　制度会計では「守るべきルールをすべて知っていること」が何よりも重要であり、ルールに則り厳密に適用していかなければ法令違反を犯してしまうかもしれない。一方、管理会計は社内の意思決定に用いられるものであり、制度会計のように国際的な統一ルールというものは存在しておらず、会社ごとにそのルールは千差万別である。

267

図4-11■制度会計（財務会計・税務会計）と管理会計との違い

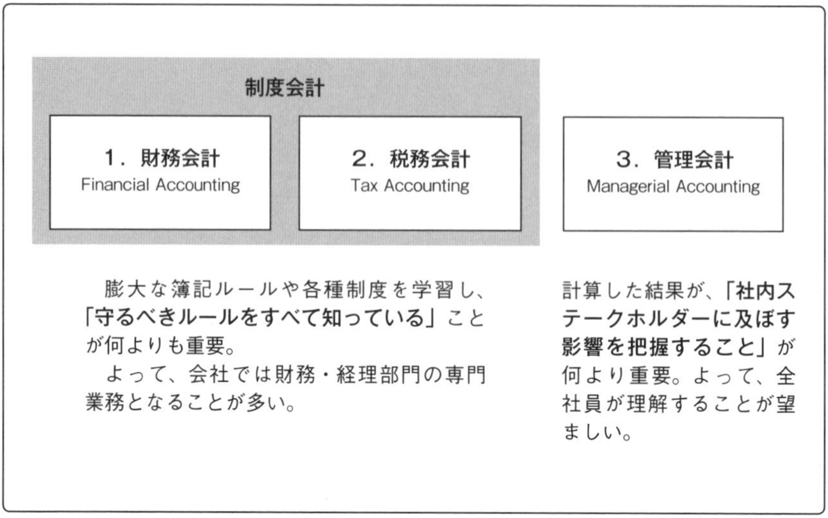

制度会計

1. 財務会計	2. 税務会計
Financial Accounting	Tax Accounting

3. 管理会計
Managerial Accounting

膨大な簿記ルールや各種制度を学習し、**「守るべきルールをすべて知っている」**ことが何よりも重要。
よって、会社では財務・経理部門の専門業務となることが多い。

計算した結果が、**「社内ステークホルダーに及ぼす影響を把握すること」**が何より重要。よって、全社員が理解することが望ましい。

　では、管理会計の「管理」とは、一体何を管理しているのだろうか。それは事業計画（予算）と、実績の成り行きとのギャップが拡大しているのか、それともギャップが縮小しているのか、その「傾向」をモニタリングし、ギャップが拡大傾向であれば、それを是正する施策をタイムリーに打ち込むことである（図4-12）。

　新事業開発では、新市場・顧客への提案、もしくは既存市場・顧客に対して新提案をするため、精度の高い予測の数値計画をあらかじめつくることは難しい。つまり、事業計画と実績とのギャップが拡大するリスクが高く、ギャップを縮める努力を、既存事業よりも緻密に行う必要が出てくる。これは経営（マネジメント）そのものであり、管理会計が英語で「Managerial accounting」と呼ばれる所以でもある。

　数値計画策定というと、財務会計の膨大な知識体系を習得しなければならないのではないかと、経理部門の業務経験がないと腰が引けてしまうだろうが、管理会計においては知識・数値の正確性よりも、「傾向」を把握してタイムリーに事業戦略の意思決定に活用することが求められる。会計制度の知識の網羅性よりも、「なぜそのような傾向になっているのか」、その背景にあるメカニズムを把握することが求められ、これ

図4-12 ■ 原価管理とは、何を「管理」することなのか

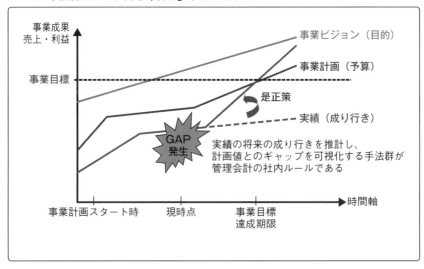

は開発実務において実験データをもとに技術課題の解決策を考えることや市場調査データをもとに営業施策を考えることと、マネジメントという観点からは本質的に同じであり、必要以上に身構える必要はない。

>> 数値計画策定のポイントと進め方

予算と実績とのギャップをモニタリングするための「ものさし」として用いるのが利益である。ただし、利益とひと言で言っても見方によって多くの計算方法が存在しており、一体どれを用いればいいのか迷うだろう。制度会計では多くの利益計算を覚える必要があるが、管理会計においては、ひとまず限界利益（貢献利益とも呼ぶ）、粗利益（売上総利益とも呼ぶ）、営業利益の3つを押さえておくとよい。

限界利益とは、売上から変動費を引いたものである。変動費は直接材料費など、出荷数量が伸びれば伸びるほど、比例して増大する費用のことである。変動費に対応する固定費とは、逆に出荷数量が伸びても、比例せずに発生し続ける費用のことだ。どの費用を固定費として、どの費用を変動費とするかは、会社の管理会計のルールによって異なるため、自社の固定費・変動費の分類は社内の有識者に確認する必要がある。

粗利益とは、売上から製造原価を引いたものである。製造原価は製造直接費と製造間接費からなる。製造直接費は製造工程のオペレーターの労務費や、直接材料費など、その名の通りその製品を製造するために直接的に必要となる費用である。製造間接費とは、逆にその製品を製造するために間接的に必要となる費用で、例えば同じ工場内の労務費であっても生産管理部門の方の費用は間接費となる。

営業利益とは、粗利益からさらに一般管理販売費を引いたものである。一般管理販売費とは、端的に言えば工場の外で発生している費用で、本社の経理部門や総務・人事部門、経営企画などの管理部門、中央研究所、営業部門の費用、広告宣伝費等もこのなかに含まれる。粗利益における製造原価は工場の中で発生している費用であるため、工場で生産している製品と費用とを関連付けをする管理ができるが、工場の外で発生している営業活動や全社共通的な開発や管理業務の費用を各製品にどのように関連付けていくのだろうか。例えば、経理部門では特定製品の経理だけを専任担当するわけではなく、全社の経理を取り扱う。ほぼその製品のためだけに業務を行っている場合もあるが、多くは全社共通的な業務を行っている。こうした共通的な費用も各製品に関連付けしなければ、粗利益から営業利益を計算することができないため、ある考え方で配分する必要がある。こうした費用配分のことを「配賦」と呼ぶ。逆に、明らかにその製品のためだけにかかっている費用を他の製品に費用配分せずに直接計上することを、「直課」と呼ぶ。配賦の考え方は、会社によって様々なものが存在し、全売上高に占める個々の製品の売上高の比率で配賦する会社もあれば、その製品に関わる人の頭数の比率で配賦する会社もある。また、工場内の費用でも間接費は期末に配賦計上する会社もある。管理会計においては、この配賦の考え方が最も重要になる。

》利益を最大化する要因を押さえること

ここまでは数値計画策定において、管理会計で最低限押さえておくべき知識について解説した。それでは、数値計画策定のポイントについて述べていこう。数値計画策定のポイントは大きく2つあり、1つは利益

図4-13 ■ 総原価と製造原価と3種類の利益

売上総利益/ 粗利益 (GP： gross profit) ＝売上-製造原価	一般管理 販売費 (SG&A： selling, general and Administrative expenses)	限界利益/ 貢献利益 (contribution margin) ＝売上-変動費	営業利益 (operating profit)	
製造 間接費	製造 原価 ＝総原価-SG&A		総原価 ＝売上-営業利益	売上高
製造 直接費		変動費		

を最大化させるための要素が何であるのかを把握し、その要素を増加さ
せる仕組みを押さえることである。もう1つは、お客様に対して「高す
ぎず、安すぎず」納得感のある価格設定を行い、普及を促すことだ。こ
の2点の根拠を押さえておくと、数値計画への信憑性が増し、ビジネス
としての納得感が得られる（図4-14）。新事業開発への先行投資を継続
してもらうためにも、数値計画は大切にしたい。

　まず利益最大化についてだが、利益創出の源泉は、ビジネスモデルに
よってまったく異なるため、決まった計算フォームというものは存在し
ない。著者がコンサルティング支援したある新事業開発では、当初はオ
ーソドックスに製品を製造販売するビジネスモデルを考えており、製造
付加価値をあげることが利益最大化の主要因であった。だが、製造付加
価値をあげるための重要なキーパーツを外作しているため、利益率向上
の主導権が社外にあり、いくら販売数量を増やしても、自社に残る利益
はほとんどないことが判明した。そこで、ビジネスモデルを見直し、製
品を販売して売り切るのではなく、資産としていったん自社が取得し、

それを効率的に運用することで利益創出の主導権を自社が握ることとした。事業者に対する製品の売り切りではなく、自社が事業者としてシステム運用することで利益をコントロールすることを考えたのである。その際に、利益を増加させるためには、取得した資産を遊休資産とせずに稼働率をあげていく仕掛けが必要になる。BtoCで稼働率をあげようとすると、広告宣伝費に膨大なコストがかかることから、BtoBtoCでマス広告を不要にすることが、費用対効果が最も高いことがわかってきた。

Excelシート等で計算式をつくり、利益最大化に影響する様々な要素の数値を増減させて、利益が増加するのか、減少するのかを目で確認しながら、利益創出の源泉を把握する検討方法が有効である。この作業により、当初考えていたビジネスモデルでは利益創出の根拠が薄いことに気が付き、もう一度ビジネスモデル自体を見直す契機にもなる。

新事業開発の損益を、社内の管理会計のルール通りにExcel計算式で試算をしてみると、思ったよりも利益が出ないことに愕然とすることだろう。そもそも市場がまともに立ち上がってすらいない、新事業開発に、従来までの事業と同様に経費を配賦で計上すると利益が厳しくなるのは当然だ。

ここで気を付けていただきたいのが、先に説明した通り、配賦経費の考え方は、会社によって千差万別で、国際的に統一のルールがあるわけではないということ。ベンチャー企業と同様の厳しさで数値計画を見て、せっかくの新事業のチャンスを諦めてしまうのか、それとも、新事業の立ち上げ時期における配賦経費はある程度まで減免し、事業といえるだけの規模になった時点で、既存事業と同様の配賦ルールとするのか、会社としての戦略的な意図が問われる。

この時点では利益の額にはあまりこだわらず、ただし、いずれは会社のルール通りの配賦経費を満額で負担できるだけの事業に育てていく必要があるので、利益額を増加させるためには、どの要因を増減させていけばいいのか、そのメカニズムを先に押さえておくことが必要になる。

図4-14■数値計画策定の2つのポイント

①利益創出の源泉を押さえること	② 値決めの妥当性を押さえること
利益を最大化するための推進力となる要素が何であるのかを把握し、その要素の増減が生じる仕組みを押さえることで、費用対効果を最大化する	ある規模以上のシェアを獲得することが必要なのか、一件ごとの利益を確保することが必要なのか、事業の特性に応じた普及する市場価格を決める

&

↓

先行開発としてのアイデアのおもしろさだけではなく、ビジネスとしての納得感を醸成する

≫ 固定費回収型と変動費型では値段設定の考え方が異なる

次に、「高すぎず、安すぎず」値決めの妥当性について考えていこう。値決めの際には、当然のことだが、「安すぎず」利益が出る価格設定にしなければならない。ここで前述した3つの利益、限界利益、粗利益、営業利益のうちどれを考えればいいのだろうか。これを考えるにあたり、事業の収益構造には、大きく2つのパターンがあることを理解しなければならない。

1つ目のパターンが「固定費回収型」で、もう1つが「変動費型」だ。固定費回収型では、ビジネスを開始するにあたり、大規模な工場の建設や、多くのサービス拠点設置や社員雇用の必要があり、巨額の固定費が発生するが、変動費の比率は高くないため、損益分岐点をいったん超えることができれば、多くの利益を得ることができる。標準化された汎用的な製品を繰り返し生産する、量産もののビジネスはこちらのパターンに相当する。大量の数量が見込めるようなBtoC、BtoBtoCのビジネス

はこちらに該当するケースが多い。

　変動費型では、それほど大きな固定費は発生しないが、お客様ごとに都度個別にカスタマイズやサービス提供が発生し、変動費の比率が高くなる。そのため、損益分岐点を超えても、損益分岐点を超える前と比べて利益率が急激に上昇するということはない。一品ものの受注生産のビジネスはこちらのパターンに相当する。一件あたりの受注規模が大きい、インフラ系や特殊な製造設備や、大手重工や大手SIerの手掛けるBtoBのビジネスはこちらに相当するケースが多い。

　横軸に時系列、縦軸に数量の増加を取り、売上が費用（総原価）を超える時点を分析する、損益分岐点分析（CVP：Cost-Volume-Profit Analysis）のグラフで図示すると、図4-15のようなイメージとなる。新事業の価格設定は、この２つのパターンのどちらに近いかにより、３つの利益の考え方のどれを重視するかが決まる。

　固定費回収型では、営業利益を確保することよりも、粗利益を確保することを考え、場合によっては粗利益が出なくとも、限界利益が確保できる価格設定を行う。

　変動費型では、逆に営業利益を確保できる価格設定を行い、粗利益・限界利益しか出ない価格を要求するお客様に対しては、お断りするためにあえて高い見積りを出す必要がある。

　固定費回収型では、競合よりも多くの市場シェアを獲得し、いかに早く損益分岐点を超えることができるか、スピードが要求される。固定費回収型の価格設定で陥りがちな落とし穴は、市場黎明期の競合も存在していない段階では、高い価格を提示してもお客様は受け入れてくることも多く、営業利益まで確保できる高い値段設定でスタートし、市場シェアを取るスピードを遅らせてしまうことだ。新事業をスタートし、１～２年もするとキャッチアップ企業が出て、価格競争が始まってから、粗利益が確保できる水準までに価格を下げるという防衛戦をしていては、市場シェア獲得のスピードは格段に落ちてしまうだろう。最初からダントツの低価格で、競合が登場する前に一気呵成に市場で支配的なシェアを取ることが、利益確保の成功のポイントとなる。

図4-15 ■ 固定費回収型と変動費型かの判別

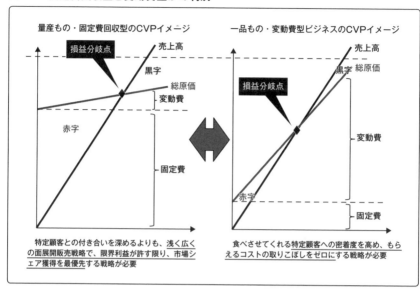

　せっかくライバルが登場せずに、営業利益を確保した値段で売れる時期があるのに、粗利益を確保する価格設定では、一般管理販売費が賄えないではないか、という心配があるだろう。だが、先に述べたように都度個別のカスタマイズを要求しない汎用品・繰り返し品は、支配的な市場シェアを確保すれば、販促活動を止めてしまったとしても売れていく。ドライに言えば、開発や営業で貢献した人材を別の事業に回し、一般管理販売費の一切を止めてしまったとしても、直課費用で工場やサービス拠点さえ健全に稼動していれば、いつでも営業利益が出せる状態になっているということだ。

　その逆に、変動費型では固定費回収型とは違い、営業や開発を止めてしまうと、事業はそこでストップしてしまう。一件ごとに確実に営業利益を確保することが重要であり、粗利益は出ていたとしても自社の実力・キャパシティを超えるような案件は引き受けてはならない。事業のスタート当初は間接費の配賦を少しでも薄めるために、売上高重視で営業利益が出なくとも、粗利益が出ていれば案件を受注したい心理が働いてしまう。また、事業を開始して数年もすると安値で自社をリプレース

しようとする競合が登場し、つい、市場シェアを維持するために相手の価格競争の誘いに乗ってしまい、粗利益や限界利益でのぎりぎりの値段を出したくなる。だが、変動費型では、固定費回収型とは違い、一般管理販売費を止めることは、事業を止めることと同義である。粗利益しか残らない案件で、分相応の仕事を安値で受注することは、最初のうちは乗り切ることができても、いずれはどこかで大きな品質クレームや納期遅延等に繋がり、破綻をきたすリスクが高くなるだろう。

≫ プロフィットシェアという考え方

ここまでが、自社が利益を確保するための「安すぎない」ボトムの値段の考え方だ。では、お客様にとって「これくらいまで払ってもよい」という上限の価格はどう考えればいいだろうか。モノもサービスも満足の行く水準のものが相当に行き渡っている今日では、お客様にとっての価値は、コストパフォーマンスではなく、具体的なプロフィット（利益）の増加で考える必要がある。お客様と一緒に利益を生み出し、その成果の一部をお客様と自社で分け合う、プロフィットシェアという考え方が必要になる。

監視カメラを製造販売するケースを考えてみよう。競合他社よりもコストパフォーマンスに優れた製品の開発に成功した企業が、公共交通機関のテロ等の安心・安全に対するニーズの高まりに着眼し、これを欧州の鉄道会社に売り込みたいとする。従来製品よりも、相当に「よいモノ」であったとして、鉄道会社は買ってくれるだろうか。いくら監視カメラを付けても、鉄道利用客が増加するということはあり得ない。だが、欧州ではかなり深刻な問題となっている無賃乗車による逸失利益を防ぎ、いざというときのための監視カメラとしても使えるという、具体的なプロフィット増加に繋がる提案をすればどうだろうか。

鉄道会社は無賃乗車の客を見つけるために、多くの費用と労力を払っている。例えば、無賃乗車の客を見付けるための私服の覆面警備員の費用だ。こうした費用を削減し、抑止力向上により不正乗車をする人が減少すれば、正規運賃の収入増にも繋がる。システム導入費と維持費が支

図4-16 ■ プロフィットシェアという考え方

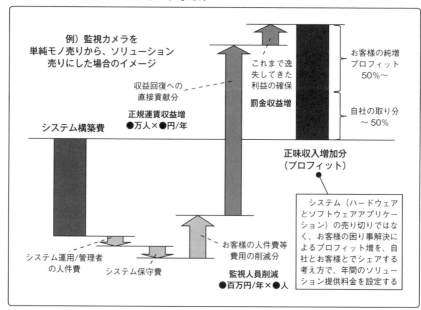

出として追加されるが、それを相殺してもなお、正味のプロフィットが残るのではあれば、購入動機は十分だろう。システム導入費と維持費に、この正味のプロフィット増加分を加えたものが、提供価格の最上限となる（図4-16）。

わかりやすいようにBtoBの例で説明をしたが、これはBtoB、受注生産のビジネスだけではなく、BtoBtoC、量産もののビジネスにもあてはまる考え方だ。むしろ今日では、BtoBのお客様よりも、BtoCのほうが、インターネット経由で多くの情報を入手した「賢い消費者」が多数派となっており、プロフィットシェアの考え方で合理的な値段でなければ、固い財布の紐が緩むことはないだろう。

プロフィットシェアを突き詰めて考えていくと、利益創出の源泉を押さえるときと同様に、場合によっては開発内容とビジネスモデルを大きく見直す必要性が出てくる。ここにきて、開発内容とビジネスモデル自体を再考することは、また大変な検討になるだろうが、より成功確率の高いものに見直す労力を惜しんではならない。

利益創出の源泉と値決めの妥当性とをロジカルに説明することができ
れば、新事業開発の数値計画への経営幹部の納得感も格段に向上し、実
際に事業開発を実行する際の成功確率も格段に向上するのだから。

第 **5** 章

実践事例に学ぶ、
新事業開発の谷を
越えるための苦難

section 1

なかなか表には情報が出てこない、新事業開発の成功までの苦難について

　これまで、新事業開発のテーマアップから事業戦略・ビジネスプランの策定までの考え方と、検討方法のフレームワークについて解説をしてきた。理解を進めるために、できるだけわかりやすい例えや世の中の一般的な成功事例になぞらえて説明するように心掛けてきた。理解は進む一方で、このようなうまく行った例で説明されると、この通りにやりさえすれば、自社も苦労少なくして新事業開発で成功できるような感覚に陥ってしまう。だが、実務支援のコンサルティング現場では、真面目に検討を続けてきたにもかかわらず、期待した通りの成果に繋がらず、非常に厳しい局面を何度も迎えることになる。

　各フレームワークの使いこなしや、各検討にかかる工数以外には、これと言って苦難と思うほどの状況には一度も陥らずに、キャッシュインするところまで万事順調でスムーズに進んだプロジェクトというのは、少なくとも著者は10年以上のコンサルティング経験のなかで、1つとしてない。

　こうした生々しい苦労話は、なかなか表には出てこないため、これから新事業開発に挑戦しようとされている方、もしくは着手中の方も、これからどれほどの苦難が発生するのか、また乗り越える手段は存在するのか、想像がつかないだろう。そこで、第5章では、実際にJMACが新事業開発のコンサルティング支援を行い、こうした苦難を経験され、乗り越えてきた企業にインタビューし、その苦難と乗り越えるための知恵を語ってもらうことにした。また、本章では著者の他、新事業開発のコンサル経験豊富なJMACの山中淳一氏にも協力いただいた。

280

section 2

資本力・ブランドが
まだないなかで、大きな事業を
立ち上げるためには

　目の付け所が違う新製品開発やニッチな新サービス開発の事例では、規模の小さい中小企業が取り上げられることがあるが、こと新事業開発の事例となると、大企業の事例がとたんに多くなる。現実的には、すでに資本力や社会的信用・ブランド力があるところでなければ、大きな新事業開発は難しい。だが、日本は労働人口の約7割が中小企業であり、ここから大きな新事業が出てこなければ、日本の産業界の発展は望めないだろう。ここでは、まだ資本力・ブランド力もないなかで、大きな新事業の夢を描き、それを実現していった企業の取組みを紹介していく。

≫ 地場の木質チップメーカーから、関西圏随一のハイブリット型バイオマス発電事業者へ—株式会社BPS大東

　株式会社BPS大東は、「都市経済活動の力を添えて林業再生を民間の力だけで実現する、日本の明日のバイオマス発電モデルを確立する」という創業理念のもと、2013年に設立された。2015年11月から大阪府大東市でバイオマス発電所の商業運転を開始し、年間約40,000MWh・1万世帯相当分の電力を供給している木質バイオマス発電の事業者である。木質バイオマス発電とは、未利用木材と呼ばれる未活用のまま山に放置されている間伐材、一般木材とよばれる森林施業等で発生する建築資材としては使えない細い枝や葉、一般廃棄物とよばれる公園や街路樹の剪定枝、リサイクル材と呼ばれる建築資材廃棄物という様々な由来の木質バイオマスを燃料として発電するものである。

　火力発電は発電時にCO_2が排出されるが、木質バイオマス発電の燃料として使用される樹木は成長の過程でCO_2を多く吸収することから、結

果的にCO_2は増加しない。これをカーボンニュートラルといい、発電時の環境負荷を大きく低減できる。また国土の大半を森林が占めており、森林資源が豊かであるという日本の特性から、今後の普及拡大が期待されている新エネルギー源の1つである。

　なかでも、同社のバイオマス発電事業の特徴は、天然の森林からの未利用木材だけでなく、通常であれば焼却処分されてしまう都市部の公園や街路樹の剪定枝などの木質廃棄物由来のものも燃料チップとして使用しており、天然樹木と都市樹木の両方を用いたハイブリット型の発電を行う点にある。資源の有効利用、リサイクルの観点からも環境に優しいビジネスモデルであり、2016年12月には、これらの取組みが国からも高く評価され、同社の前身である、親会社の都市樹木再生センターは地球温暖化防止活動環境大臣賞を受賞した。

　この都市樹木再生センターは、もともとは都市部で排出される木質廃材を原材料とするリサイクル燃料チップを製造・販売するメーカーであった。社長や取締役含め、全従業員が20名ほどの中小企業である。安定的な収益基盤があり、高い品質はお客様からも評価されているものの、資本力もブランド力も大企業とは比べものにならないくらい小さい会社が、いかにしてバイオマス発電事業者という大きな新事業開発に挑戦し、その立ち上げに成功したのだろうか。そもそも一見すると無謀な挑戦とも思える新事業開発になぜ取り組んだのだろうか。

　BPS大東社長の東野隼士氏は「当時、都市樹木再生センターは設立10年目で事業も軌道に乗り、よほどのことがない限り、そのままやっていれば安定事業でした。ですが、世間のイメージで産廃業者というと、悪いことをやって儲けているというものがあり、そうではないことを証明したいという気持ちが我々にはありました」、また、東野社長と二人三脚でこの新事業開発を担ってきた専務取締役の小久保祐輔氏は「社長とは大学時代からの友人ですが、社会に出たらいつか一緒に何か日本のために役に立つことができるといいねと言い、それぞれ別々の道に進みました。その後、再会して新事業構想を考え始めたときは、まだ30代前半で、格好いいことをやりたいという、若造ならではの気持ちの部分も

あったと思います」と語る。

　だが、新事業開発といっても、燃料チップメーカーと電力事業者では、規模が違いすぎる。身の丈でやっていればそのまま十分食べていけるのにもかかわらず、ゼロからバイオマス発電事業を立ち上げるとなれば、数十億円規模の借金を背負うことになるが、それに対して社内の反対意見や抵抗はなかったのだろうか。

　小久保氏は「社内からの反対はありませんでした。何ら資本の担保もないなか、プロジェクトの利益だけで先行投資分を回収する。それも発電所建設となると20〜30億円は軽くかかるという前代未聞の話であり、あまりにも話が大きすぎて、反対しようにも誰もピンとこなかったというのが正直なところではないでしょうか。発電事業というと飛び地の事業のようですが、長年培ってきた木質チップの品質安定化や調達・運用ノウハウといったコア技術・自社の強みだけは、バイオマス発電に直接的に活かせるものであり、負けない自信がありました」と笑って語った。

　たとえ、社内の反対がなくとも、この事業・ビジネスモデルの立ち上げには自社の経営リソースのみでは到底、実現不可能であり、様々なパートナー企業とのアライアンス、また行政や電力大手からの許認可を取り付ける必要がある。大阪府内ですら企業名を知っている人がほぼいない、ブランド力のないローカル企業が、いかにして有力なビジネスパートナーを獲得できたのだろうか。

　東野氏は「当時、私も小久保もまだ若かったこともあり、自分達の理念やプランを小細工なしに真っ直ぐに持ちかけたのです。今思えば大変青臭い若造なわけですが、それがかえって大企業の部長さん以上の方に響いたのではないでしょうか。ただ、話を持ちかけたすべての人から、理想はわかるがやめておきなさいと、諭すように引き止められました。ですが、我々はそこで頑固にも立ち止まらなかったわけですが、最終的には皆様が時間も労力も厭わずに協力をしてくれました。日本もまだまだ決して捨てたものではなく、こんなにも格好いい大人達がいるのだと感じたものです」、小久保氏も「当時はあるパートナー企業に協力していただくために、毎週必ず大阪からはるばる遠方まで通っていました。

まず担当者の方に顔を覚えていただき、そこから徐々に上司に話を耳に入れていただき、決裁権のある上の方に会って話を聞いていただけるようになるまで諦めずにアプローチを続けたのです」と話す。

その一方で、夢と情熱だけでは、現実のビジネスは決して動かない。やはり、ビジネスとしての勝ち筋がなければ、名だたる大企業が手を貸してくれることは決してないであろう。東野氏はこう釘を刺す。

「ちょうどいいタイミングで、JMACのコンサルティングを受け、新事業開発の勝ち筋をストーリーとして整理してもらったのも大きかったと思います。これまでの我々は、協力してもらうためには必要なものをすべて集めてきて、全部それを相手に説明しようとしていました。これは今から思えば、自分に自信がないからすべてを出そうとして、結局相手には伝わらないという、典型的な失敗するパターンです。やはりストーリーが重要なのだと思います」

また、小久保氏も「青臭く、真っ直ぐにぶつかるといっても、オープンマインドでありのままの自分をさらけ出すこととはまったく違います。やはりビジネスの話であり、とても大事な商談ですから、自分の役割を時と場合により演じきることが何よりも大切だと思いますね。多額の資金をファイナンスしなければならない事業でしたが、最終的に融資していただいた銀行はもとより、皆様から、よく最後まで演じきりましたね、と声をかけていただきました」と語る。

自己資本で新事業開発を進める場合は、社内の経営会議などでボードメンバーに対して新事業開発計画をプレゼンするが、その際に非常に手厳しい指摘を受けることがある。すると、「こんなにもオープンに熱意のあるプレゼンをしたのに、なぜ我が社の経営陣はわかってくれないのだ」と嘆く人を散見する。このような発言の背景には、相手の立場や、その場面で立場上、言わなければならないことをわかっていないことが多い。ビジネスプランの内容は素晴らしいにもかからず、例えば、この審議場面では技術的な優位性は簡潔に述べるべきであるのに、持ち時間の大半を使って技術的な優位性を、経営陣にはわかりにくい技術的な専門用語で長々と説明してしまうのだ。内容はいいのに、ボードメンバー

への最終プレゼンで失敗し、結果としてテーマの評価が散々で実行承認を得られなくなるといった、非常にもったいないケースが多くある。

　重要な意思決定の場面では、やはり場面に応じたメリハリのあるストーリーで説明することが必要だ。例えば、その審議では財務的なことが中心議題であるが、自分は技術的な説明は得意でも、事業計画の計数管理の話は実は苦手であったとしよう。そうであったとしても、場面ごとに求められる役を「演じきる」ことが必要なのである。ここをありのままの自分でプレゼンをしてしまい、自信のある技術説明を長々と、財務的なところはいかにも自信がないことが伝わるプレゼンをしてしまったとしよう。内心はよいビジネス提案だと社長も理解はしているものの、他の役員も大勢いる場面でそのような説明をされてしまった以上は、テーマを否決せざるを得ないだろう。新事業開発テーマの実行承認を得るプロセスでは、場面ごとのメリハリあるストーリーづくりと、そのストーリーに必要な役回りを「演じきる」ことが極めて重要なのだ。ビジネスパートナー獲得の重要な商談の場面でもまったく同様である。そして、そのような審議の場面は、常にワンチャンスであることを心に留めておく必要がある。一度、相手の頭のなかに否定のスイッチを入れてしまうと、そこから挽回することは現実には難しい。

　このように同社は多くの協力者を得ながら、大きな新事業を立ち上げることに成功したが、電力事業は、従来のチップ製造・販売業とはまったくビジネスモデルが異なる、非常に公共性の高い事業である。その運用の立ち上げでは、苦労やこれまでと異なることをすることへの不安はなかったのだろうか。

　「それまでは人相手の仕事で、理解・共感してもらえればピンチのときには120％の力で助けてもらえたり協力してもらえたりしました。ですが、ボイラー等の発電設備はボルト一本欠けても動かないという世界であり、当社にとってまったく初の経験でした。夏場には設備の温度があがり、冬場には凍結も起こる。理論上の製品仕様と、実際の運用はまったく違います。運用はあげればきりがないほど苦労の連続でしたが、不思議とやっている本人は苦労したと感じたことはありませんでした。

それは幸運にもまわりに素直に相談できる人がいてくれて、逃げなければなんとかなるという気持ちがあったからです。最後はどこまでいっても人なのだと思います」と、発電所の所長も兼務して日々運用安定化に尽力してきた小久保氏は語った。東野社長も「新しいことをやるには不安はどうしても避けられないのではないでしょうか。燃料チップを製造・販売する都市樹木再生センターにとっても、BPS大東という大口の需要家ができましたが、同時に常に燃料チップを安定供給できなければ、いつか発電所を止めてしまうのではないかという不安が生じます。発電所には、常に安定して一定電力を供給し続ける責任がありますので、これまでのように廃材が手に入らないときは燃料供給ができなくても仕方ない、では済まされないのです。その不安が、自分達の仕事のやり方を変えてより進化させないといけないという強い動機となり、組織も人も成長させていくのだと思います」と言う。

新事業開発に挑戦して得たものは、業容・売上規模の拡大、利益安定化もあるが、何よりも組織と人の成長であったという東野社長の言葉は、なぜ企業が新価値創造に挑戦し続けることが必要なのかという、その本質を表している。

BPS大東では、今後 電力の小売業にも進出し、CO_2削減目標の達成に苦慮する工場や事業所、大東市の学校や市役所等の公共設備にカーボンニュートラルの電力を直接届けるソリューションの開発に着手する予定である。現業が厳しいから、隣の青い芝を見て別の事業に手を出すのではなく、むしろ現業が好調である今だからこそ、強い社会への責任感からくる不安にさらされながらも、組織能力の進化・向上に取り組む。それこそが、新事業開発の本質的な意味なのだ。

》》医療関連分野におけるソリューション志向の新事業開発—株式会社タナック

株式会社タナックは、岐阜県にある創業21年目の企業（社員数40名）である。シリコーン材料販売及びシリコーン、クリスタルゲル製造加工販売メーカーとして、美容・ヘルスケア用製品に始まり、医療・ロボット・航空宇宙向けと製品・事業領域を広げながら、21期連続増収・黒

字経営を続けている。以下は、医療関連分野（タナック社における"医領域"）における新事業開発の事例である。

大手企業と異なり中小企業は、充分な社内リソースがあるわけではなく、社会的な認知度も高くないため、新事業開発自体に二の足を踏むケースが多い。そういったなかにあってタナック社は、お客様目線での事業開発に邁進し、医領域事業を着実に成長させている。その歩みを振り返っていく。

タナック社が医療関連分野進出を開始したのは、創業から13年目のことである。その当時タナック社は、世界的な大手医療機器メーカーからの依頼を受けて機器評価用途でシリコーン製部材の提供を始めた。それまで医療機器メーカーとの取引実績はなかったものの、相談が入って翌日には具体的な試作品を持ち込み回答したそうである。これには通販業界向けにシリコーン製の美容・ヘルスケア用OEM製品を納めてきた強みが活きた。一般的に通販業界では、曖昧模糊とした顧客の要求を即座に製品仕様へと落とし込むという企画力・ものづくり力が求められ、数百アイテムに及ぶ製品を納めてきた実績をもつタナック社にはその実力が備わっていた。

医療関連分野への足がかりはできたものの、医療関連分野向けに確固としたコンセプトをもった新製品を提供しているわけではなかった。取引開始から2年後、タナック社に大きな転機が訪れる。医療機器メーカー担当者から、「機器評価用だけではもったいない。医師の手技を高める方向にも波及させるべきだ」と、製品コンセプトのヒントをもらったのである。そこからタナック社は医療分野の事業開発を本格化させた。

ただし、前述のとおり社内リソースや社会的認知度など、克服しなければならない課題は山積みであった。ここでタナック社は展示会に特化し事業開発を進めることとした。展示会を通してお客様との繋がりをつくり、繋がりのできたお客様との対話を通して、ブラッシュアップを愚直に続けた。医療関連分野に限らず、新分野の進出にあたって顧客との接点づくりは悩ましい課題である。まして、タナック社は当時、医療機器メーカー1社との取引はあったものの医師との接点はまったくなかっ

た。"医療の手技向上に貢献する"という新コンセプトを具現化するためには、最終ユーザーである医師の声を拾うことが必要であった。

展示会で初めて接するお客様（医師など）に対して、当時のタナック社は、縫合・切開キット/注射練習キット/肛門触診キット/乳癌健診キット、という4つの仮説（試作品含め）を提示している。なぜ、複数提示したのか？　株式会社タナックの棚橋一成社長は、「医療関連分野は、わからないことだらけ。やってみるしかない。医療関連分野はそもそも敷居が高く、何をつくったらよいかわからなかったし、正解がどこにあるかもわからなかった。また、どこに売ればいいかもわからなかった。答えがわからないからこそ、様々な仮説を考えることが大事であるし、お客様と一緒に試行錯誤を高速で回すことが必要である。このために展示会を活用した」と、当時を振り返る。

言葉通りタナック社は展示会を徹底活用していく。「接点をもった企業・団体に対しては、2ヶ月以内に初回訪問を終えて具体的な商談を開始する」という迅速かつ丁寧なフォローを続け、仮説を練り上げていった。初回の出展で繋がりができたお客様に対して、出展から4ヶ月後には1000万円程度の商談を成立させた。医師との接点ゼロという状況から、試作品開発から4ヶ月で製品を仕上げ納品したスピード感ある実行力には目を見張るものがある。

2012年以降、展示会を通して接点をもった個人および企業は1500を超える。多くのお客様との議論を通して、4種類の仮説から始まった新コンセプト検証は、医療用シミュレーターとして製品化され、内蔵カテゴリー（脳、肝臓、心臓、大腸、小腸などの製品群）、部位カテゴリー（頭、胸、臀部、手などの製品群）、組織カテゴリー（皮膚、血管、膜、筋肉、骨などの製品群）という形で結実している。タナック社のすごいところは、シリコーンを用いて外観の模造品をつくっているのではなく、"リアル"性を追求している点にある。このリアル性の追求を可能とした、タナックならではの事業および製品開発基盤、差別化の取り組みを紹介する。

2012年、展示会出展をベースとした事業開発を本格化すると時をほ

ぼ同じくして、経済産業省のサポイン事業（戦略的基盤技術高度化支援事業）採択の知らせがタナック社に届く。単なる模造品をつくるだけであれば、「これまで培ってきた技術を用いれば、製品開発をすることは可能ではあったが、"リアル"性という点で満足のゆくものづくりができていなかった」そうである。飽くなきものづくりへのこだわりが、タナック社にデータに基づいた製品開発をもたらす。事業採択後、タナック社は医科系大学・研究機関等と連携し、臓器の質感・硬さ・多層構造などの再現研究を進めた。この研究を通して、多様な人体データを収集し、"リアルな触感"をもった医療用シミュレーターを提供するノウハウを獲得したわけである。医療機器メーカーや医師からは日々様々な要望が来るそうである。「注射の練習で血管に針を刺した時の、プチっという感覚」「縫合をした際の皮膚のつっぱったようなよれ」「結紮した時に切れない皮膚」など。このようなお客様のもつ"イメージ"を、科学的なデータに基づき具現化している。「もともとタナック社は、通信販売向けに、商品を企画し開発しており、通販で培った顧客対応力が活きている」と棚橋社長は語る。顧客の声の行間を汲み取り、魅力的な解決策を提示する。科学的なデータと人の感性を組み合わせた、真に"リアル"なものづくり、科学と感性の融合がなされている。

　タナック社における医療分野における新事業開発には、学ぶべき点が多くある。シリコーンや顧客対応力という自社の強みを活かした製品開発をしている点に加え、科学的データというオンリーワンの強みづくりをしている点、顧客との接点づくりを積極推進している点、接点をもった顧客の生の声をもとに仮説検証のサイクルを高速で回している点などがそれである。ここで、もう１つ大事なことがある。

　タナック社はホームページでの情報発信に力を入れている。事業開発では、商流をつくり、売りをたてることが重要である。そのためにタナック社では、展示会で自社の取り組みを発信するだけでなく、課題を抱えた企業やタナック社に関心をもった企業が最新の情報を手にできる環境を整えている。１日のアクセス数は1500ビューを超えるらしく、ホームページへの来訪をきっかけに、宇宙関連の新事業開発が始まるなど、

新たな商流づくり、外との関係づくりがうまく回っている。

　タナック社の医領域における事業開発は、まだ始まったばかりである。医領域でのものづくり力を強化すべく、2016年7月には念願の自社工場を新設。ISO13485の認証及び医療機器製造業認定のインフラにもチャレンジしており、さらなる高品質・高精度なものづくりを可能にする環境を整えた。これにより、医療用シミュレーターから医療機器向け部品まで、多様な製品の製造および提供が可能となり、医療機器製造を下支えする体制をつくっている。また、医療用シミュレーター自体も確固たる成長へ向けた変化をとげようとしている。「医療用シミュレーターのJIS標準化の推進」である。科学的なデータにもとづいた、"リアル"な製品を"標準"として世界に発信していく、タナック社はグローバルな事業展開を視野に入れている。

　自社技術に自信をもつ企業は特に新事業開発を進めるうえで、お客様目線を大切にしたい。独りよがりの製品開発は、いい製品ができたとしても、売れない、買ってもらえないというリスクが高くなる恐れがある。タナック社では、徹底的にお客様に寄り添いながら、お客様目線で愚直に製品の企画・開発を進めたことで、他社が真似しづらいオンリーワンの価値提供を実現している。

section 3

過去のものづくり成功体験から くる社内の現状維持の壁を 乗り越えるためには

　新事業開発に挑戦する経営判断を下すことは、勇気が要ることだ。新事業開発では、過去のものづくりの成功体験の延長では通用しないため、現業が好調であればあるほど、「なぜ、そのようなリスクを冒してまで、新しい事業領域に進出するのか。それよりも、現業に力を入れるべきではないか」という考え方が強くなりがちである。これまで積み上げてきたものが通用しない世界に飛び込むのは、誰しも勇気がいる。この現状維持を望む社内の壁を乗り越えていく過程には、どのような苦労があるのだろうか。ここでは、現状維持のマインドを乗り越え、新事業開発に挑戦していき、立ち上げに成功した企業の事例を紹介していく。

》》共感を呼ぶことで社内外に仲間をつくり、限られたリソースで新事業開発に成功―株式会社ダイヘン

　株式会社ダイヘンは、1919年に大阪変圧器株式会社として、柱上変圧器の量産メーカーとしてスタートし、関西電力を始めとした電力各社の配電網インフラを支える装置を提供している。1934年には溶接機事業を開始し、現在では国内トップシェアを誇る。創業以来、電力インフラ関連では、大形変圧器や受変電設備、太陽光発電用パワーコンディショナーへと業容を拡大し、発展を続けている。電力インフラ以外の事業領域においても、アーク溶接ロボットやその前後工程で用いられるハンドリングロボット等のFAロボット事業、FPDや半導体デバイスの製造装置内で用いられるクリーン搬送ロボット事業、さらには、半導体製造装置に必須となるプラズマ発生源装置である高周波電源システム事業を展開し、90年以上の歴史ある企業でありながら、時代の要請に応え、新

たな事業領域に挑戦することで、大きな成長を続けている企業だ。

　2011年から、現業の安定収益事業に安住することなく、提案型の会社へと開発スタイルを変革すべく、「ならでは開発」というコンセプトのもとで、先行技術開発・新事業開発を積極的に推進し始めた。そのなかで、今後のEV化の進展等の電気中心社会の到来を見越して、2016年にワイヤレス給電システムの先行開発に成功し、新事業を開始する。ワイヤレス給電システムとは、その名の通り、送電線（ワイヤ）を用いずに電気を供給することができるシステムである。ワイヤレス給電は、電動シェーバーや携帯電話の充電クレードル等で昔から実用化されていたが、あくまでも接触式のワイヤレス給電であり、少しでも接触面同士がズレてしまうと伝送効率が著しく低下し、給電ができないという問題があった。ところが、2007年にMIT（マサチューセッツ工科大学）の研究グループが、送電と受電のコイルを共振させることで、数十cmの距離を離しても給電できる方式をデモ実証したことで、世界中で開発が加速した。

　ダイヘンでは、電力インフラ機器事業で培った大出力・高効率インバータ技術、半導体製造装置向け電源事業で培った高周波制御・センサ技術、さらには溶接・メカトロ事業で培ったシステム設計・制御技術があり、それら「ならでは」の技術蓄積・ノウハウを活かすことで、送受電コイル間の位置がずれて離れてしまっても、高効率を維持した給電を可能にする、磁界共鳴方式のワイヤレス給電システムの開発に成功した。この「D-Broad（ディー・ブロード）」と名付けられた位置ズレに強いワイヤレス給電システムは、無人搬送台車（AGV/AGF）において、送電線に起因する発火や充電不良等の事故リスクがなくなる安心・安全と、24時間全自動・無停止稼動を実現し、工場スマート化に大きく貢献することから、産業用を中心に採用が広がっている。またEVシフト・自動運転の開発が加速するなかで、自動駐車の必須技術として注目されており、磁界共鳴方式の事業展開で実績・技術蓄積を先行的に進めてきたダイヘンに、大きな注目が集まっている。

　このように経緯を説明すると、順風満帆の新事業開発の成功ストーリ

ーに見える。JMACは、2011年から当時の事業開発部（現在は技術開発本部）において、「ならでは開発」テーマアップにおけるマーケティングリサーチ〜事業計画策定から、実行における先行技術開発のプロジェクトマネジメントまで、新事業開発の構想づくりから開発実務・立ち上げまでを一貫して支援をさせていただいた。その一連の活動のなかで起こっていたことは、長い会社の歴史のなかで提案型の開発スタイルに変革するというのは決して順風満帆な道のりではなく、成功ストーリーの裏側で起こっていた事は、むしろ逆風と予期せぬ嵐による困難の連続であったのだ。当時、事業開発部門のマネジャーとして一連の新事業開発のプロジェクトリーダーを務め、現在では同社の執行役員として技術開発本部 副本部長兼企画部長としてご活躍されている田中良平氏に、当時の状況を語ってもらった。

　「アメリカでプラズマセンシング技術の先行開発業務に携わった後に、日本に帰国すると、ちょうどダイヘンでは田尻哲也社長のもとで、提案型企業に変っていこうという改革が始まっていました。このビジョンに応えるべく、ワイヤレス給電による新事業開発をテーマアップして提案したところ、まさにこうした提案をして欲しかったのだ、と社長も非常に喜んでくれて、即座に実行承認をいただくことができました」と田中氏は当時を振り返って語る。だが、本当に大変なのは経営陣のGOサインが出てからだ。

　「いざ開発をやるとなると、自部門の私を含めてたった４人のメンバーでは全然人が足りない。かといって、社内のほかの部門から人を異動させて集めることもできませんでした」。開発の実行承認はいただけたものの、先行開発ができる人材が確保できないという困難にまず直面した。新事業開発において、これはほぼすべてのケースで直面する最初の大きな困難だ。提案型というと聞こえはいいが、つまりお客様のニーズは未知数であり、開発リスクに対するリターンはあくまでも皮算用である。経営陣は「やりなさい」と口では言うものの、リスクが高く、先が見えない新事業開発に対し、最初から十分な人や開発予算が投入されるということは、現実には起こらない。では、どのようにしてこの新事業

293

開発では致命的な困難を乗り切っていったのだろうか。

「面白い開発テーマというのは、人が集まるものなのです。正式な組織上のメンバーは4人しかいませんでしたが、テーマの魅力を積極的に伝えることで、社内で開発を助けてくれる人達が出てきました。他部署なのに、定例ミーティングにも出席して、実証実験にも協力してくれる人が出てきました。このテーマの魅力に共感・共鳴してくれた人達の協力のお陰で、最初の実機デモ機をなんとか開発することができたのです。面白い開発には、皆興味をもってくれて、後押ししてくれる社風もあることは確かですが、特に新事業開発においては、正式な組織上の人員を集めるのがとても難しいため、『人を動かすテーマの力』がとても重要であると思います」と、田中氏。

ワイヤレス給電の試作機で社内デモを実施し、要素技術の確立に成功したことで、こうしたダイヘン「ならでは」の先行技術開発をさらに加速すべきという経営判断が下り、中央研究所に相当する技術開発本部という組織が設置された。「経営陣がこの大胆な組織改編をやってくれたことで、キーマンを引き入れることができたことが大きかったのです。ただし、その時にあらためて人選するのではなく、来てくれる人はすでにわかっていました」。実際に、現在ではワイヤレス給電の事業部長として活躍している鶴田義範氏も、当時は他部署であるプラズマシステム事業部に所属しており、正式な組織上のメンバーではなかった。高周波電源の要素技術開発担当として、スピードの速い半導体業界で日々の開発業務で多忙を極めるなか、自身の業績評価・ボーナス査定に決してプラスになるわけでもない、他部署の開発であるワイヤレス給電開発に、手弁当で協力してくれた1人である。

新事業開発のコンサルティングにおいて、JMACが企画構想と事業計画立案支援までを行い、経営陣から実行承認をいただいたテーマも、しばらくしてからその後の進捗を聞くと、開発実行がいっこうに進んでいないというケースが多い。その理由を聞くと、多くは、「実行承認をいただいたものの、その後に、会社が最低限必要な開発人員も、予算も付けてくれないので推進しようがないのです。自分自身も通常業務も抱え

ており、手が回らないのが実態です」と返ってくる。開発に挑戦したものの、要素技術が確立できなかった、もしくは、お客様に受け入れてもらえるソリューション提案までに至らなかったという、「挑戦したが難しかった」と返ってくるケースはほぼない。手が回らないうちに新事業開発のタイミングを逃し、せっかくのビジネスチャンスを逃がしてしまい「挑戦する前に諦めてしまう」というのが、典型的な失敗パターンであろう。

　今でこそ、ワイヤレス給電は1つのスタートアップ事業部として、営業・開発設計・生産部門の優秀なメンバーが投入されている。だが、新事業開発の初期は原理実験をするにも、社員食堂の隅の物置のようなところを使わせてもらい、実験スペースとしていた。他部署の設計部門に頼み込み、スクラップ前の電源を回してもらい、発砲スチロールに電線を巻いた送受電コイルで給電実験をしながらの開発であった。新事業開発の初期段階では、現実には多くの人員や予算は付けられない。ここを、田中氏の言う「人を動かすテーマの力」を起点に共感してくれる仲間をつくることで突破できるかどうか。新事業開発の成功の最初にして、おそらく最も大きな関門となる。

　最初の関門を突破できて、ようやく必要最小限の予算や人が付くようになっても、開発メンバーのモチベーションを維持し続けることは決して容易ではない。田中氏は、「試作機を開発し、社内デモを実施したことで、技術開発本部の高周波応用技術部という正式な組織体に、IHインバータ関連製品開発で活躍していた横田さん（現、ワイヤレス給電システム技術課長）ら、中堅クラスの優秀な開発者を入れることができて、10名体制になりました。開発体制は整ってきたものの、全員が『やりたい』と言って入ってきたメンバーばかりではありません。部門として独立し、今では20数名体制になりましたが、今でもこのモチベーション維持というのは苦労しています」と語る。

　「というのも、新事業開発の場合はすぐに見返り・結果が返ってくるものではないわけです。非常にわかりにくい。既存事業と違って、これまで世の中にないものを出すわけですから、競争相手もいなければ、コ

ストや性能といった目標設定がそもそもできないのです。そうなると、たまたまワイヤレス給電システム開発に入ってきた人は、目的が見つけられなくなるのです」と田中氏は続ける。では、こうした状況をどのように乗り越えていったのだろうか。

「やはり、開発者ですから、『技術的な好奇心』。ここをくすぐるしかない。もう1つは、他の事業部から、例えば溶接関連の開発をやってきた人等が入ってくると、かなり刺激になりそこに引っ張られるというのはあります。いい意味での『血の入れ替え』は必要なのだと思います」

このモチベーション維持の難しさについて、田中氏はさらに言及する。「開発者のモチベーションが低下しやすい要因は、新事業開発においては、プロダクトアウトとマーケットインのタイミングがズレることがあるということを、開発者はなかなか理解できない点にもあります。マーケットインのタイミングを絶対に逃がしてはならないのですが、完全なものでなくても市場に出すということに、開発者はどうしても抵抗感があるのです」。こうしたジレンマを乗り越えるためには、どのようなことが必要になるのだろうか。

「ここで、技術管理職が『どれだけ肝が据わっているか』が問われるのだと思います。お客様に迷惑をかけないというのは大前提になりますが、そのなかで開発者のこだわりで完璧なものに仕上げてから出すのではなく、タイミングを逃がさずに出すというぎりぎりの判断を下せるか。まさに肝の据わり方が問われるでしょう」。田中氏が指摘する通り、新事業開発においては、お客様自身もこれまでになかったものを目の前にして、「自分達が本当にしたいのは何か」が曖昧な状態でスタートする。最初から究極のソリューション提供を目指すのではなく、お客様の少しだけ先をいく提案をして、そこでのお客様の気付きから、さらに開発要件が明確になる。明確になった開発要件は、お客様が付いているので要求納期は厳しい。それに対し、短納期でまた少しだけ先をいく提案をして、お客様の気付きを喚起する、といった高速スパイラルアップでお客様と一緒に理想となるソリューションを共に創っていくものなのだ。

こうして、先の見えない開発のなかで社内のモチベーション維持に苦

296

図5-1 ■ 最初から完全なものを目指すのではなく、スパイラルアップで目指す

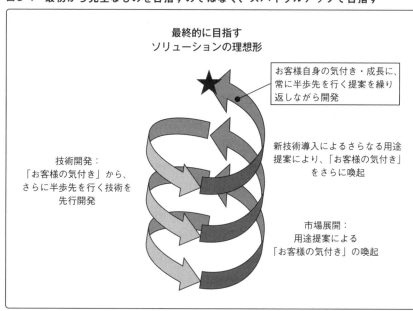

心しながら開発努力を続けても、がんばれば報われるというものではなく、世の中の動きが自社の望む方向に動いてくれるとは限らない。2011年の開発着手当時は、第三次EVブームのタイミングであり、当初の事業計画では、EV市場をターゲットとして給電位置のズレに対して有利な13.56MHz帯の周波数帯域を用いたワイヤレス給電システムの事業展開を考えていた。だが、この第三次EVブームは、先進国各国で補助金による国家政策として半ば強引な普及を推進したものの、生活者の求めるモビリティのニーズに合致せず、民需が伴わなかったため、補助金が尽きて官製需要が収束するタイミングで急激に失速した。また、致命的であったのが、ワイヤレス給電の国際規格策定が各国の政治的な思惑もあって難航したあげく、最終的には85KHz帯の周波数帯域に決まったのだ。技術的な話となるが、たとえ同じ出力の電源であっても、周波数帯が変わると、まったくの別システムの開発となってしまう。技術的なメリットが大きい13.56MHz帯でこれまで開発を進めてきたダイヘンにとっては、これまでの開発努力が報われなくなる、まさに逆風その

ものであった。

　このような自社では到底コントロールできない、世の中の向かい風が吹く中で、どのようにして対処をしていったのだろうか。田中氏は、「EV市場という、当初の事業展開先の想定が、大きく狂ってしまいました。ただ、ワイヤレス給電は普及すると確信をしていましたので、どうやって新事業開発を継続するかを考え抜きました。そこで、EV向けの開発はいったん置いておいて、ワイヤレス給電の様々なビジネス用途展開の可能性のなかから、ダイヘンの強みであるハイパワー化と位置ズレ対応力が求められる、産業用無人搬送台車（AGV/AGF）向けに事業化ターゲットを切り替えて、ボードメンバーに事業計画を再プレゼンすることにしたのです」と、当時のマネジメントの決断を語る。

　だが、一度掲げた事業計画を違う方向へと転換することは決して容易なことではない。「私も軌道修正した事業計画の再プレゼンは、本当に嫌でしたが、AGV向け事業に期待をもてたので自信はありました。この時に大切なのは、普段からの地道な信頼関係の構築と、相手が欲しいと思っている答えを返答する、『共感する能力』です。これは社内だけではなく、社外のパートナー獲得やセールスにおいても同様です」と、変えてもらうためには、一方的な自己主張ではなく、共感して相手の望む答えを返すことの重要性を指摘する。

　「とは言っても、なかなか他人の思っていることを察すのは難しいのですが。反対されるかと思いきや、経営陣からはなぜもっと早く軌道修正案を出さなかったのかと逆に言われ、事業計画の修正を即座に認めていただきました」

　こうした社内説得の努力だけではなく、事前に開発リスクマネジメントをしっかりと行っていたことも大きい。

　「EV向け13.56MHz帯の給電システム開発は、世の中の動向の不確定要素が多かったため、開発リソースのすべてをそこにまわすのではなく、開発メンバーの一部は85KHz帯の給電システム開発にまわしていました。このお陰で、事業計画を軌道修正し、ターゲットをEVから、工場内で部品搬送に使われている産業用無人搬送台車に切り替えた際にも、

図5-2 ■ 産業用から事業参入するシナリオに軌道修正

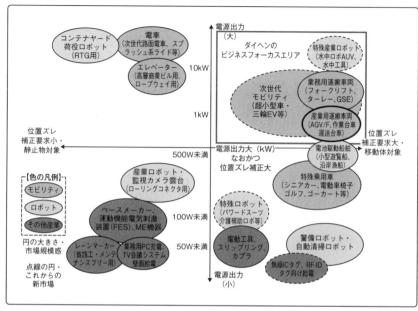

最短スピードで製品化することができたのです」

　新事業開発のGOサインは出たものの、予算も人も足りないという困難。それを乗り越えた後には、なかなかEV市場向けの事業の出口が見えない中で、開発メンバーのモチベーションが維持できないという困難。それを乗り越え、製品化目前となったときには、世の中の動向が自社にとって逆風となっていたという困難。決して順風満帆などではなく、死の谷に落ちる可能性はあらゆる場面で存在していた。会社が十分な予算を付けてくれない、開発メンバーはわかってくれない、世の中の動向が変ってしまったから、等と衝突を恐れて他責にすることで逃げるのではなく、共感することで正面からぶつかり味方をつくることができたからこそ、乗り越えていくことができたのだろう。田中氏は「最近はEV化に向けた世の中の動向シフトが進んでいますので、今こそAGV向けで蓄積したノウハウを活用してEV向けワイヤレス給電事業への展開をしたいと思っています」と事業ビジョンを語った。

≫ 自社にとって未知の業界でシステムソリューション事業の垂直立ち上げに成功―日軽パネルシステム株式会社

　日軽パネルシステム株式会社の前身は、大手軽金属メーカーの日本軽金属グループの日軽アルミニウム工業が1961年に開始したプレハブ冷蔵庫用のパネル製品事業である。この製品は金属サンドイッチパネルと呼ばれ、金属と金属の間に樹脂を挟んだ構造をもち、樹脂に断熱性能などの機能性を付与することで、温度管理された空間を創り出すことができるものだ。2002年には、日本軽金属から分社し、日軽パネルシステム株式会社が設立された。現在では、温度管理が必要な食品工場の内装パネルだけではなく、フラットで溝のない金属板に防汚コーティング等を施して清浄な空間を創り出すことができることから、半導体や精密機器の製造工場のクリーンルームでも採用が広がっている。

　創業以来、順調に売上・利益ともに拡大し、国内トップシェアのメーカーとなったが、その業界ポジションに安住することなく、2013年から、従来の事業ドメインである食品工場や物流倉庫向けの「低温空間」、電子部品や医薬品等製造施設向けの「清浄空間」に加えて、将来の備えとして新しいお客様に向けて「快適・安心空間」を提供する新事業開発に着手した。JMACの新事業開発のコンサルティング支援を導入し、新事業開発を進めた結果、大事な業務データや個人情報を保管するデータセンターや、常に多くの従業員が作業をしている工場や倉庫を有する事業者向けに、地震発生時の天井崩落リスクを低減する、天井の耐震化ソリューション「NEQRES（ネクレス）」の開発に成功し、2014年4月から発売・全国展開を開始した。

　これは従来よりも部材を大幅に削減してコストを抑えつつ、なおかつ設計強度を倍以上にするという画期的なソリューションである。法改正による天井の耐震基準の見直しもあり、発売するやいなや、初年度から事業計画目標とした十数億円規模の収益を達成することができた。2013年6月に新事業開発のプロジェクトをキックオフし、翌2014年の4月には新製品発売、全国で営業展開開始と、非常に早いスピードで垂直に立ち上がった新事業である。

だが、現業も好調で最も忙しい最中に、このようなスピード感をもって新事業開発に取り組み、成功させることは、決して容易な道のりではなかった。当時、新事業開発のプロジェクトリーダーを務め、現在は同社の東京第2支店長として活躍する前田博司氏に、当時の苦労を語ってもらった。

　「低温空間事業も、清浄空間事業も、当時から堅調に推移をしていましたが、建設業に身を置く我々としては、今の好調さもずっと続くわけではなく、2020年の東京五輪以降は、バブル崩壊やリーマン・ショックのときと同様に必ず急激に受注が落ち込むという強い危機意識がありました。耐震天井の事業はたまたま垂直に立ち上がりましたが、通常は新事業開発が花開くまでに長い時間がかかりますので、その5年くらい前の2014〜2015年頃までに、第3の事業収益の柱を立ち上げることを目指して新事業開発プロジェクトを立ち上げたわけです」

　だが、現業が好調であることは、開発も、営業も、工場も皆忙しいことを意味する。通常業務を抱えている中で、従来の食品工場向けの内壁パネルとはお客様も、製品も異なる、データセンター向けの天井耐震化の新事業開発を進めるのに、苦労はなかったのだろうか。

　「現業の忙しさは当然あります。プロジェクトチームといっても、皆兼務でやっているわけですから、通常業務はしっかりとやったうえで、新事業の検討もやるとなると、相当な業務負荷になる。そのようななかで、いきなり新事業開発をスタートすると、メンバーはどうしてもやらされ感が出てしまう。そこで、新事業開発に着手する前の2011〜2012年にかけて、会社のミッション・ステートメントを策定し、これからの時代に向けた会社の事業ドメインを再定義して、危機意識を植え付けることから始めたのです。2011年には東日本大震災もあり、自社ミッションからも、安心・安全な空間事業に挑戦しなければならないことや、今から第3の事業収益の柱づくりに挑戦しなければ会社も成長できないことを社員に対して明確にメッセージを出しました」

　何をやるのか・Whatの新事業開発テーマ探索の前に、なぜそれをやるのか・Whyを明確にすることは極めて重要である。事業ドメインの

再定義が、新事業開発のスタートでもあり、ゴールそのものでもあるということを如実に表している事例であろう。また、意外と行われていないのが、中長期の事業計画の悲観的なケースを全社員に開示することだ。中期計画はどの会社でも策定しているが、多くの場合、ストレッチされた数値目標のバラ色の増収・増益計画が記載されている。楽観的な数値計画は全社員に開示されているものの、このまま何も挑戦しなければ事業縮小の未来が待っているという、悲観的な見通しを全社員に公開している会社は意外なほど少ない。

「最初にビジネス俯瞰図を検討しながら、今後伸びていく分野でデータセンターを戦略的なフォーカスエリアに設定しました。その議論の中で需要は必ずあるはずだと腑に落ちていたので、IT業界のお客様は初めての分野ではありましたが、そこを目指すことには抵抗はありませんでした。社内の挑戦意欲は問題なかったのですが、問題は新規のお客様ですので商流をもっておらず、名前がまったく売れていなかった点です」と、前田氏は当時の苦労を振り返りながら語った。

「そのような状態でお客様から自然にお声がかかるのを待つ姿勢では駄目です。現場・現物を見て、こちらから積極的にお客様へ提案をしなければならないのですが、当社のこれまでのスタイルは、お客様から注文を受けてから動くという、待ちの姿勢が多く、提案型の開発・営業スタイルでやっていくという点が最も苦労しました」

では、この提案型のスタイルへと変革できたのは、何が大きかったのだろうか。

「新事業開発というとチームといっても2〜3人の少人数でやることが多いと思います。我々は開発・設計部門、営業・企画マーケティング部門、工場・品証部門、また工事管理のフィールドエンジニア部門まで、全社全部門のキーマンを入れて、プロジェクトの後半では各営業支店のキーマンまで入れて、最も検討会参加者が多いときには20名くらいでやりました。これは、新事業開発プロジェクトの開始段階から、やるからには中途半端にはやりたくないと、トップに掛け合って認めてもらいました。提案型の場合、どうしても事前にはわからないことが多く、悩

図5-3 ■ビジネス俯瞰図から戦略的ターゲットを検討

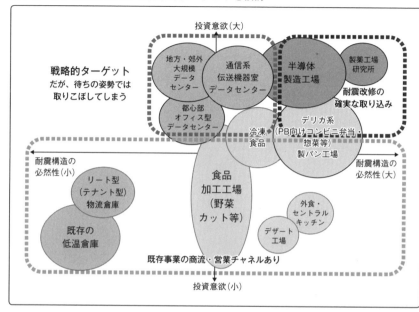

みや迷いも多いのですが、各部門のキーマンが参画していますので、課題をリアルタイムで共有できました。そして、各部門がスケジュール感をもって、各課題解決に動いていったのがよかったのだと思います」と前田氏は言う。

　新事業開発は、ソリューションの中身の検討や技術開発よりも、ソリューション提供を実行するための社内業務プロセス変革のほうが、はるかにハードルが高いことが多い。営業にしてみれば、100の説明で1売れるかどうかわからない新商品よりも、1の説明で1売れる既存商品のほうが営業成績はあげやすい。工場も、今後の需要が読めない新製品よりも、予測が立てやすい既存のお客様対応をどうしても優先しがちである。せっかく技術開発に成功し、画期的なソリューションを実現しても、いざ拡販段階になると、営業も積極的に売りたがらない。工場もつくりたがらないため、2〜3名の新事業開発チームメンバーが開発も、営業も、工場の生産調整も、すべてをやらなければならない状況に陥る。

　このように、少人数で孤軍奮闘しても、事業拡大には限界があるため、

1〜2年後には社長・経営陣から、「新製品発売はしたはいいが、全然売上があがっていないではないか。もうそろそろ販売を止めなさい」となるのが、陥りがちな失敗パターンであろう。全社全部門連携で、新事業開発テーマ探索の初期段階から各部門のキーマンを巻き込み、商品開発に成功した後の拡販まで含めて、全社が協力して推進する仕掛けを打つことが、新事業開発の成功には必要なのだ。

　前田氏はこう釘を刺す。

　「全国で営業展開をする際には、いい新製品をつくったのだから後はよろしく、と現場に丸投げをしては駄目です。プロジェクトメンバーを各営業支店に異動させ、支店で新事業の案件が出たときには同行するようにしました。一度説明するだけでは人は覚えないので、毎年必ず技術的な全国説明会もやります。これを何年も続けています。また、忙しいなかで目先の数値目標を達成したうえで、将来の飯の種である新事業の拡販もやるわけですから、普段の営業活動のなかで、お客様の訪問の最後に、ひと言でいいので、『実はこんなこともやってます』と、必ず新事業を紹介することを徹底させました。これを続けていくと、不思議なことに必ず引き合いがくるようになり、自分の次の仕事に繋がるのです。個々の担当者がメリットを実感できると、自主的に動くようになるので、それが大きいのではないでしょうか。そして成功事例ができたら、その事例を月1回の全国部門会議で発表し、社内全体で共有していく。こうすることで、次に続く人がやりやすくなります」

　このようにして、現業が忙しいなかにありながら、技術開発の成功だけではなく、収益面からも新事業を垂直に立ち上げることに成功したのだ。

　「耐震天井ソリューションは、幸いにも初年度から数字として成果が出ましたが、発売から3年以上経った今が一番、新事業開発の成果を実感していますね。やはり、新事業開発は最低でも3〜5年間は辛抱強く取り組まなければ、本当の効果はわからないのではないでしょうか。今では耐震となると一番最初に日軽パネルシステムの名前をあげていただくことが多くなり、既存事業の食品工場や精密機器工場の新規物件情報

が一番先に入る等の好影響が出ています。また提案型で事業を立ち上げることに自信をもてたことで、これまで待ちのスタイルでいた医薬・バイオ関連のお客様にも、こちらから積極的にソリューション提案をしていこうという機運が高まり、今はその挑戦を始めています」

　新事業への挑戦における1つの成功体験が、会社全体のマインドを変え、待ちのスタイルから、攻めのスタイルへと変えていったのだ。

section

4

新事業開発を一過性のものとせず、「常にやっているのが、自社の当たり前」にするには

　新事業開発プロジェクトが立ち消えになるパターンで最も多いのが、新事業開発の企画コンセプト立案のアイデアコンペや研修会・勉強会は大々的に実施されたものの、その後、優秀アイデアの表彰、もしくは発表会以降は誰もそのテーマを実行している節もなく、いつの間にか消えてしまうパターンではないだろうか。せっかく通常業務の外で、新事業開発の企画を考えたにもかかわらず、その結果がよかったとも、悪かったとも言われずに、曖昧なままで消えていくことを繰り返すと、いくら経営トップダウンで新事業開発への挑戦を呼びかけても、「どうせうちの会社の新事業開発は、一過性のものだ」として、社員の誰も真剣に取り合わなくなる。

　このような状況に陥りつつあるなかで、それを乗り越えていくためには、どのような苦難があるのだろうか。その苦難を乗り越えて、新事業開発は一過性のプロジェクトではなく、「常にやっているのが、我が社の当たり前」として定着化させた企業の取組み事例を紹介する。

》「舌を鍛える」まったく新しい医療分野を創出─株式会社ジェイ・エム・エス

　株式会社ジェイ・エム・エス（英訳名JMS）は、「輸液・輸血機器」「血液浄化機器」「循環器機器」および、「医療用一般機器」までを手掛ける総合医療機器メーカーである。それぞれの事業分野で独自技術をもち、製品の開発・製造・販売までを一貫して行い、また海外での事業展開も早くから取り組み、アジア、欧米だけでなく中東地域でもJMSブランドを確立する等、存在感を放っている。

同社は、臨床医でもあった故土谷太郎氏により、「よりよい医療を提供したい」という信念のもと、当時当たり前であった再滅菌して使い回ししていた注射器で多発していた発熱などの副作用を減らすべく、アメリカで普及し始めていたディスポーザブル機器（使用１回限りの滅菌済みのプラスチック製医療機器）に着目、その普及促進を目指して、1965年に設立された。その後も医師の視点で、現在広く普及している中空糸型透析システムを他社に先駆け日本に導入するなど、画期的なシステム製品の開発・普及を図りながらグローバルに事業を拡大してきた。

　だが、近年国の厳しい財政や高齢化に伴う国民医療費の増大のあおりを受け、従来の同社の事業分野も診療報酬削減や価格競争の激化等により厳しさを増してきたことより、これら事業分野で培った技術を生かし、自分達で新しい事業分野の開拓に挑戦する必要が出てきた。そこで、2011年頃から、同社の中央研究所長（現研究開発部本部長）佐藤雅文氏、研究管理部長 中川宜明氏は、JMSの将来を担う人材の育成という観点で、研究開発部門の中堅クラスを中心に有志メンバーを募り、既存のしがらみにとらわれず、広い視野でこれからの新事業開発の活動に着手する。同社の研究開発は現場のニーズを具体化する製品開発が中心であったため、若手メンバーはどうしても従来の製品開発の延長線上で物事を考えてしまうことが懸念された。そこで、従来の製品・事業の延長線上の発想からの脱却を図るべく、検討手法の探索を進めるなか出会ったJMAC講習会での考え方に共感し、JMACより講師を招聘、一連の「新発想による新事業テーマ探索検討会」をスタートすることとなった。

　ここまではよくある話である。同社の取り組みで特筆すべきは、その研修会の終了後もその活動が今日に至るまで、発展的に継続しており、完全に自走化・定着化している点である。また、この一連の活動のなかで、事業部門からの製品開発依頼対応ではなく、研究所発の新規提案による検討で、舌圧測定・トレーニングシステムが実用化された。これは、高齢に伴い食べ物を飲み込む力が弱くなり、のどに詰まらせてしまうことで様々な疾患に繋がる摂食嚥下障害と呼ばれる状態を、舌の力を測定しながら適切に鍛えていくことで治療もしくは未然防止するという、こ

れまでの医療機器にはなかった発想の画期的システムである。

　本システムは、広島大学で研究された舌圧と嚥下障害の関係について、数値測定できる医療機器として実用化したほか、舌を鍛える目的として「ペコぱんだ」というトレーニング用具も開発するなど、「いつまでもおいしく、楽しく」を叶えるシステムとしてさらにシステム展開を続けている。今後 超高齢化社会を迎える日本において、摂食嚥下障害のリハビリ治療だけではなく、高齢になっても安心しておいしい食事を楽しむという、生活者の豊かな暮らしの実現のための有効なソリューションとなるだろう。

　研究開発部門から自社独自の事業価値を創出した、まさにベストプラクティスであるが、研究者自身が世の中の動向を把握し、有用な研究情報を見出し、ビジネスとして成り立つ具体的な事業プランに落とすことは容易なことではない。この活動を佐藤氏とともに推進し、常に支えてきた中川氏は「活動を始めた頃の当社では、若手メンバーは与えられた課題をこなすという考え方が染み付いていた」と話す。新事業開発検討のメンバーを募る際にも、「すでに事業方針や開発計画があるなか、なんで自分達がさらに新事業を立案しなければならないのか」と食ってかかってくるメンバーもいたという。「こういう反対意見を言ってくるやつをむしろ集めたのです。反対意見を言えるということは、普段から自分の頭で考えているということで、素直なイエスマンではなく、こういう骨のあるメンバーに目をつけて有志メンバーを集めていきました」。

　個性も強く、骨のあるメンバー達を集めたがゆえに、フォローしていくのも大変さがあった。

　「言われたことをやればいいと思っているメンバーに、新しいことを自ら考えて提案するように促すために、今は若手で上司に言われたことをやっていても、ではいざ自分が上司になったときに部下に何をやるように言えるのか？　世の中で売れているものに乗っかるのではなく、自ら求めていく。それによって世の中がどう変わるのか？　これをメンバーに問い掛け続けました。幸い当社の社員は、創業者の土谷太郎から受け継いでいる理念に共感して入社してきており、社会貢献のためなら

図5-4■新事業開発を一過性のものとせずに、継続・発展させていくための要素

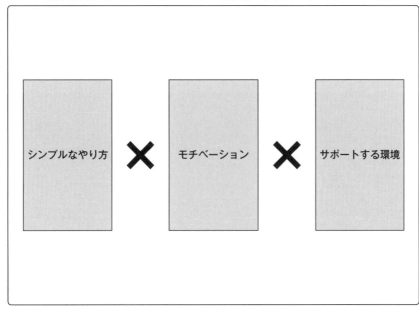

ばと力を出す人が多いのです」中川氏はこう話す。

それでも、10人いたらその10人全員が反応してくれるわけではなかったという。活動メンバーもアイデア出しから事業構想に近づくにつれて、検討内容の厳しさは増していき、業務負荷も増大していくと、途中でやむを得ず脱落するメンバーもどうしても出てくる。

疑問があれば、こちらの考えを丁寧に説明し、意見の違うところは徹底的に議論したほか、具体的な進め方に落とし、一緒に考え実践した。また、毎月メンバーとの定例検討会を実施、情報を共有し、目指す課題の共有を図っていった。「単に仕組みを創るだけでなく共に実践を進める中で、メンバー自身が少しずつ手ごたえを感じるようになり、定例会で工夫や改善提案が徐々に出るようになった」と言う。

「モチベーションを維持させるだけではなく、やはり考え方の基本を身に付けることが重要です。従来の延長線上にはない発想をがんばれと言うだけではなく、出口までのロジックの枠組みをまずつくることが大切だと思います。世の中に新事業開発の複雑な手法はたくさんあります

が、JMACに教わった手法をベースに当社なりにカスタマイズして、新発想といっても、枝葉に走らないように本質に迫るための「樹形図」（本書では「トレンド分析」〜「ロジック・ツリー」として紹介）、段階的な事業展開を考えるための「ウォーターフォール図」（本書では「ビジネス俯瞰図」〜「事業展開シナリオ」として紹介）、「仮想カタログ」（本書では「ディスカッションペーパー」として紹介）というシンプルな3つの「型」に集約していきました。この「型」を与えたことで、舌圧計測システムも出口戦略までをロジカルに描くことができ、事業化に寄与できたと思います」

　自身が創り上げるというモチベーションと、実践できるシンプルな進め方、そして、成果と課題の見える化と共有を継続できる環境づくりが重要だと中川氏は述べる。

　「また実践には、モチベーションと進め方だけではなく、会社として活動をバックアップする環境整備も重要となります。特に活動メンバーは現業も抱えるなかでの活動であり、より活動しやすい環境とすべく、メンバーの所属長とも議論して1ヶ月のなかで新事業検討時間の配分を正式に決め、そこでの活動も賞与の査定・評価等に考慮する等の枠組みをつくりました。会社としての正式な活動であることを社内に明確にするために、新事業開発のテーマ発表会を経営のボードメンバーの前で行い、メンバー自らがプレゼンテーションする場を与えることもいい刺激となっていると思います。直近の収益向上の観点では、新しいことよりも今のことに集中すべきという考え方もあるでしょうが、当社の場合、将来のネタの醸成は不可欠との経営トップの理解もあり、メンバーにも力強い刺激となっています」

　実践にあたっては、社内の理解、協力だけではなく、社外の協力も重要だと言う。特に医療機器分野では、医療行為の現場にメーカーの人間がおいそれと立ち入ることができないという非常に大きな制約がある。

　「社内で新事業開発の活動をサポートする環境づくりを行うことも大切ですが、当社では国・行政とも連携を深め、医療現場の真のニーズを汲み上げる仕組みを導入できた点が非常に大きいと思います。広島県に

はスタンフォード大学で開発されたバイオデザイン・プログラム（医療現場観察を重視し、医療技術、経済面での本質的なニーズを汲み上げるプログラム）にも高い関心をもっていただいており、これまで取り組んできた活動をうまく実務検討にマッチングさせることができたことは大変ラッキーでした」と話す。

これは偶然の幸運で舞い込んだようにも思えるが、何年も前から行政とも様々な連携のパイプを創り、ネットワークをつくってきた努力の結果による幸運である。佐藤氏と中川氏は、新事業開発を自社の当たり前の活動にすべく、中長期のマイルストーンを決めて、「今年はここまではできるようにしよう」と段階的にやってきた。そして「そろそろ現行メンバーの次にくる人を育ていかなくては」と話す。折しも、現行メンバーより「自らが講師となり、次の世代を育てる活動をしていきたい」という提案が寄せられた。このように、個々の開発テーマの事業化マイルストーンだけではなく、リーダー人材の育成やサポート環境の構築も中長期で粘り強く行うことが必要になるのだ。

≫ 十数年間にわたる継続的な活動により、多くの新事業・新商品を立ち上げる―日本軽金属株式会社

日本軽金属株式会社は、アルミニウム総合メーカーとして、製錬から加工まで一貫して手掛け、部材から商品まで幅広い展開を行い、近年では増収・増益を続け、大きく発展を続けている。だが、開発・営業・製造が一体となり、社員全員が常に「新しいビジネスチャンス」に挑戦することが「当たり前」の行動となることで、生み出された好循環に至るまでの道のりは決して平坦なものではなかった。

1990年代の後半から業績が急激に悪化し、1998年には経常赤字という局面で、新事業開発への挑戦が始まった。契機となったのは、各事業部門からこれからの会社を担う30〜40代の若手中堅社員を招集し、「どうやって会社を変えていくのか」というテーマのもと、合宿検討を行った際の提言である。この合宿には、現社長の岡本一郎氏、そして新事業開発推進の中核組織である商品化事業化戦略プロジェクト室（以下、プロジェクト室）の室長である山口仁氏ら、現在のグループを支える経営

幹部が当時は中堅社員として参画していた。立ち上げ当初から活動に参画し、開発・営業・製造一体の「横串活動」を支える山口仁氏は、新事業開発推進の開始当初を振り返り、その苦労を語ってくれた。

「このままでは会社がどうかなってしまうという危機感のもと、強い企業集団になるためにはどうしたらいいのか、合宿検討で徹底的に議論をした結果、従来のプロダクトアウト型のビジネススタイルを改めて、日本軽金属グループ各社がもつ様々な商品・技術を、お客様にマッチするようにマーケットインで提案することが重要だと気付いたのです。そこで、従来のグループ会社間、機能組織間の壁を越えて、グループの縦組織に対して横に串を刺し、総合力による提案を実践する活動を総括する専門部署設立を提案しました。こうして2000年に設立されたのが、商品化事業化戦略プロジェクト室であり、横串活動です」

全社的にリストラ、投資抑制が実施されるなかで、現業の建て直しよりも、新事業開発推進の専門部署設立とは、一見すると矛盾する行動のようにも思える。「もともとはプロジェクト室とあるように、有期限の活動で、新事業開発という大それたことをやろうとしたわけではありませんでした。会社の使えるキャッシュも減っていく中、限られた経営資源をどこに集中させるべきか。それを考えるのがプロジェクト室でした。現業のぬるま湯に浸かるのではなく、常に新しい仕事を自分で創る、継続的イノベーション活動を展開することで、社内に起業家を育成し、増やしていけば、きっと会社も元気になるのではないかと考えたわけです」

こうしてプロジェクト室が設立されたものの、「やるべきことがわかる」ということと、「やるべきことをやれる」ことの間には大きな壁が存在する。人を集めたものの、一体何をやるのか、本当の苦労はここから始まった。

「自動車や電気、建材といったターゲット産業はありましたが、一番困ったのが、テーマがないことです。まずテーマを企画することから始めようということで、各事業部からメンバーを招集し、土日に集まって検討しました。ところが、メンバーはそれぞれの事業部のエース級で忙しく仕事を抱えていますので、いくら会社のためとは言え、事業部長は、

事業部の仕事に加えて2倍も働くのは可哀相だとなるわけです。横串活動が3年目になると、プロジェクト室といった部署は本当に意味があるのか、という声が強くなり、味方も少ない状態でした」

　こうした苦しい状況下で、なんとか結果を出そうとプロジェクト室の努力は続く。

　「テーマを見付けるためには、潮流からビジネスを始めようと、シンクタンクから大量の市場調査レポートを購入し、それこそ段ボール一杯の資料を皆で読みましたが、結局何も得ることができませんでした。テーマ出しは苦戦をしていましたが、社内をまとめていくことが重要だということで、当時の石山喬社長は横串活動に参加するメンバーを業績評価に反映させると同時に、各プロジェクトには必ず担当役員を付けて、横串活動の評価項目として、役員報酬を考慮しました。もう1つは、非常に厳しい措置ですが、新事業のプロジェクトとは言え、営業利益で管理し、利益が出るように開発設計をしていくことを徹底しました。営業利益が出る開発設計には研究所と生産技術、設計部門との連係が必須であることから、社長・副社長が招集し、各機能部門のトップが毎週月曜日の15～17時に集まって議論するグループ技術開発委員会を開始しました。これは2006年から現在まで毎週実施しています」

　こうした改革を進めるなか、2004年にJMACをパートナーとし、営業利益が出るような新事業の開発設計を体系的に進める、事業化実践プログラムが開始された。さらに、事業化実践プログラムに加えて、2009年からは、シャイニングスター構想法をベースとしてゼロからテーマ創出を行うテーマ探索プログラムが開始された。その後は、「社内をまとめるための内の戦いを制する取り組み」と、社内起業家を体系的に育成する「テーマ探索～事業化実践プログラム」を今日に至るまで十数年間にわたり継続的に活動することで、多くの新事業・新製品を創出することに成功した。

　例えば、使用済核燃料の中性子を吸収する板材として極めて高い耐久性を実現した「MAXUS（マクサス）」や、産業用の大規模設置にも対応できる軽量で高強度のアルミ製ソーラーパネル架台「アルソル」、高

強度と省スペース・省施工を同時実現した耐震天井「NEQRES（ネクレス）」といった画期的な新事業・新製品が横串活動を通して生み出されていった。そして何よりも成果があったのが、与えられた仕事をこなすのではなく、自ら仕事を「探って創って作って売る」ことが、日本軽金属グループ社員の当たり前の行動として定着したことだろう。

「長年の苦労の甲斐もあり、今は好循環に入っていますが、ここで手を緩めることなく、現在は日本軽金属の幅広いお客様の隙間ニーズ、つまりお客様の本当の困りごとの情報を足で稼ぐことを主眼としたアピール隊という活動を展開しています」と山口室長は語った。

収益が谷の現業が苦しいなかでも、果敢に新事業開発に挑戦し続け、事業成果の創出だけではなく、「起業家を増やして会社を元気にする」ことを実現した。その成功の裏側には、精神論ではなく、ときには社内政治とも向き合い「内の戦いを制する」こと。また、「体系的プログラムを継続的に実践し続ける」ことがあったのだ。

著者経歴

高橋儀光（たかはし のりみつ）

株式会社日本能率協会コンサルティング RD&Eコンサルティング本部 技術戦略センター チーフ・コンサルタント

大手通信会社にてネットワークサービス開発エンジニア、事業計画・設備投資計画策定等の業務を経験した後、2006年日本能率協会コンサルティングに入社。新事業開発を専門とし、エレクトロニクス・半導体・情報通信・素材・製薬・食品、またSIer、エンジニアリングから商社・物流まで、幅広い業種・業態において、開発テーマ創出から開発実務までを支援し、多くの実績を持つ。会社の持つ技術の強み・固有技術に深く踏み込んだリサーチを行い、固有解を出すことをポリシーとしている。最近では、製造業、サービス業の垣根を越えたビジネスモデル創出の研究や、自社技術と外部の異分野技術の組み合わせによる新価値創造に関する研究を行っている。

第65回 全国能率大会論文「異分野からの技術的発想の導入による新価値創造マネジメント」経済産業大臣賞受賞（2014年3月）、日経SYTSEMS「技術者も必見！ビジネス立ち上げの成功法則」（2016年3月・株式会社日経BP）、研究開発リーダー「研究成果をスムーズに事業化するための出口戦略」（2017年9月・株式会社技術情報協会）　等、専門誌への寄稿多数

新事業開発 成功シナリオ
──自社独自の価値を創造し、成功確率を高めるための実践論

平成 30 年 6 月 12 日　初版発行

著　者 ── 高橋儀光

発行者 ── 中島治久

発行所 ── 同文舘出版株式会社

　　　　　東京都千代田区神田神保町 1-41　〒 101-0051
　　　　　電話　営業 03（3294）1801　編集 03（3294）1802
　　　　　振替 00100-8-42935
　　　　　http://www.dobunkan.co.jp/

©N.Takahashi　　　　　　　　　ISBN978-4-495-54004-3
印刷／製本：三美印刷　　　　　　Printed in Japan 2018

JCOPY ＜（社）出版者著作権管理機構 委託出版物＞

本書の無断複写は著作権法上での例外を除き禁じられています。複写される場合は、そのつど事前に、（社）出版者著作権管理機構（電話 03-3513-6969、FAX 03-3513-6979、e-mail: info@jcopy.or.jp）の許諾を得てください。

仕事・生き方・情報を サポートするシリーズ

あなたのやる気に1冊の自己投資！

営業生産性を高める！
「データ分析」の技術

高橋威知郎著／本体 2,000円

数字が「ゴミ」になるか「宝」になるかは、分析しだい！　営業日報、CRM、サイトのアクセスログ……今あるデータだけで、すぐに成果を出す。"強い営業チーム"をつくる「セールス・アナリティクス」の仕組み。巻末付録「はじめての分析ツール『R』の使い方」

営業・企画担当者のための
英文契約・交渉入門

小澤薫著／本体 2,600円

英文での交渉・契約の流れ、弁護士とのつき合い方などの基本から、英文契約書の読み方、自社が不利にならない重要ポイントまで。交渉の争点・ポイントをはじめに解説しており、法律知識のないビジネスパーソンでも、押さえるべき点がすぐわかる。契約書式のダウンロードサービス付

なるほど！これでわかった
最新版　図解よくわかる
これからのマーケティング

金森努著／本体 1,800円

効果的なマーケティングの実行に欠かせない、基本となる考え方と用語、活用のためのフレームワークを中心に構成。現場でどのように戦略が策定されているのかがわかる事例も多数掲載。新章「ブランド」「社内マーケティングとマーケティングプランの実行」を加えた最新版！

同文舘出版

本体価格に消費税は含まれておりません。